suhrkamp taschenbuch
wissenschaft 660

Man hat an Simmel, dessen Aufsätze man auch in den Feuilletonspalten großer Tageszeitungen las, zuweilen gerügt, man finde bei ihm mehr *die* Gedanken als *den* durchgehenden Grundgedanken einer originären Philosophie. Wie wir jedoch sahen, wachsen die verschiedenen Stücke seiner Lebensphilosophie aus einem einheitlichen Prinzip. Daneben läßt sich noch ein anderes, auf elementarerer Ebene seines Denkens liegendes Prinzip aufweisen, von dem her er die Dinge anging und das er freilich selbst nie in völliger Allgemeinheit gefaßt hat. Man könnte dieses Prinzip abkürzend als »Dialektik ohne Versöhnung« bezeichnen. Simmel denkt – und dieses Eigenste bleibt sich durch seine Wandlungen hindurch konstant – nicht von einer metaphysischen Einheit her, die sich erst sekundär in das Einzelne ausfaltet und es nach wie vor auf seinem Grunde trägt und zusammenhält, sondern er macht Ernst mit dem »pluralistischen Universum«. Am Anfang steht das Einzelne, und höhere Ganzheiten kommen – Leibnizisch – erst zustande durch die Beziehungen des Einzelnen aufeinander. Die Kategorien schon des frühen Simmel der »Relativität« im Erkenntnisbereich, der »Wechselwirkung« im sozialen haben hier ihren Ursprung. (Aus der Einleitung von Michael Landmann)

Von den Schriften Georg Simmels liegen im Suhrkamp Verlag bereits vor: *Schriften zur Soziologie. Eine Auswahl.* Herausgegeben und eingeleitet von Heinz-Jürgen Dahme und Otthein Rammstedt (stw 434); *Schriften zur Philosophie und Soziologie der Geschlechter.* Herausgegeben und eingeleitet von Heinz-Jürgen Dahme und Klaus Christian Köhnke (es 1333). Über Simmel: *Georg Simmel und die Moderne. Neue Interpretationen und Materialien.* Herausgegeben von Heinz-Jürgen Dahme und Otthein Rammstedt (stw 469).

In Vorbereitung: eine etwa zwanzigbändige Ausgabe *Gesammelte Schriften*, deren erste Bände im Herbst 1988 erscheinen werden.

Georg Simmel
Das individuelle Gesetz

Philosophische Exkurse

Herausgegeben und eingeleitet
von Michael Landmann

Neuausgabe 1987
mit einem Nachwort von
Klaus Christian Köhnke

Suhrkamp

Bibliografische Information der Deutschen Nationalbibliothek
Die Deutsche Nationalbibliothek verzeichnet diese Publikation
in der Deutschen Nationalbibliografie;
detaillierte bibliografische Daten sind im Internet über
http://dnb.d-nb.de abrufbar.

suhrkamp taschenbuch wissenschaft 660
Erste Auflage 1987

Druck: Books on Demand, Norderstedt
Printed in Germany
Umschlag nach Entwürfen von
Willy Fleckhaus und Rolf Staudt
ISBN 978-3-518-28260-1

2 3 4 5 6 7 – 14 13 12 11 10 09

Inhalt

Einleitung des Herausgebers[1]

Georg Simmels Denken durchläuft drei Phasen, mit denen er zugleich sich ablösende Tendenzen der Zeit spiegelt.[2]

(1) Der frühe Simmel ist Positivist mit Anlehnung an den Biologismus Spencers und Hinneigung zum Pragmatismus. Entwicklung, Wechselwirkung von allem mit allem, gegenseitige Abhängigkeit sind die Grundprinzipien, kausalgenetische Erklärung des scheinbar Kohärenten und Autonomen und Kritik spekulativer, für Realitäten genommener Begriffe in der ›Einleitung in die Moralwissenschaft‹ die Methoden. Seit damals haftet es Simmel an, »Relativist« zu sein. Schon in dieser Zeit findet sich aber etwas wie ein relativistischer Pantheismus, der zur dritten, lebensphilosophischen Phase überleitet. In der Verteidigung des Spezifischen gegen den es verkürzenden Begriff zugunsten einer »Unendlichkeit von Begriffen« kann man eine positivistische Vorform des »individuellen Gesetzes« erblicken.

(2) In der ›Philosophie des Geldes‹ (1900) treten hierzu werttheoretische Überlegungen, in der 2. Auflage der ›Probleme der Geschichtsphilosophie‹ (1905) transzendentallogische. Simmel beteiligt sich hier am Zeitprogramm einer »Kritik der historischen Vernunft«. Wie den naturhaften spiegelt die Wissenschaft auch den geschichtlichen Stoff nicht bloß ab, sie übt ihm gegenüber eine »formende Produktivität«. Nicht in subjektiver Willkür, sondern nach apriorischen Kategorien trifft sie Auswahl, faßt sie unter Einheiten wie Individualität oder Epoche, unter Bewegungsganzheiten, Sinnbeziehungen und Gesetzen zusammen. Durch den Wertbegriff, durch die Geschichtslogik

1 Für wertvolle Vorarbeit zu dieser Einleitung und für Hilfe bei der Auswahl der Texte danke ich an dieser Stelle Frl. Lintrun Freudenberger. Zu danken habe ich ferner Herrn Günter Both und Herrn Olav Münzberg.

2 Diese Periodisierung zuerst wohl bei Max Frischeisen-Köhler, Georg Simmel, Kantstudien 1920, S. 572–596. Kritisch dazu Hellmuth Bohner, Untersuchungen zur Entwicklung der Philosophie Georg Simmels, Diss. Freiburg i. Br. 1930.

sowie durch Kulturphilosophie tritt Simmel in eine äußere Nähe zu den südwestdeutschen Neukantianern. Gemeinsam mit ihnen gibt er den ›Logos‹ heraus, an dem er sich regelmäßig mit größeren Aufsätzen beteiligt.

(3) Im letzten Jahrzehnt seines Lebens vollzieht Simmel eine Wendung, durch die man ihn später der »Lebensphilosophie«, auch der »Auferstehung der Metaphysik« zugeordnet hat. Bestimmend war hierbei der Einfluß Bergsons (seit 1908), für den Simmel aber lange vorbereitet war (vgl. ›Kant und Goethe‹ 1906, zurückgehend auf Aufsätze schon von 1899, und den Vortragszyklus ›Schopenhauer und Nietzsche‹ 1907). Hauptdokumente der neugewonnenen Einsichten, mit denen Simmel uns auch heute noch am nächsten steht, sind der Essayband ›Philosophische Kultur‹ (1911), ›Goethe‹ (1913), ›Rembrandt‹ (1916) und das systematische Testament ›Lebensanschauung‹ (1918). Die beiden letzten Werke sind die reifsten. Die vorliegende Auswahl legt keinen Längsschnitt durch die Gesamtentwicklung Simmels, sondern beschränkt sich im wesentlichen auf diese letzte Stufe.

Simmels Denken entzündet sich an der Mannigfaltigkeit der Phänomene. Von Anfang bis zuletzt behandelte er auch Themen der Soziologie (die damals von der Philosophie noch nicht so getrennt war wie heute) und gehört auch methodisch zu den Mitbegründern der Soziologie in Deutschland. Mehrfach schrieb er über Probleme der Religion (aus der Überkreuzung ergab sich ihm das neue Gebiet der Religionssoziologie[3]). Dazu tritt, und nicht am Rande, der ästhetische Bereich: so enthält vor allem sein ›Rembrandt‹ zugleich Grundaussagen seiner eigenen Philosophie. Die Phänomenzugewandtheit bedingt auch Simmels schriftstellerische Form des immer neu einsetzenden, in sich geschlossenen Essays. Auch ein großes Werk wie die ›Soziologie‹ besteht aus einer Vielzahl kleinerer, ursprünglich getrennt erschienener Stücke. Alle spätere philosophische Essayistik in Deutschland hat von ihm gelernt.[4]

3 Vgl. Gerhard Loose, Die Religionssoziologie Georg Simmels, Diss. 1933.
4 Vgl. Ludwig Rohner, Der deutsche Essay, 1966, passim.

Lebensphilosophie muß die Philosophie sein, »weil der Geist in der Form des Lebens subsistiert«. Sie hat die apriori wirkenden Formen zu suchen, durch die aus dem Material des Lebens erst volles Leben wird. Prinzip von Simmels Lebensphilosophie ist es, daß alles Leben begrenzt wird durch das Nichtleben der Form und insofern zu ihr im Gegensatz steht, daß es aber gleichzeitig der Form auch bedarf und sie daher in einer höheren Einheit mit umspannt, ja mehr: daß es sie – ähnlich wie nach Schopenhauer der Wille die Vorstellung – von innen her in sich trägt und sie sich selbst zu seiner Entfaltung auferlegt. Daher ist Lebensphilosophie bei Simmel zugleich Kulturphilosophie. Simmel stellt die gute Form, die die eigene und von ihm gewollte Form des Lebens ist, gegen die künstlich-fremde, ihm äußerlich bleibende. Dieser Gegenüberstellung dienen die Vergleiche von Goethe mit Kant, der Kunst Rembrandts, in dessen Porträts die Form »nur der jeweilige Moment des Lebens (ist), die Art, in der sein Wesen, das heißt sein Werden, sich nach außen kehrt«, mit der zeitlos-unlebendigen, nicht gewachsenen Form der Renaissancekunst. Nur Rembrandt wird dem Leben gerecht, weil bei ihm – hier ist für Simmel Bergsons Zeitphilosophie fruchtbar geworden – der dargestellte Moment den ganzen bisherigen Ablauf enthält und zugleich im Sich-Durchdringen der Zeitstufen über sich hinaus auf das Kommende verweist.

Auf drei verschiedenen Ebenen führt Simmel diesen Grundgedanken der Leben-Form-Korrelation durch.

(a) Ein Anderes des Lebens, Grenze seines eigenen Verlaufs, ist zunächst der Tod. Aber der Tod wartet nicht draußen, er trifft uns nicht als ein von einer fremden Macht über uns verhängter Parzenschnitt. Wie das Leben generell nie nur in punktuelle Gegenwart eingeschlossen ist, sondern sie über sich hinausgreifend überschreitet und ins Noch-nicht der Zukunft »hineinexistiert«, so erstreckt es sich auch schon voraus auf seinen Tod, er wohnt – ähnlich wie bei Rilke, mit dem Simmel befreundet war – als antizipierter in ihm. Nur dadurch ist der Tod mehr als ein bloßes äußeres Aufhören. Als »immanente Grenze...

begrenzt, d. h. formt er unser Leben nicht erst in der Todesstunde«, sondern wirkt schon jetzt als »Gestalter des Lebens« und als sein Verwesentlicher. Nur weil wir keine Ewigkeit vor uns wissen, suchen wir Gehalte des Lebens, die mehr als zufällig sind und in ihrer Bedeutung seinen Prozeß überdauern. Was Hegel wußte: daß der ideelle Kern des Lebens nur erfahren wird am Nicht-mehr-Lebendigen, das gilt nicht nur retrospektiv für das erinnerte, sondern auch produktiv für das aktuelle Leben, das sich erst am vorauserblickten Gegenbild des Nichtseins seiner höchsten Möglichkeit bewußt wird und sie ergreift. Freilich wird Tod im wahren Sinne nur individuiertem Leben, dem Individuierten an ihm, zuteil, das dadurch geradezu definiert wird – das Typische lebt in andern Gestaltungen auf und fort. Nur das Einmalige, als das Unersetzliche, stirbt, und gerade je einziger es dasteht, um so mehr. Vergänglichkeit ist Zeichen nicht irdischer Schwäche, sondern der Seinshöhe (die 20er Jahre hätten gesagt: der Gestalthöhe).

(b) Eine Form, in der alles Leben steht und durch die es sich bestimmen läßt, ist sodann, in ganz anderer Dimension, die ethische Forderung, ist das über seinem Sein schwebende Sollen. In der Regel übernehmen wir das Sollen von außen, als ein uns schon vorbestehendes. Als Überlieferung oder Vernunftgebot richtet es sich an alle. Eigenwillig-starke Personen und Zeiten dagegen geben sich – und sie offenbaren damit eine letzte Gnade des Lebens – ihr Ideal selbst als ein nur ihrer jeweiligen Besonderheit zugepaßtes. Sie leben »gesetzlich ohne Gesetz« oder besser: unter einem »individuellen Gesetz«, das, das Leben als ganzes beherrschend, sich in jedem Teilmoment auswirkt. Ihr Tun untersteht nicht nur der Normierung innerhalb der jeweiligen Einzelsituation, die ein anderer ähnlich teilen mag, sondern auch der seitens des unvertauschbaren persönlichen Zentrums und Rhythmus des Tuenden. Schleiermacher klingt hier an und F. Schlegels »Alles Moralische ist original«.

Auch im individuellen Gesetz bleibt die Spannung zwischen der Faktizität des Lebens und der Normativität bestehen. Ungeeignet, Prinzip einer Gesetzgebung zu werden, trägt die endogene Pflicht trotzdem den echten Charakter der Pflicht. Weil die sittliche Forderung nicht von einer überindividuellen Instanz sanktioniert wird, sinkt sie nicht zur bloß subjektiven Entscheidung herab. Die individuelle Norm ist nicht unverbindlicher, ja sie kann steiler und strenger sein als die allgemeine. Der Unterschied liegt jedoch darin, daß wir uns, ihr gehorchend, nicht einer fremden Instanz unterordnen, sondern den geheimen Auftrag unseres eigenen tiefsten Wesens erfüllen. Das Leben ist gar nicht nur crude Wirklichkeit, die dann von einem Außerhalb seiner geformt werden muß, sondern es verläuft als solches immer auch auf der Ebene des Sollens, birgt seine eigene ideelle Vorzeichnung in sich. »Die falsche Verwachsung zwischen Individualität und Subjektivität muß ebenso gelöst werden wie die zwischen Allgemeinheit und Gesetzlichkeit. Dadurch werden die Begriffe frei, die neue Synthese zwischen Individualität und Gesetzlichkeit zu bilden« (S. 220).

(c) Die Formung, die das Leben durch ethische Gebote erfährt, ist nur ein Sonderfall der Formung durch sozial-kulturelle Strukturen und Gepflogenheiten überhaupt, weiterhin durch verfestigte Gebilde wie Geräte, Bücher, Kunstwerke. Alle diese objektiven Gehalte haben ihren Ursprung im Leben selbst, das sie, in einer »Achsendrehung« sich selbst transzendierend, schaffend aus sich heraussetzt. Nur auf dem Umweg über die »objektive Kultur«, sie erzeugend und wieder in sich zurückempfangend, findet es seine eigene »subjektive Kultur«. Die Kultur ist der Weg der Seele zu sich selbst, das Werkzeug ihrer Selbstverwirklichung. Einmal entstanden, lösen sich die Gehalte dann zwar von ihrem Existenzgrund ab und verselbständigen sich zu einem autonomen »Mehr-als-Leben«. Als ein Reich eigenen Sinnes treten sie ihm mit ihrem Anspruch gegenüber. Und doch haben sie ihren Bezugspunkt nur in ihm, ihr volles Dasein nur als von ihm ergriffene und durchlebte. Daher bilden in einem weiteren Sinne auch sie noch, trotz ihrer Emanzipation von ihm, nur eine Dimension des Lebens. Leben baut sich auf in einer Indifferenz von Prozeß und Inhalt, die beide nur aus seiner Einheit abstrahiert sind.

Im Augenblick, in dem das Leben die Formen aus sich gebiert, sind sie ihm angemessen. Nun aber strömt das Leben weiter, es keimen in ihm neue Bedürfnisse und Neigungen. Die Formen dagegen bleiben von früher her als verfestigte stehen. Mehr: selbstgesetzlich, nur noch ihrer eigenen, immanenten Logik folgend, entwickeln sie sich weiter ohne Rücksicht darauf, ob sie dem Leben nun noch entsprechen und genügen. Beide Partner entfernen sich also voneinander. Daher steigert sich das bloße Sich-Gegenüberstehen des Lebensprozesses und seiner Formen jetzt zur Antinomie. Sie dienen nun dem Leben nicht mehr, sondern engen es ein und vergewaltigen es. Es bricht sich an ihrem Widerstand. So entsteht im geschichtlichen Fortgang notwendig die »Tragödie der Kultur« – Tragödie (und nicht nur traurig) deshalb, weil das, was hier dem Leben zerstörend entgegentritt, nicht von außen stammt, sondern aus seinen eigenen tiefsten Schichten und Notwendigkeiten. Anderseits ist diese tragische Situation nicht unabänderlich, ja sie selbst wird zum Stimulans, daß nun das Leben die erstarrte Form zerbricht um einer neuen, ihm gemäßeren willen. Sobald der Selbstwert der Formen seine eigentliche Lebendigkeit zu überdecken droht, sucht es wieder seine organische Einheit mit ihnen herzustellen. Geschichte pendelt zwischen Phasen der Harmonie und der Disharmonie der beiden Lebenspole.

In seinem Vortrag ›Die deutsche Lebensphilosophie und ihre Folgen‹[5] wirft Hans-Joachim Lieber der Lebensphilosophie vor, durch ihre Polemik gegen die »Idee einer gesellschaftlichen Verwirklichung der Vernunft« (95), durch ihre »Absage an kritische Utopie« (98) habe sie den Geist dazu verurteilt, »reale Geschichte und die in ihr wirkenden sozialen Mächte als ›irrationale Faktizität‹ (Dilthey) hinzunehmen oder aber die Spannung zwischen individueller Freiheit und geschichtlich-gesell-

5 In: Nationalsozialismus und die deutsche Universität. Universitätstage 1966 der Freien Universität Berlin, 1966, vgl. ders.: Geschichte und Gesellschaft im Denken Diltheys, in: Kölner Zeitschrift 1965. Hinsichtlich Diltheys replizierte Frithjof Rodi, Die Lebensphilosophie und ihre Folgen. Zu zwei Aufsätzen Hans-Joachim Liebers, in: Zeitschrift für philosophische Forschung 21, Heft 4, 1967.

schaftlichen Objektivitäten als unaufhebbare ›Tragik der Kultur‹ zu verklären, so daß schließlich das Bewußtsein in eine Position der Ohnmacht gegenüber der tatsächlichen Geschichte sich gedrängt sah, die es nur auf dem Wege über die Beschwörung der Innerlichkeit oder aber über die pure Dezision zu kompensieren vermochte« (95). Als Beleg hierfür führt Lieber Simmels ›Philosophie des Geldes‹ an: »Weil auch in der kapitalistischen Geld- und Warenwirtschaft mit ihren Verdinglichungsprozessen Kulturobjektivationen gegen die Spontaneität des Individuums ausschlagen (aus deren seelischer Energie sie einmal hervorgegangen waren), muß sie als historisch-singulärer Fall der das Leben überhaupt kennzeichnenden Tragödie der Kultur begriffen werden. Ihre bedrängende Problematik wird jedoch damit lebensphilosophisch neutralisiert, was die Funktion einer Philosophie, die solchen Nachweis zu führen unternimmt, zugleich offenbart. Als Element einer verändernden Aufklärung faktischer, konkreter Gesellschaft und ihrer historischen Dimension kann sie sich weder verstehen noch bewähren, hat sie doch diese Gesellschaft selber als Fall oder Beispiel einer historisches Leben grundsätzlich kennzeichnenden Tragödie der Kultur nachgewiesen, aus der es kein Entrinnen gibt« (99).

Damit legt aber Lieber in den Begriff der Tragödie etwas hinein, was ihm bei Simmel nicht unbedingt anhaftet. Wie wir sahen, beharrt nach Simmel das Leben nicht untätig in der Spannung zu den ihm fremd gewordenen Objektivgehalten, sondern sucht sie zu sprengen und neue Adäquatheit herzustellen. Nur in dem Sinne gibt es aus der Tragödie der Kultur »kein Entrinnen«, daß Tragödie mit Notwendigkeit im Lauf der Geschichte immer wieder eintreten wird; wohl dagegen gibt es ein solches und noch heute zumindest den Impuls dazu aus der jeweils gegenwärtigen. (So auch Lieber selbst S. 94: Simmel will »die Freiheit des Individuums gegen jede Determination durch historische Objektivitäten begründen«.) Nicht ihrem Wesen nach ist die Kultur Tragödie, sie tritt nur geschichtlich immer wieder in eine tragische Phase. Auch bei Simmel kämpfen also Faktizität und Normativität. Das hinderte ihn nicht, die Gegebenheit in ihrer Härte zu erkennen und eine Struktur aufzuweisen, die mißachtend die Utopie zum leeren (und dann seinerseits irrationalen) Utopismus würde.[6] Statt im globalen

6 Nach Lieber hat weiterhin »die Systematisierung des historischen Bewußtseins« – einer »gegenrevolutionären Instanz« – »in der und durch die Lebensphilosophie nicht unerheblich dazu beigetragen, Philosophie der Geschichte und Gesellschaft in Deutschland auf die bestätigende Sanktionierung und Verklärung dessen, was ist, festzulegen« (97). Allein: der nicht wieder preiszugebende Gewinn der historischen Revolution liegt in der Entschränkung des Verstehens. Die Frage nach ihrem Ertrag für soziale oder politische Tat bewertet sie von außen. Zudem hält sie aber auch dieser Frage stand. Wenn das historische Bewußtsein Geschichtliches nicht von einer anzustrebenden zeitlosen rationalen Idee her zensieren, sondern es von den jeweiligen Zeitgegebenheiten her als sinnvoll verstehen will, so liegt darin nicht notwendig (nur bei manchen Romantikern) eine Verklärung: die Sklaverei der alten Völker wird durch die Erkenntnis, daß ihnen noch die Voraussetzungen zu ihrer Abschaffung fehlten, nicht bejaht. Es bleibt ferner der »immanente Maßstab«: man kann zwar ein Renaissancegemälde nur von der Idee der Renaissancekunst aus bewerten und nicht von irgendeiner andern, aber auch so ergibt sich eine Skala des Besseren und des Schlechteren. Endlich: wenn es dem historischen Sinn gelingt, Geschichtliches von seinem inneren Zentrum her zu erhellen, so deshalb, weil er es als Ausdruck der wechselnden Lebenssituationen begreift. Der historische Sinn ist nur das Komplement der Erkenntnis von der schöpferischen Kraft des Lebens. Gerade deshalb wird die Haltung, aus der er kommt, nie an dem haften, »was ist«, sondern wird von jeder neuen Zeitkonstellation – und somit auch von der gegenwärtigen – den ihr gemäßen neuen Ausdruck erwarten. In diesem – und keineswegs nur im dezisionistischen Sinne (103/04) – heilt in der Tat der historische Sinn die Wunden, die er schlägt. Ausdrücklich bejaht Simmel (vgl. S. 150) sogar die Revolutionen! Nicht nur die Zuordnung der Geschichte zu einem zu erreichenden Ziel gelangt also dazu, ihren Fortgang zu postulieren.
Zu Unrecht versteht daher Lieber auch die geisteswissenschaftlichen Typologien, wie sie von Simmel und andern aufgestellt worden sind, dahin, als wollten diese die Geschichte auf die bloße Wiederholung schon vorhandener Formen festlegen und damit »einer Philosophie von Geschichte und Gesellschaft jede utopische Dimension abschneiden« (98). Typologien sind seit Schiller Ordnungen im historisch bereits vorliegenden Stoff. Auch sie stemmen sich, wie das historische Bewußtsein im ganzen, gegen die Tyrannei des Einen Ideals des Rationalismus, an dem von ihm das Geschichtliche hierarchisierend gemessen wird, indem sie zeigen, daß alle Kulturgebiete eine Pluralität gleichberechtigter Ausprägungen kennen, die untereinander nicht kommensurabel sind, geschweige denn eine Fortschrittslinie bilden. Wo er beurteilt, wollen sie verstehen. Mit den künftigen Gestaltungen der Geschichte – für die auch innerhalb der Typen noch Raum bleibt – haben sie es nicht zu tun, wehren sie aber eben deshalb auch nicht ab. Verglichen mit einer Geschichtsbetrachtung, die jedes geschichtlich Konkrete ganz nur aus

Verdikt über die Lebensphilosophie auch Simmel mitzuverdammen, gälte es vielleicht eher, da auch er eine ihrer Ausprägungen darstellt, von ihm her das Urteil über sie zu revidieren. –

Noch eine letzte Wendung Simmels sei hier erwähnt, die sich freilich in ihrem Stellenwert erst ex post aus der Entwicklung bestimmen läßt, die die Philosophie nach seinem Tode nahm: schon bei ihm finden sich nämlich Ansätze, die von der Lebensphilosophie zur Existenzphilosophie führen. Wenn man will, kann man einen solchen Ansatz schon im »individuellen Gesetz« finden: entgegen vordergründiger Fremdbestimmtheit, in der wir uns verlieren und vor uns selbst ausweichen, vertritt es den Anspruch unseres tieferen Selbst. Noch deutlicher aber

sich deutet, sind Typologien zwar »ahistorisch« (98) – sie dienen ja der Systematisierung der Geschichte –, trotzdem aber immer noch sehr viel geschichtsgerechter als der Rationalismus, der alles Gewesene nur daraufhin abhorcht, ob und wie weit es die Idee schon verwirklicht. Hier viel mehr als dort ist konkrete Geschichte an die »Variation« verraten, in der nur die identisch-konstante Substanz eines Wesens, ein »ewig Gleiches wiederkehrt«, für das sie »Beispiel« ist (98).

Für Lieber bildet die Lebensphilosophie den Ursprung des historischen Relativismus (101). Daher erblickt er auch in Heidegger und im Dezisionismus, die die Konsequenz aus dem Relativismus ziehen, ihre noch ihr zugehörigen Epigonen. In Wahrheit ist sie nicht Ursprung, sondern Bekämpferin des Relativismus und steht darum zu jenen gerade im äußersten Gegensatz. Indem sie die kulturellen Gehalte jeweils einem spezifischen Lebensgrund einankert, relativieren sie sich nicht gegenseitig, wie sie es vielmehr nur dann tun, wenn man sie künstlich von ihm loslöst und verbegrifflicht, sondern bilden eine »Pluralität der Absoluta«, zu der jederzeit auch dasjenige des neuen Augenblicks, der sich zwingend gerade nur aus ihm ergebende, rettende Gehalt, hinzutreten kann. Um Heideggers und des Dezisionismus willen die Lebensphilosophie verwerfen, heißt handeln wie ein Kind, das, weil er einen giftigen Konkurrenten hat, auch den eßbaren Pilz zertritt.

Liebers Bild der Lebensphilosophie scheint einseitig von dem Historiker Dilthey, von romantisierenden Vertretern und von dem fälschlich zu ihr gerechneten Dezisionismus bestimmt. Man muß sie weiter fassen, um ihre geschichtliche Berechtigung und Bedeutung abzuschätzen. Ihrem höchsten Anspruch nach, dem sie gewiß nicht immer nachkommt, war die Lebensphilosophie eine große dritte Möglichkeit neben positivistischem Materialismus und Idealismus (und hat nicht auch die Wissenssoziologie in ihr eine ihrer Wurzeln?). Wenn zwischen ihr (aber warum dann nicht schon mit Herder beginnen?) und dem Nationalsozialismus eine Beziehung besteht, dann nur im Sinne der Aristotelischen Erkenntnis: das Vollendetste ist in seiner Entartung das Abscheulichste.

schlägt ein neuer Ton aus seiner ersten Kriegsrede ›Deutschlands innere Wandlung‹ entgegen. Die »vesuvische Stunde« (Buber) des Ersten Weltkrieges, auch bei andern Katalysator der Existenzphilosophie, weil der Krieg Fassaden einreißt und wieder den Ernst weckt, bewirkte bei Simmel eine Aufrüttelung, die auf den ersten Blick nur patriotisch scheint, in Wahrheit aber auch bei ihm der Selbstfindung dient und ein existentielles Fundament unterhalb der Tagesindividualität freilegt.[7] Paradoxerweise entdeckt der Denker der Individualität das Individuellste in uns in der Pseudomorphose des allen Gemeinsamen (wodurch es der Gefahr der einsamen Willkür, des Offenstehens für beliebige Gehalte enthoben ist) – Philosophie der kollektiven Existenz. »Es scheint zum Lebensrhythmus der Menschheit zu gehören, daß sie von Zeit zu Zeit solche Epochen der Differenzierung erfährt, in denen Farbe bekannt wird und aus denen sie dann wieder in eine mehr kontinuierliche Verbindung ihrer Pole, in einen toleranten Relativismus ihrer Werte übergeht.«

Man hat an Simmel, dessen Aufsätze man auch in den Feuilletonspalten großer Tageszeitungen las, zuweilen gerügt, man finde bei ihm mehr *die* Gedanken als *den* durchgehenden Grundgedanken einer originären Philosophie. Wie wir jedoch sahen, wachsen die verschiedenen Stücke seiner Lebensphilosophie aus einem einheitlichen Prinzip. Daneben läßt sich noch ein anderes, auf elementarerer Ebene seines Denkens liegendes Prinzip aufweisen, von dem her er die Dinge anging und das er freilich selbst nie in völliger Allgemeinheit gefaßt hat. Man könnte dieses Prinzip abkürzend als »Dialektik ohne Versöhnung« bezeichnen. Simmel denkt – und dieses Eigenste bleibt sich durch seine Wandlungen hindurch konstant – nicht von einer metaphysischen Einheit her, die sich erst sekundär in das Einzelne ausfaltet und es nach wie vor auf seinem Grunde trägt und zusammenhält, sondern er macht Ernst mit dem »pluralistischen

7 Vgl. hierzu Hermann Lübbe, Politische Philosophie in Deutschland, 1963, 219 ff. Dort auch eine Abgrenzung gegen Scheler.

Universum«. Am Anfang steht das Einzelne, und höhere Ganzheiten kommen – Leibnizisch – erst zustande durch die Beziehungen des Einzelnen aufeinander. Die Kategorien schon des frühen Simmel der »Relativität« im Erkenntnisbereich, der »Wechselwirkung« im sozialen haben hier ihren Ursprung.

Weil aber diese Beziehungen nicht mehr in einer ihnen vorhergehenden, sie umfassenden Einheit gebunden sind, tragen sie in sich neben der Möglichkeit der Harmonie auch die der im letzten unüberbrückbaren Antinomie. Simmels Antinomien sind nicht nur wie bei Kant solche der Vernunft, sondern Realwiderstreite wie bei Hegel: »Alle Dinge sind an sich selbst widersprechend.« Aber im Unterschied zu beiden und auch zu Marx, der die Antithetik zum Kampf politisiert, kann nach ihm Einigung nie in definitiver Lösung, sondern – wenn überhaupt, und wenn sie überhaupt die Aufgabe ist – nur in wechselnder geschichtlicher Gestalt gelingen. Es gibt Probleme und Konflikte, die sich ihrem Wesen nach der Schlichtung entziehen (vgl. S. 173). Das ist generell so, wird aber von uns mit besonderer Schärfe erfahren in unserm persönlichen Leben. Selbst die »idealen Forderungen« entspringen nicht dem Einen Guten der klassischen Ethik, sondern sind unter sich inkompatibel (Hauptprobleme der Philosophie). Divergente soziale Kreise sowie auch Interessen machen ihren Anspruch an uns geltend (vgl. S. 103 f.). Sie alle untereinander und mit den eigenen zentralen Tendenzen im Gleichgewicht zu halten, gelingt dem Menschen, wie Simmel sich einmal in sein Tagebuch notiert, nur durch »ein ganz gewisses Maß von Oberflächlichkeit. Denn wenn er die gegensätzlichen, unversöhnlichen Impulse, Pflichten, Strebungen, Sehnsüchte alle so tief hinunter denken würde, so absolut bis ans Ende empfinden, wie ihre und seine Natur es eigentlich fordern, so müßte er zerspringen, wahnsinnig werden, aus dem Leben laufen. Jenseits einer gewissen Tiefengrenze kollidieren die Seins-, Wollens- und Sollenslinien so radikal und gewaltsam, daß sie uns zerreißen müßten. Es ist genau umgekehrt, wie der monistische Optimismus es meint: daß man die Gegensätze nur tief genug hinunter zu verfolgen hätte, um zu ihrer Versöhnung zu kommen.« Von hier aus findet Simmel die treffendste Definition des Tragischen (vgl. S. 142)[8], ja man könnte ihn in einem weiteren Sinne den Philosophen des Tragischen nennen. Denn aller Monismus des Göttlichen, des Seins und der Werte ist antitragisch; erst wo das Apriori des Einen und mit ihm der Schleier der falschen Harmonisierungen, Synthesen und Identifikationen fällt, wird härtere und echtere Wahrheit sichtbar. Auf dem Boden dieser Grundsicht erwächst als gewagter Rettungsgedanke einer Spätzeit das »individuelle Gesetz«.

Wo die Welt nicht mehr eine ist, da ist es auch die Wahrheit nicht. Jede Philosophie ist notwendig einseitig – wenn wir uns auch durch das Wissen um die Einseitigkeit schon über sie stellen (›Lebensanschauung‹ S. 7) –, und notwendig stehen sich deshalb viele Philosophien gegenüber. Daher Simmels gegensätzliche Weltanschauungen konfrontierende Bücher: über Kant und Goethe (= Mechanistik und Idealismus), über Schopenhauer und Nietzsche, und auch das Rembrandtbuch ist implicite ein solches über Rembrandt und die Klassik. Kein Gleichgewicht unter ihnen will Simmel in diesen Büchern herstellen, keine Entscheidung fällen, sondern nur die Bewegung zwischen ihnen vollziehen. »Indem wir die Schwingung des geistigen Daseins durch den ganzen Abstand dieser Gegnerschaften hin empfinden, dehnt sich die Seele – auch wenn und gerade wenn sie für keine der Parteien dogmatisch verpflichtet ist –, bis sie die Verzweiflung über das Leben und den Jubel über das Leben als die Pole ihrer eigenen Weite, ihrer eigenen Kraft, ihrer eigenen Formenfülle umfassen und genießen darf« (›Schopenhauer und Nietzsche‹ S. 192).

»Einheit der Welt«, so wandelt später die ›Lebensanschauung‹ (S. 28 ff.) diesen Gedanken noch ab, stiftet aus der Unermeßlichkeit der Weltinhalte überhaupt erst der Geist, aber er tut es nicht nur unter dem Gesamtprinzip der Philosophie, sondern auch unter dem der Praktizität – das Ergebnis nennen wir dann fälschlich die Wirklichkeit schlechthin – und unter den Formeln

8 Vgl. Peter Szondi, Versuch über das Tragische, 1961, 49 f.

der Wissenschaft, der Religion und der Kunst. Jede dieser »Welten« gehorcht einer in sich geschlossenen Logik, alle – also auch die »Wirklichkeit« – sind sie koordiniert und stehen ontologisch auf derselben Stufe. Man vergleiche dies mit Cassirer, bei dem noch wie bei Comte die wissenschaftliche Formung allen andern den Rang abläuft.

Schon anhand von Simmels Lebensphilosophie besprachen wir die von ihm herausgestellte Antitypie zwischen dem Vitalprozeß und seinen auskristallisierten Formen. Erst indem die Formen zur Autonomie umschlagen, gestalten sie sich konsequent zu ihrer Vollendung. Gleichzeitig aber entfernen sie sich damit von ihrer dienenden Funktion am Leben, das sich in seinen ehemaligen Emanationen nicht wiedererkennt, sich von ihnen beengt und abgelenkt fühlt. Simmel formalisiert damit, was auf dem engeren Gebiet des Ökonomischen und hinsichtlich einer bestimmten historischen Situation – der kapitalistischen Warenwirtschaft und der durch sie bewirkten Entfremdung – schon Marx erkannt hatte. Und wie Marx, so glaubt auch er an die Kraft des Lebens, »den immer drückenderen Zwang der jeweiligen Form in langsameren und akuteren Revolutionen zu sprengen« und durch neue Formen zu ersetzen. Anderseits ist die krisenhafte Gegensatzspannung zwischen dem Leben und seinen Objektivitäten auch Ausdruck der Rationalität und Differenzierung einer Kultur und dient rückwirkend dazu, die Kultur noch höher zu steigern. Insofern ist der Konflikt nicht nur ein zu Behebendes und ist noch seine Unbehebbarkeit die Kehrseite eines Positiven.

Noch stärker als in der Kulturphilosophie aber kehrt Simmel – und dies hat besondere Berühmtheit erlangt – die Positivität des »Streites« hervor in der Soziologie[9]. Nach Simmel ist Leben generell Einheit aus Polaritäten und Dualismen, und zu Unrecht pflegen wir uns daher mit einer der Parteien zu identifizieren und die andre zu verneinen. Analog ist soziologisch der Kampf »eine Vergesellschaftungsform«. Er trennt nicht nur,

9 Über Parallelen dazu in der Tiefenpsychologie vgl. H. R. Lückert, Konfliktpsychologie, 1957.

sondern hat stabilisierende, integrierende Funktion, ist »die Abhilfsbewegung gegen den auseinanderführenden Dualismus, ein Weg, um zu irgendeiner Art von Einheit, wenn auch durch die Vernichtung der einen Partei, zu gelangen«. »Die Entzweiungen sind keineswegs bloße soziologische Passiva, negative Instanzen, so daß die definitive, wirkliche Gesellschaft nur durch die andern und positiven Sozialkräfte zustande käme, und zwar immer nur so weit, wie jene es nicht verhindern. Diese gewöhnliche Auffassung ist ganz oberflächlich; die Gesellschaft, wie sie gegeben ist, ist das Resultat beider Kategorien von Wechselwirkungen (d. i. der attraktiven und der repulsiven Kräfte), die insofern beide völlig positiv auftreten.«

Dieser Simmelsche Gedanke ist von der soziologischen Literatur gerade in letzter Zeit wieder aufgegriffen und diskutiert worden, so vor allem im methodischen Rückbezug auf Simmel von Lewis A. Coser[10]. Was Simmel sagt, gilt nach ihm nicht für den fundamentalen Konflikt, der die Basiswerte angreift. Gegen ihn kann aber gerade die Zulassung anderer Konflikte eine Schutzvorrichtung der Gesellschaft sein.

In seiner Antrittsvorlesung will der jung verunglückte Rudolf Tartler[11] die soziologische Theoriebildung der Gegenwart einer Kontrolle durch die Methoden und Resultate eines älteren Soziologen unterziehen und wählt hierfür Simmel. Tartler kann sich bereits auf Ralf Dahrendorfs Kritik an Parsons beziehen, der von seiner Idealvorstellung einer reibungslos gleichgewichtigen Gesellschaft her in jedem Konflikt nur die dysfunktionale Abweichung vom Normsystem sieht. Nach Dahrendorf ist der Konflikt nicht nur wie bei Hobbes gesellschaftsgefährdend, nicht nur wie bei Marx eine zu überwindende Krankheit der Gesellschaft, vielmehr müssen wir die »Doppelgesichtigkeit der Sozialstruktur« anerkennen, die Har-

10 The functions of social conflict. London 1956. Deutsch: Theorie sozialer Konflikte, 1965. Hier auch Hinweise auf die Vorgänger E. A. Ross, R. Williams und K. Lewin.

11 Georg Simmels Beitrag zur Integrations- und Konflikttheorie der Gesellschaft. In: Jahrbuch für Sozialwissenschaft 16, 1965.

monie *und* Konflikt gleichermaßen einschließt. Das bringt, wie Tartler zeigt, Dahrendorf in eine Nähe zu Simmel; freilich weiß Simmel (so wie auch Schelsky) im Unterschied zu dem den Konflikt unrealistisch verharmlosenden Dahrendorf auch um die Ambivalenz des Konflikts, der bald integriert, bald aber auch desintegriert und dem Simmel daher »Resignation und Melancholie« entgegenbringt[12], ohne dadurch jedoch, auch darin anders als Dahrendorf, den »Adel der theoretischen Haltung« (Freyer) aufzugeben. Auch Coser übergeht Simmels wichtigen Hinweis auf die Möglichkeit der Vernichtung der einen Partei im Konflikt, der dann nicht zur Aufrechterhaltung oder Wiederherstellung des bestehenden Systems, sondern zum sozialen Wandel führt. Tartler behandelt dann noch Simmels Analyse des Konflikts zwischen überalterten, aber in ihrer Verfestigtheit widerstandskräftigen Institutionen und Objektivationen und der (heute noch beschleunigten) weiter drängenden gesellschaftlichen Dynamik. Dieser sich geschichtlich in seiner Spannung erhöhende Konflikt des Menschen und der Kultur als solcher hat auch eine soziale Seite. »Gesellschaftliche Spannungen in der Gegenwart erhalten von diesem Aspekt aus ihren Sinnzusammenhang.« Im Anschluß an Simmels Satz, daß Konflikte oft – statt geschlichtet – durch andere abgelöst werden, entwickelt Tartler eine Theorie der »Konfliktentkernung«. Gegen die unbesehene Übertragung der seinerzeit von Simmel am Konkurrenzkampf entwickelten, urliberalen Theorie von der Einheit stiftenden Wirkung des Konflikts auf die pluralistisch genannten Gesellschaften der Gegenwart wenden sich Theodor W. Adorno und Ursula Jaerisch[13]. Sowohl Coser wie Dahrendorf bejahen und entschärfen den Konflikt, indem sie ihn im Wetteifer der Verbände und Parteien institutionalisiert und darein auch den Klassenkampf integriert sein lassen. Wie bei Simmel erscheint bei ihnen der Streit nicht deswegen als legitim,

12 Dies nach Peter Christian Ludz, Konflikttheoretische Ansätze im historischen Materialismus, in: Kölner Zeitschrift für Soziologie, 13, 1961.
13 Anmerkungen zum sozialen Konflikt heute. In: Festschrift für Wolfgang Abendroth, 1967.

weil er ein Mittel radikalen Friedens ist, in dem ein schlechter antagonistischer Zustand aufgehoben wäre; vielmehr wird einem unproblematisierten Ideal von sozialem Wandel zuliebe, als dessen Motor er gilt, der Antagonismus zur überhistorisch unveränderlichen Grundstruktur des Gesellschaftlichen hypostasiert. Damit ist aber nur das am Konflikt getroffen, »was diesseits der perennierenden Gewalt, die hinter der Reproduktion der Gesellschaft sich verbirgt, in Rollen und Institutionen artikuliert und versachlicht ist ... Das Wort sozialer Konflikt lenkt ab von dessen tödlichem Schrecken wie von seiner objektiven Basis in ökonomischen Antagonismen ... Konstatierbare und klassifizierbare soziale Phänomene werden, weil sie dem Zugriff empirischer Forschung umstandslos sich darbieten, mit deren letztem Substrat verwechselt. Die Frage noch ihrer Vermittlung durch die Klassenstruktur ist eskamotiert.«

Mit den letzten Absätzen sind wir schon hinübergeglitten zur Wirkungsgeschichte. Simmel hat bei seinen Lebzeiten nicht nur Anerkennung gefunden (was sich auch in seiner beruflichen Laufbahn auswirkte). Nebeneinander stehen Bücher über das Geld und über die Religion, über Geschichtslogik und über Rembrandt. Und auch ein einzelnes Buch wie die ›Philosophie des Geldes‹, die eben damit in jener Zeit eines noch ungebrochenen Positivismus Neuland eröffnete, oszilliert zwischen Nationalökonomie, Soziologie, Philosophie und Kulturgeschichte. Das reale Geld wird zum transparenten Symbol der Wertbeziehung. Da fragte sich der Gelehrte alten Stils: ist das Wissenschaft? In welche Wissenschaft gehört es? Ähnlich wie die Gundolfs – mit dem ihn seit dessen Studentenjahren Freundschaft verband – war Simmels Begabung eine persönliche, von herkömmlichen Spezialisierungen und Methoden unabhängige. Sie war aber eben deshalb auch unübertragbar. Wie der eigengeprägte Stil eines Künstlers faszinierte sie als »Attitüde« des Denkens, ohne daß sie sich nachahmen ließ. Er sprach aus einer Welt, die sich im Sprechen selber unmittelbar zu gebären schien. Simmel, der vor überfüllten Hörsälen las, der in seinem Privatseminar Jüngere wie Bernhard Groethuysen, Georg Lukács und Ernst Bloch mit Kunsthistorikern vereinigte, hat keine Schule gegründet. Einst auf dem Nachhauseweg von einem solchen Seminar gestanden sich alle Teilnehmer, die Simmel für seine Garde hielt, daß sie weder seine Thesen approbierten noch wissenschaftlich bei ihm anknüpfen könnten. Er selbst notierte sich einmal im Tagebuch: »Ich weiß, daß ich ohne geistigen Erben sterben werde (und es ist gut so). Meine Hinterlassenschaft ist wie eine in barem Gelde, das an viele Erben verteilt wird, und jeder setzt sein Teil in irgendeinen Erwerb um, der *seiner* Natur entspricht: dem die Provenienz aus jener Hinterlassenschaft nicht anzusehen ist.«

Was man bei ihm lernte, war die dialektische Pluralität der Perspektiven. Sie war das prius, aus dem sich die Sprengung der Fachgrenzen als Notwendigkeit ergab. Immer behandelte er einen konkreten, allgemeines Interesse weckenden Gegenstand – es konnte ein klassischer sein wie die Freundschaft oder aber auch der damals eben neu erfundene Tango. Nun färbte er diesen Gegenstand in die verschiedensten Tönungen, schliff ihm Facetten an, ließ seine Festigkeit sich verflüssigen. Er hielt ihn gleichsam wie die Fontäne die Kugel durch Strahlen in der Luft. Der Wirklichkeit, wie sie ist, hielt er historisch und begrifflich andere Möglichkeiten entgegen, durch die sie ihr Selbstverständliches verlor und zum Problem wurde. Erst die Palette der Möglichkeiten löst das Denken von der Faktizität. Eben dies hat ihm dann die Nachkriegsgeneration zum Vorwurf gemacht. »Ein anständiger Mensch lebt nicht aus den neunzig Möglichkeiten, die es gibt, sondern aus der einen, die er ist« (Franz Rosenzweig). Die 20er Jahre tendierten zur Soteriologie. Sie suchten das *unum necessarium* für Leben und Gesellschaft. Verglichen damit repräsentierte Simmel, dessen Ruhm daher jetzt zurückging, noch eine kontemplative (depravierend jetzt mit Kierkegaard »ästhetisch« genannte) Haltung.

Nicht methodisch, aber durch Zeitstilverwandtschaft im Effekt konvergierte Simmel mit dem phänomenologischen »Zu den

Sachen« der Göttinger. Regelmäßig hörte er in Berlin die Vorträge von Max Scheler. Zu einem Teil seine Wirkung ist es, daß die Philosophie wieder den Mut zur *intentio recta* gewann, daß sie nach dem Zeitalter der Systeme nicht vor dem positivistisch Einzelnen abdankte, sondern im welthaltig-symbolischen Einzelnen (so wie in der Malereie nach dem Historiengemälde die Cézanneschen Äpfel kamen) den Angelpunkt für das Ganze fand. Freilich blieb auch hier die Tadelsmotion der 20er Jahre nicht aus, wenn sie auch diesmal nicht aus einer Gegenwendung kam, sondern umgekehrt Simmels eigenes Prinzip bei ihm noch nicht radikal genug angewandt fand. Simmel, so setzt (mit Scholem) Adorno an ihm aus – bei dem sich gleichwohl die frühe, intensive Simmel-Lektüre nicht verleugnet und der als Essayist in seiner Linie steht –, entwickle anhand spezifischer Themen wie Venedigs oder der Alpen bloß ihm schon vorher feststehende Gedanken. Das Thema bleibe also beliebiges Beispiel, werde nicht in seiner qualitativen Individualität zum neuen Denkanstoß. Anstelle der Vermittlung in der Sache selbst kenne er nur die äußere Verbindung.

Tun wir einen kurzen Überblick über die, die in ihrem Denken etwas von Simmels Spuren bewahren. Den Gedanken des »individuellen Gesetzes« hat *Hans Freyer* in seinem von Simmel noch begrüßten ›Antäus‹ (1918) sowie in seiner verlorenen Antrittsvorlesung ›Das individuelle Gesetz in der Ethik‹ (1920) weitergetragen. Auch seine ›Theorie des objektiven Geistes‹ (1923) geht von Simmel aus. Simmels Unterscheidung zwischen einem quantitativen und einem qualitativen Individualismus differenzierte noch weiter einer der nächsten Schüler, *Herman Schmalenbach*, in seinem Aufsatz ›Individualität und Individualismus‹ (Kantstudien 1919) und in seinem bedeutenden ›Leibniz‹ (1921). Aus dem Geist der Simmelschen Soziologie prägte *Martin Buber* – im Geleitwort der von ihm herausgegebenen Reihe ›Die Gesellschaft‹, als deren zweiter Band Simmels ›Die Religion‹ erschien – den erst später von ihm für die personhafte Beziehung reservierten Begriff des »Zwischenmenschlichen«; Simmels Unterscheidung zwischen Religion und

Religiosität findet sich bei ihm noch spät in den ›Zwei Glaubensweisen‹ (1950)[14]. Schon im Titel verrät *Georg Lukács'* Erstling ›Die Seele und die Formen‹ die Sprache Simmels, von dem auch noch seine ›Theorie des Romans‹ geprägt ist (aus Simmels »Weg der Seele zu sich selbst« wird hier die »Wanderung des problematischen Individuums zu sich selbst«; auch daß Kunst Erschaffung einer uns von der Wirklichkeit vorenthaltenen »Totalität« ist, weist auf Simmel). Während jedoch Lukács der sich von den Griechen herschreibenden Linie der Kunst verhaftet blieb, wurde bei *Ernst Bloch* mit neuer Motivation die antiklassische Wendung Simmels fruchtbar. Auch das Feinsehen von Details ging auf Bloch über, wenn auch bei ihm an die Stelle des impressionistischen Pluralismus das Verlangen nach einer invarianten Richtung der Aussage trat. Schüler ebensosehr Diltheys wie Simmels war *Bernhard Groethuysen*; in seinen Forschungen über die gewandelte Stellung des Bürgertums des 18. Jahrhunderts zum Tod mag man noch Simmelsche Anregung erblicken. Als philosophische Essayistin und im Versuch, alles Gestalthafte in ein religiös begriffenes Leben zurückzubinden, blieb auch *Margarete Susman* trotz abweichender politischer Stellungnahme bis zuletzt in der Schuld Simmels; daß ihr Buch über ihn, aus der Arbeit an dem das Jahr 1933 sie herausriß, nur in der späten Zusammenfassung einer Broschüre vorliegt, bleibt eine unschließbare Lücke. »Sehr stark wirkte auf mich, wie er die großen Denker unterhalb ihrer Systeme und über diese hinaus aus geistigen Grund- und Haupterlebnissen auffaßte«: *Rudolf Pannwitz.* Endlich steht, ohne je Simmels Hörer gewesen zu sein und sich dessen ursprünglich selbst nicht bewußt, doch partiell in seiner Nachfolge *Nicolai Hartmann* mit seinem Prinzip der »Aporetik« und seinem Kampf gegen die Vorurteile des »Einheitspostulats« und des »Harmoniepostulats«. Simmels ethische Inkompossibilität der Optima lebt fort in seinen Wertantinomien[15].

14 Vgl. Grete Schaeder, Martin Buber, 1966, 30 ff.
15 Über diesen Zusammenhang vgl. Verf., Pluralität und Antinomie, 1963, 48, 141 f.

Daß wir den Tod schon voraushaben und daß seine Zurückwirkung das mehr als Vergängliche aus uns heraustreibt, hat bewußt *Martin Heidegger* aufgegriffen[16]. –
Unberührter von den Schwankungen des philosophischen Zeitgeschmacks hielt sich Simmels Einfluß in der Soziologie. Man hat in seiner »formalen Soziologie«, wie sie dann auch Vierkandt und als letzter noch Leopold von Wiese vertraten, häufig nur ein zeitbedingt gegen die enzyklopädische Soziologie gerichtetes Programm erblickt, an das er sich selbst, auch hier in die Fülle der Erscheinungen hineingezogen, zu seinem Gewinn nicht gehalten habe. In seiner *per antithesin* formulierten ›Soziologie als Wirklichkeitswissenschaft‹ (1931) setzt Hans Freyer an Simmels sozialen Formbegriffen die geometrieähnliche Verwirklichungsindifferenz und Unbewegtheit aus; die Gegenstände der Soziologie seien nicht freischwebende Sinnzusammenhänge, sondern der konkreten Zeit eingelagerte Geschichtskörper[17]. Ähnlich Lieber und Furth: bei Simmel werde das methodisch Abstrahierte zum inhaltlich Substantiellen, nominalistische Auflösung des Gesellschaftsbegriffs schlage um in einen ontologischen Realismus der sozialen Form. Die Geschichte sei bei Simmel nur dazu da, leblos überzeitliche Strukturen auszufüllen, und analog zerfalle die Gesellschaft zusammenhanglos in die gestaltlose Summe der in Wechselwirkung stehenden Individuen und in die reinen Formen dieser Wechselwirkung. – Allein sind das nicht Einwände, die man gegen jedes Herausheben kategorialer Momente aus der Vollrealität richten könnte? Klassifikationen sind heuristische Prinzipien, sie stiften Analogien zwischen sonst Getrenntem. Daß die Form

16 Heidegger als Nachfahr Simmels hinsichtlich der Zeitphilosophie (wobei aber die gemeinsame Abhängigkeit von Bergson zu gering veranschlagt wird) bei Leo Gabriel, Existenzphilosophie, 1951, 327 f. Vgl. noch Gadamer, Wahrheit und Methode², 1965, 229.

17 In einem Brief an mich äußert sich jedoch Freyer so: »Was seine formale Soziologie betrifft, so habe ich seinen Formalismus schon damals als methodischen Kunstgriff betrachtet, um das Gesellschaftliche an den Kulturerscheinungen zu isolieren ... Simmels soziologische Begriffe sind alle aufs höchste ›historisch gesättigt‹.«

bei sich wandelndem Realgrund selbst eine andere wird, sah auch Simmel.

Wie erst Tenbruck in seinen beiden Simmel-Aufsätzen wieder deutlich gemacht hat, bildet den Gegensatz zur sozialen Form bei Simmel nicht die geschichtlich-gesellschaftliche Wirklichkeit – und deshalb besteht auch nicht der nur konstruierte Widerspruch zwischen seinem formalen Programm und seinen inhaltlichen Untersuchungen. Simmel wuchs noch im Psychologismus auf, der das Soziale vom Einzelnen her, aus seinen Zwecksetzungen und Neigungen, erklären wollte. Demgegenüber erkennt Simmel, daß diesen individuellen Motiven, als ein Selbstverständliches, dessen wir uns bloß im allgemeinen nicht bewußt werden, allgemeine stabile Strukturen vorausliegen, in deren Horizont und Rahmen das Handeln sich immer schon bewegt. Der Gegensatz zur Form ist also hier das *psychische* Material der Vergesellschaftung. In diesem Sinn ist alle Soziologie, deren theoretisches Feld erst dadurch bestimmt wird, notwendig formal. Simmel entdeckt das »soziale Handeln« und eröffnet damit die moderne soziologische Perspektive. Nach Tenbruck kann man Simmels Begriff der Form streckenweise geradezu durch unsern heutigen der Rolle ersetzen (vgl. hierzu in dieser Ausgabe ›Zur Philosophie des Schauspielers‹). Formale Soziologie ist diejenige, die sich auf das System von Rollen bezieht, das die Gesellschaft ausmacht. Tenbruck stellt Simmel zwischen Dilthey[18] und seinen Freund Max Weber, dessen »Idealtypus« schon vorbereitet wird durch Simmels Bejahung der Begriffe, die zwar von der Wirklichkeit abweichen, sich aber durch den Dienst, den sie ihrer Deutung leisten, legitimieren.

Durch seine Fähigkeit, vom Konkreten zwar auszugehen, es

18 Dilthey und Simmel haben sich bei jahrzehntelangem Wirken an der gleichen Universität persönlich nicht berührt, gehören aber in ihrer Spätentwicklung – durch die allein sie beide noch für uns bedeutsam sind – in manchem zusammen. Daß Simmels Ableitung künstlerischer Darstellungsweisen aus metaphysischen Entscheidungen auch dem Programm Diltheys entspricht, anerkennt ausdrücklich der Diltheyschüler Herman Nohl, Stil und Weltanschauung, 1920, 93.

jedoch im gedanklichen Koordinatennetz zu spiritualisieren, bildet Simmel aber auch den genauen Gegensatz zu Max Weber, dem sich alles Gedankliche historisierte, und so neben ihm den andern großen Typus der Soziologie jener Generation, auf die wir noch heute dankbar zurückgreifen. Sein Wertperspektivismus hat die Mannheimsche Wissenssoziologie mitgeprägt. Sein Begriff der »Bezugsgruppe« hält sich bis in die empirische Soziologie.

In der amerikanischen Soziologie wurde Simmel schon ab 1893 durch die Übersetzungen von Small bekannt. Er konnte dort von Anfang an wirksam werden, weil Soziologie in den USA, anders als in Europa, schon damals ein selbständiges akademisches Lehrfach war. Enthusiastischer Anhänger ist Nicholas John Spykman, ›The Social Theory of Georg Simmel‹, 1925, [2]1964 – von Leopold von Wiese als das beste Buch über Simmel bezeichnet –, wichtig nach ihm Theodore Abel, ›Systematic Sociology in Germany‹, 1929. Spekulative Generalisierungen werden Simmel vorgeworfen von Sorokin, ›Contemporary Sociological Theories‹, 1928 (S. 489–507, gegen ihn v. Wiese in seiner ›Beziehungs- und Gebildelehre‹, für Amerika adaptiert von Howard Becker, ›Systematic Sociology‹, 1932). Die USA-Soziologie berührt sich mit Simmel, gegenüber den biologischen und physikalischen Begriffen der älteren Soziologie, im Ausgehen vom erlebenden Individuum, in der Ablösung utopischer oder historisch-enzyklopädischer Tendenzen zugunsten der Analyse von Einzelphänomenen, und im Ausbau der Soziologie zu einer Lehre von den Formen der Gruppen und den sich in ihnen vollziehenden Prozessen und Interaktionen (Chicagoer Schule). Die letzten 20 Jahre brachten eine neue Phase der Simmelrezeption in den USA. Zu nennen sind die Übersetzungen von H. H. Gerth, K. H. Wolff und R. Bendix sowie die Arbeiten von K. H. Wolff, A. Salomon (u. a. in ›20th Century Sociology‹, ed. Gurvitch-Moore, 1945) und R. Heberle (in ›An Introduction in the History of Sociology‹, ed. Barnes, 1948). Die Wiederaufnahme seines Einsatzes beim Konflikt sowie des von ihm antizipierten Rollenbegriffs haben wir schon erwähnt. Simmels Wertbegriff hat u. a. auf How. Beckers Lehre Einfluß ausgeübt. Man findet Bezugnahme auf ihn in der Sozialpsychologie und insbesondere in der Kleingruppentheorie. Im Begriff der »Vergesellschaftung« erblickt man nicht so sehr die Substantialisierung als die Prozessualisierung der Gesellschaft: er ermöglicht eine geschmeidigere Auffassung der sozialen Rolle. Simmels Zusammenschau des sozialen Handelns mit den Systemen der Kultur hat auf die strukturell-funktionale Theorie eingewirkt.

Die Probleme der Geschichtsphilosophie

Den Gegenstand dieses Buches bildet das Problem: wie aus dem Stoffe der unmittelbaren, gelebten Wirklichkeit das theoretische Gebilde werde, das wir Geschichte nennen. Es will zeigen, daß diese Umbildung eine radikalere ist, als das naive Bewußtsein anzunehmen pflegt. Damit wird es zu einer Kritik des historischen Realismus, für den die Geschichtswissenschaft ein Spiegelbild des Geschehenen »wie es wirklich war« bedeutet; er scheint damit keinen geringeren Irrtum zu begehen als der künstlerische Realismus, der die Wirklichkeit abzuschreiben meint, ohne zu bemerken, wie völlig schon dieses »Abschreiben« die Inhalte der Realität stilisiert. Während der Natur gegenüber die formende Macht des erkennenden Geistes allgemein anerkannt wird, kommt sie an der Geschichte offenbar schwerer zum Bewußtsein, weil deren Material schon Geist ist; wenn dieses sich zur Geschichte weiterbildet, heben sich die dazu wirksamen Kategorien, ihre generelle Selbständigkeit, der Gehorsam des Stoffes gegen ihre Forderungen, nicht ebenso deutlich wie in dem Falle der Naturwissenschaft von dem Stoffe selbst ab. Es handelt sich also um das – nicht im einzelnen, sondern nur prinzipiell festzustellende – Apriori des geschichtlichen Erkennens. Dem historischen Realismus gegenüber, für den das Geschehen sich ohne weiteres und höchstens mit quantitativer Zusammendrängung in der Historik reproduziert, soll das Recht erwiesen werden, im Kantischen Sinne zu fragen: Wie ist Geschichte möglich? –

Der Weltanschauungswert der Antwort, die Kant auf *seine* Frage: wie ist Natur möglich? – gegeben hat, liegt in der Freiheit, die das Ich damit gegenüber aller bloßen Natur gewonnen hat; indem es die Natur als seine Vorstellung produziert und die allgemeinen naturbildenden Gesetze nichts anderes sind als die Formen unseres Geistes, ist das natürliche Dasein dem souveränen Ich unterworfen. Freilich nicht seiner Willkür und deren individuellen Schwankungen, sondern seinem *Sein* und dessen Notwendigkeiten, die aber nicht aus einer ihm äußerlichen Gesetzgebung stammen, sondern sein unmittelbares Leben ausmachen.

Damit ist von den zwei Vergewaltigungen, die den modernen Menschen bedrohen: durch die Natur und durch die Geschichte, die eine aufgehoben. Beide scheinen die freie, sich selbst gehörende Persönlichkeit zu ersticken, die eine, weil ihr Mechanismus die Seele demselben blinden Zwang unterwarf, wie den fallenden Stein und den sprießenden Halm, die andere, weil sie die Seele zu einem bloßen Schnittpunkt sozialer, durch die Geschichte hin sich spinnender Fäden machte und ihre ganze Produktivität in ein Verwalten der Gattungserbschaft auflöste. Über jener Naturgefangenheit unseres empirischen Daseins steht seit Kant die Autonomie des Geistes: das Bewußtseinsbild der Natur, die Begreiflichkeit ihrer Kräfte, das, was sie für die Seele sein kann, ist die Leistung der Seele selbst.

Nun aber hat die Fesselung des Ich durch die Natur, vom Geiste gesprengt, sich in eine solche durch den Geist selbst transformiert: indem die Persönlichkeit sich in die Geschichte auflöste, die doch die Geschichte des Geistes ist, schien die Notwendigkeit und Übergewalt, von dieser ihr gegenüber geübt, doch noch immer Freiheit zu sein – in Wirklichkeit aber ist auch die Geschichte als ein Gegebenes, als eine Realität, als eine überpersönliche Macht keine geringere Vergewaltigung des Ich durch ein Außer-ihm. Die Verführung, für Freiheit zu halten, was in Wirklichkeit Bindung durch ein Fremdes ist, wirkt hier nur viel subtiler, weil, was uns hier bindet, des gleichen substantiellen Wesens mit uns ist. Die Befreiung, die Kant vom Naturalismus vollbracht hat, bedarf es auch vom Historismus. Vielleicht gelingt sie der gleichen Erkenntniskritik: daß der Geist auch das Bild des *geistigen Daseins*, das wir Geschichte nennen, durch die nur ihm, dem erkennenden, eigenen Kategorien souverän formt. Den Menschen, der erkannt wird, machen Natur und Geschichte: aber der Mensch, der erkennt, macht Natur und Geschichte. Die bewußtwerdende Form all der geistigen Wirklichkeit, die als Geschichte jegliches Ich aus sich hervorgehen läßt, ist selbst aus dem formenden Ich hervorgegangen, dem Strome des Werdens, in dem der Geist sich erblickt, hat er selbst seine Ufer und seinen Wellenrhythmus vorgezeichnet und ihn erst damit zur »Geschichte« gemacht. Die Freiheit des Geistes, die formende Produktivität ist, gegenüber dem Historismus, auf demselben Wege zu wahren, den Kant der Natur gegenüber eingeschlagen hat, ist die universelle Tendenz, der sich die Besonderheit der folgenden Untersuchungen einordnet.

Beiträge zur Philosophie der Geschichte

Die hier vorgelegten Studien sind Ergänzungen zu meiner Schrift: ›Die Probleme der Geschichtsphilosophie‹ (3. Aufl. Leipzig 1907). Sie sollen an einzelnen Punkten das Unternehmen dieses Buches weiterführen: die Voraussetzungen, deren sich die historische Betrachtung dauernd bedient und durch die diese Betrachtung überhaupt erst möglich wird, in das wissenschaftliche Bewußtsein zu erheben.

I

Das fundamentale Problem für die Erkenntnistheorie der Geschichte ist dies: wie aus dem realen Geschehen das wissenschaftliche Gebilde wird, das wir Geschichte nennen. Indem man den empirischen und exakten Charakter dieses Gebildes unkritisch und mechanisch verstand, hat man meistens übersehn, durch wieviele Umformungen, Weglassungen, Ergänzungen des unmittelbaren Lebens es allein zustande kommen kann.
Es gehört zu den Begründungen dieser Gedankenreihe, daß wir die Kategorien, unter denen wir ein Bild von uns selbst gewinnen, in ihrem Unterschiede gegen diejenigen betrachten, durch die uns die eigentlich geschichtlichen Bilder zustande kommen. Zunächst zeigt die Erkenntnis des eignen Lebens, verglichen mit der des fremden, einen eigentümlichen Gegensatz. Jeder kennt sich selbst tausendmal besser, weiß tausendmal mehr von sich, als von irgendeinem andern, auch vom nächsten; und dennoch erscheint uns der andre niemals so fragmentarisch, so lückenhaft, sowenig ein Ganzes und in sich Zusammengehöriges, wie wir oft uns selbst erscheinen. Man möchte die paradoxe Vermutung wagen, daß wir von uns zuviel wissen, um all die Deutungen und Umdeutungen, Überbrückungen, Hinzufügungen, vorzunehmen, die allein aus dem Lebensbild eines

Menschen eine Einheit machen können; von den andern wissen wir grade wenig genug, um aus ihnen kohärente Bilder zu formen.

Der Erscheinung nach hierzu irgendwie gegensätzlich, im Tiefsten aber doch damit zusammenhängend, bietet sich eine andre Differenz der historischen Betrachtung unser selbst und der der andern dar. Die Kontinuität, mit der wir unser Dasein erleben, das lange Sich-Vorbereiten, weite Hinwirken, langsame Abklingen unsrer Lebensinhalte, die Erfülltheit der kontinuierlichen Zeit mit bewußten und gefühlten Momenten – dies gibt dem eignen Leben im Rückblick ein Gleiten und Fließen, durch das seinem Bilde das eigentliche Relief vorenthalten wird. In dem Bilde einer Person, wie sie im historischen Bewußtsein existiert, treten die wesentlichen oder überhaupt beachteten Momente scharf beleuchtet hervor, gewissermaßen isoliert gegen das Unwesentliche oder das zufällig damit Verbundne, gegen all das Vor- und Nachklingen der Erlebnisse, das für die eigne Überschau das Für-sich-Stehn, das charakteristische Aufragen der Höhepunkt abflacht und in eine Allmählichkeit überführt. Die Kontinuität des Erlebens, sozusagen nur durch den Schlaf unterbrochen, die psychologische und sachliche Vermitteltheit jedes aktuellen Inhaltes durch andre Inhalte, die dem Fluß der Zeit folgend zu ihm hin und von ihm wegführen, gibt dem Blick auf das eigne Leben und dem Gefühl für seine Totalität etwas Absatzloses, ein Ineinander-Übergehn seiner Valeurs, das für den historischen Aufbau gar nicht zu brauchen ist. In diesem muß der Parallelismus der inhaltlichen Entwicklung unsres Lebens mit der Form der Zeit, wie er im subjektiven Bewußtsein gegeben ist, durchbrochen werden, die historische Persönlichkeit lebt als solche, durch die Isolierung der Wichtigkeits- und Höhepunkte ihres Daseins, in einer besonders konstruierten, diskontinuierlichen Zeit.

II

Die Frage der Stetigkeit oder des ruckweisen Charakters in aller Kulturentwicklung ist nicht objektiv zu entscheiden. Was wir feststellen können, ist niemals ein wirkliches Gleiten, sondern immer nur einzelne Punkte, die dadurch eine Reihe bilden, daß der betrachtende Geist sich mit kontinuierlichem Bewußtsein vom einen zum andern bewegt. Andrerseits ist nicht zu leugnen, daß die Forschung keinen Abstand zwischen zwei Tatsachen derselben Reihe als den kleinsten ansehn darf, daß ihr Weg in der Verringerung dieser Abstände verläuft, daß man für jede geistige Tat eine immer größere Anzahl zeitlich voranliegender Bedingungen und in den Geist des Urhebers übergegangener Elemente entdecken kann, die das Originale seiner Tat immer enger an das Bestehende anschließen. Allein wie minim dieses Originale auch sei – obgleich der Maßstab, an dem es minim erscheint, sehr willkürlich ist –, *dies* wenigstens ist ein Sprung, setzt sich ohne Kontinuität an das Frühere und Gegebne an, selbst wenn es nur in einer Synthesis eben dieses bestehen sollte. Ob man nun die Kontinuität oder die Diskontinuität betont, ist Sache der freien oder zweckmäßigen Wahl, man kann die Geschichte mit demselben Recht auf die Verwandtschaft wie auf die Besonderheit ihrer Erscheinungen hin ansehen. Wem es wesentlich auf die Sachgehalte der Kultur ankommt, der wird die Entwicklung eher als eine kontinuierliche ansehen, als wer die Träger derselben im Auge hat, da die Individualität ein fester umschriebenes, weniger in seine Komponenten auflösbares Bild gibt.

Andrerseits kann man gerade in der Persönlichkeit eine Kontinuität sehn, die die Sachen nie erreichen können. Denn es ist doch jene, in der die Antezedentien einer Erfindung, einer Tat sich zusammenfinden, um das Neue aus sich hervorwachsen zu lassen, das dann, als fertiges, eine singuläre, von sich aus mit nichts anderem verbundne Tatsache darstellt. Die Persönlichkeiten untereinander sind zwar diskontinuierlicher als die Sachen, weil diese in eine logische Reihe geordnet werden können, der sich die Seelen entziehen, in denen tausend Elemente außer den logisch erreichbaren spielen und je eine, als Ganzes unvergleichliche Erscheinung ergeben; aber die einzelne Persönlichkeit ist etwas Kontinuierliches und vermittelt dadurch die historisch vorliegenden Antezedentien mit dem Neuen, das auf jene hin von ihr geschaffen ist.

Auch hier aber wird die Frage, ob Kontinuität oder Diskontinuität, nicht eine objektiv zu entscheidende Alternative sein, sondern je nachdem man innerhalb der Persönlichkeit den Prozeß, der den Sachgehalt produziert, oder diesen selbst in seiner logisch-sachlichen Bedeutung ins Auge faßt, wird man die Entwicklung unter jenen oder unter diesen Begriff einstellen.

III

Was wir Überlieferung nennen, erscheint als das Gegenstück der eigentlich sozialen Wechselwirkung. Denn während in die Wechselwirkung die gleichzeitig existierenden Individuen eingesponnen sind, und die Aktion oder Qualifizierung des einen durch den andern und des andern durch den einen bestimmt ist, wie von zwei gegeneinander schweren Materienmassen die Bewegung der einen durch die der andern wechselseitig veranlaßt wird – zeigt die Überlieferung innerhalb der Gesellschaft grade das Gegenteil. Denn für diese ist das Bezeichnende, daß derjenige, auf den die Wirkung erfolgt, nicht wieder auf den zurückwirkt, von dem sie ausgeht. Die Überlieferung geht nach einer Richtung fort, während die Wechselwirkung hin und hergeht.

Die Gesamtheit des tatsächlichen gesellschaftlichen Lebens aber ist nun eine Verwebung dieser beiden Bewegungsrichtungen, welche in ihr stattfinden. Es wird die Wirksamkeit, welche von dem einen auf den andern und von dem andern auf den einen erfolgt, welche also die Individuen in ihrem Nebeneinandersein verwebt – fortwährend gekreuzt durch das, was man als Überlieferung bezeichnet, wo also ein bestimmter Inhalt von einem

Individuum auf ein andres übertragen wird, ohne daß dieses Individuum, auf das es übertragen wird, wieder auf jenes zurückwirkt. Dies macht die Gesellschaft zu einem, seinem inneren Wesen nach, historischen Gebilde, d. h. sie ist nicht nur ein Gegenstand der Geschichte, sondern die Vergangenheit hat in ihr noch wirksame Realität, in der Form der gesellschaftlichen Überlieferung wird das Geschehene zum Bestimmungsgrunde des Gegenwärtigen. Hier ist eine einreihige Wirkung und dort eine Wechselwirkung, und aus diesen beiden setzt sich tatsächlich das gesellschaftliche Leben zusammen.

Daß die Überlieferung keine Wechselwirkung bedeutet, das wird, außer von der Form des Zeitablaufs, im wesentlichen davon getragen, daß man in der Wechselwirkung überhaupt nicht nur den rein persönlichen Einfluß des einen auf den andern zu konstatieren hat, daß dies gar nicht das Wesen der Überlieferung erschöpft; sondern dieses Wesen ist: daß ein *objektiv-geistig bestehender* Inhalt durch die Reihe der Individuen tradiert wird. Es gibt einer dem andern sozusagen nicht sich selbst, wie es in jeder Wechselwirkung der Fall ist, sondern er gibt einen Inhalt, der sich schon von der Persönlichkeit in irgendeiner Art losgelöst hat. Und weil dies der Fall ist, wird hier auch keine rückwirkende Aktion des Empfangenden vorausgesetzt; sondern die Tradition ist die merkwürdige und eigentlich die ganze Kultur und Geistigkeit des Menschengeschlechts schaffende Tatsache, daß sich ein Inhalt des Denkens, des Tuns, des Schaffens, auch des Fühlens, seinem ursprünglichen Träger gegenüber verselbständigt hat und von ihm weitergegeben werden kann, sozusagen wie ein körperlicher Gegenstand.

Diese Lösung des Geistesproduktes von seinem Schöpfer – auch wenn es rein geistig ist, wenn es nur in Lehren, in religiösen Ideen, in der Möglichkeit von Gefühlsexpansionen oder Gefühlsausdrücken besteht – ist die eigentliche Bedingung für das Aufsteigen aller Kultur. Denn vor allen Dingen bewirkt sie die Möglichkeit einer Summierung der Erwerbungen der Menschheit, bewirkt, wie man es ausgedrückt hat, daß der Mensch nicht nur Nachkomme, sondern auch Erbe ist.

Die Überlieferung ist sozusagen der Träger des Geistig-Substantiellen in der Gesellschaft, während die Wechselwirkung zunächst das Funktionelle bedeutet – aber die Verwebung von beiden findet so merkwürdig statt, daß die funktionellen Wechselwirkungen zwischen Menschen substantielle Ergebnisse schaffen, welche nun ihrerseits tradiert werden. Diese Einreihigkeit in der Vereinheitlichung, diese Ausschaltung des zuerst wirksamen Subjekts aus dem weiteren Verlauf, weil dieses Subjekt keine Rückwirkung empfängt, – dies entspricht der Vererbung. Die Vererbung ist die physiologische bzw. wirtschaftliche Form dessen, was man im Geistigen als Tradition bezeichnet.

Die Vererbung und die Tradition schaffen aus den nacheinander auftretenden Generationen eine Gruppe und ein Menschengeschlecht, gerade wie die gesellschaftliche Wechselwirkung zwischen den nebeneinander lebenden Individuen das Band spinnt, durch welches sie zur Gesellschaft werden. Vererbung und Tradition bewirken die Vereinheitlichung nach der Längendimension, die Wechselwirkung bewirkt sie nach der Breitendimension. Und man wird wohl die wesentlichsten geschichtlichen Formen des Lebens der Gesellschaft beschreiben können nach den verschiedenen Massen, in denen Vererbung und Tradition auf der einen Seite sich mit der nach der Breite gehenden Wechselwirkung auf der andern Seite verweben.

Eine eigentümliche Art dieser Synthese stellt z. B. die Erziehung dar. Die Erziehung des jüngeren Geschlechts durch das ältere ist zwar auf den ersten Blick wesentlich Tradition. Sie bedeutet, daß Resultate, welche entweder in Normen, in Lebensregeln, in Prinzipien fixiert sind, oder welche in der rein persönlichen Erfahrung, Bestimmtheit und Überzeugtheit der Einzelnen bestehen, dem nächsten Geschlecht übergeben werden. Insofern ist Erziehung im wesentlichen Tradition.

Allein, es ist nicht zu leugnen, daß die Erziehung doch auch auf die Erzieher zurückwirkt. Die Art, wie der tradierte Erziehungsstoff oder -form von der jüngeren Generation aufgenommen wird, modifiziert das Verhalten der älteren Generation; und zwar kann man wahrscheinlich den ganzen Fortschritt in

der Geschichte der Erziehung danach bemessen, wie stark die Rückwirkung ist, welche seitens des Erzogenen auf den Erzieher stattfindet. Je schematischer, je konservativer, je eingeschränkter die Erziehung ist, desto mehr wird in ihr das bloß nach vorwärts gehende Element, die bloße Tradition wirksam werden, daß bloße Formen des Späteren durch den Früheren. Mit der steigenden Verfeinerung, Individualisierung und Kultivierung wird der Erziehende selbst wieder erzogen; d. h. er wehrt sich nicht gegen die Einfügung in den Prozeß der Wechselwirkung mit dem Schüler, er paßt sich der jeweiligen Aufgabe an, wie sie durch die typische und die individuelle Art des Schülers gestellt ist – was früher vollkommen gegen die »Autorität« gewesen wäre, die sozusagen die Substanz der Erziehung war, jetzt aber nur noch ihre Technik sein sollte.
Von der andern Seite her ausgedrückt, ist der Fortschritt der, daß der Erziehende selbst ein bestimmt qualifizierter Mensch, nicht nur der Überlieferer eines bestimmten intellektuellen oder moralischen Stoffes ist. Die Rückwirkung, die der Erziehende vom Erzogenen empfindet, bestimmt die Art der weiteren Erziehung, so daß ein dauerndes Hin- und Widerspiel entsteht – was die frühere Erziehung gleichfalls als einen Verrat an der Autorität empfunden hätte. Die Evolution der Erziehung vollzieht sich großenteils mit dieser Stärkung der Wechselwirkung, mit dieser Beimischung des Elementes der Breitendimension zu dem der Längendimension, in der die Erziehung ursprünglich stattfindet.

IV

Für die naturhafte Betrachtung gibt es einerseits in der Welt nichts Neues, sondern nur ein ewiges Beharren der Stoffe und der Energien, ein Verstehen des Späteren aus der Äquivalenz mit dem Früheren, alle Begreiflichkeit drückt sich in Gleichungen aus. Andrerseits gibt es nur Neues, keine Form gleicht der andern völlig, die Erkenntnis geht auf immer genauere Fest-

stellung von Unterschieden, der Weltprozeß ist die Kontinuität von Formänderungen.
Diese Polarität, dieses eigentlich fremde Nebeneinander der naturhaften Standpunkte geht für die historische Betrachtung einheitlicher zusammen. Das historische Gebilde ist das schlechthin Einzige, das nun doch, als Historisches, aus der Vergangenheit hergeleitet werden muß, in dem also nur eine Umformung der äquivalent gebliebenen Elemente der Vergangenheit vorliegt. Die historische Betrachtung bringt das Sich-Erhalten und das Sich-Neuformen des Daseins zu einer andern, engeren Synthese als die naturhafte.
Nun gibt es aber auch eine Art von Äquivalenz der historischen Elemente, die sich von der natürlichen völlig unterscheidet: die Tradierung geistiger Elemente von einem Individuum auf ein andres. Hier allein geht der Sinn des Vorgangs auf eine wirkliche Identität der früheren mit der späteren Erscheinung, während selbst in der Umsetzung physikalischer Energie nur eine rechnerische Gleichheit der Energiequanten inhaltlich ganz verschiedner Erscheinungen vorliegt. Andrerseits ist aber der spätere Prozeß von dem Individuum in dynamisch völlig eigner Produktivität und aus dem Einheitspunkte des Ich heraus vollzogen. Die Identität des Inhalts und die Spontaneität seiner funktionellen Erzeugungen setzen sich hier mit einer solchen Entschiedenheit voneinander ab und wirken dennoch in dem Akt zu einer solchen Einheit zusammen, zu der der physische Akt gar keine Analogie besitzt.

Das Problem der Soziologie

Als der bedeutsamste und folgenreichste Fortschritt, den die Geschichtswissenschaft und das Verständnis des Menschen überhaupt in unserer Zeit gemacht hat, pflegt die Überwindung der individualistischen Anschauungsart zu gelten. Statt der Einzelschicksale, die sonst im Vordergrund des historischen Bildes standen, erhalten wir, als das eigentlich Wirksame und Entscheidende, soziale Kräfte, Kollektivbewegungen, aus denen der Anteil des Einzelnen selten mit völliger Bestimmtheit herauszulösen ist: die Wissenschaft vom Menschen ist Wissenschaft von der menschlichen Gesellschaft geworden. Kein Objekt der Geisteswissenschaften kann sich dieser Wendung entziehen; selbst wo sich die Bewegungen so individuell aufgipfeln, wie etwa in der künstlerischen Leistung, suchen wir in der besonderen gesellschaftlichen Lage der Zeit die Veranlassungen gerade *dieser* künstlerischen Produktion. Auf die Religion wie auf das wirtschaftliche Leben, auf die Moral wie auf die technische Kultur, auf die Politik wie auf Gesundheit und Krankheit von Seele und Leib erstreckt sich gleichmäßig die Tendenz, jedes einzelne Geschehen auf die geschichtliche Lage, die Bedürfnisse und Leistungen der Gesamtheit zurückzuführen.

Allein indem diese Richtung des Erkennens eine so allgemeine, nirgends ganz ausgeschlossene ist, kann sie wohl ein regulatives Prinzip für alle Geisteswissenschaften, aber gerade deshalb *keine besondere selbständige Wissenschaft*, mit eigener Stellung unter diesen letzteren stiften. Sollte Soziologie wirklich, wie man ihr zumutet, die Gesamtheit der Vorgänge in der Gesellschaft und alle Reduktion des Einzelgeschehens auf soziales enthalten, so ist sie nichts als ein zusammenfassender *Name* für die Totalität der modern behandelten Geisteswissenschaften. Und eben damit gibt sie jenen leeren Allgemeinheiten und Abstraktionen Raum, die das Verhängnis der Philosophie bildeten; wie diese will sie, das Unzusammenhängendste in eine begriffliche oder rein äußerliche Einheit zwingend, ein wissenschaftliches Weltreich schaffen, das eben deshalb wie politische Weltreiche in Diadochenherrschaft auseinanderbrechen muß. Soziologie, als Geschichte der Gesellschaft und aller ihrer Inhalte, d. h. im Sinne einer Erklärung alles Geschehens vermittels der gesellschaftlichen Kräfte und Konfigurationen, ist so wenig eine besondere Wissenschaft, wie etwa »Induktion« eine solche ist. Ähnlich dieser – nur nicht im gleichen Sinne formal – ist sie eine Erkenntnismethode, ein heuristisches Prinzip, das auf einer Unendlichkeit verschiedenster Wissensgebiete fruchtbar werden kann, ohne doch für sich allein eines auszumachen.

Soll es nun statt einer bloßen Forschungstendenz, die fälschlich zu einer Wissenschaft der Soziologie hypostasiert worden ist, wirklich eine solche geben, so muß das Gesamtgebiet der allumfassenden sozialen Wissenschaft in sich arbeitsteilig gegliedert, es muß eine Soziologie in engerer Bedeutung ausgeschieden werden. In welchem Sinne diese Differenzierung zu geschehen hat, kann der Vergleich mit der Psychologie nahelegen. Man hat den Versuch gemacht, alle Wissenschaften in Psychologie aufzulösen; da nur Inhalte des Bewußtseins Gegenstände der Erkenntnis werden könnten, so seien diese letzteren nur durch die psychologischen Kräfte und nach den psychologischen Gesetzen, die sie produzieren, verständlich. Trotzdem trennt man allgemein die Psychologie, als die Wissenschaft von den Funktionen der Psyche als solcher, mit Recht von den Wissenschaften, welche nach den einzelnen Objekten, den einzelnen Inhalten des erkennenden Vorstellens fragen. Es handelt sich in der Psychologie um die – umfassende oder auf bestimmte Provinzen beschränkte – Abstraktion der Funktionen, Kräfte, Normen, oder wie man es nennen mag, die sich zu dem konkreten Geschehen in der Seele verhalten wie Gesetz, Typus, Allgemeines zum Singularen oder wie die Form zum geformten Inhalt.

Wie nun alles Geschehen ein Geschehen in der Seele ist, so ist es, anders betrachtet, ein Geschehen in der Gesellschaft; so wenig aber alles, was freilich nur unter der Bedingung eines Bewußtseins gegeben ist, darum schon der Psychologie anheimfällt, so roh und verwirrend ist die Vorstellung, daß alles, was allerdings nur *in* der Gesellschaft und unter der Bedingung ihres Gegebenseins geschieht, schon in die Soziologie hineingehöre. Vielmehr, wie die Differenzierung des Spezifisch-Psychischen von den objektiven Materien die Psychologie als Wissenschaft ergibt, so kann eine eigentliche Soziologie nur das Spezifisch-Gesellschaftliche behandeln, die Form und Formen der Vergesellschaftung als solcher, in Absonderung von den einzelnen Interessen und Inhalten, die sich in und vermöge der Vergesellschaftung verwirklichen. Diese Interessen und Inhalte bilden den Inhalt spezieller – sachlicher oder historischer – Wissenschaften; durch deren Kreise nun legt die Soziologie einen neuen, der die eigentlichen gesellschaftlichen Kräfte und Elemente als solche, die Sozialisierungsformen, an ihnen markiert und einschließt.

Gesellschaft im weitesten Sinne ist offenbar da vorhanden, wo mehrere Individuen in Wechselwirkung treten. Von der ephemeren Vereinigung zu einem gemeinsamen Spaziergang bis zu der innigen Einheit einer Familie oder einer mittelalterlichen Gilde muß man Vergesellschaftung der verschiedensten Grade und Arten konstatieren. Die besonderen Ursachen und Zwecke, ohne die natürlich nie eine Vergesellschaftung erfolgt, bilden gewissermaßen den Körper, das *Material* des sozialen Prozesses; daß der Erfolg dieser Ursachen, die Förderung dieser Zwecke gerade eine Wechselwirkung, eine Vergesellschaftung unter ihren Trägern hervorruft, das ist die *Form,* in die jene Inhalte sich kleiden und auf deren Abtrennung von den letzteren vermöge wissenschaftlicher Abstraktion die ganze Existenz einer speziellen *Gesellschafts*wissenschaft beruht.

Denn nun zeigt sich sofort, daß die gleiche Form, die gleiche Art der Vergesellschaftung an dem allerverschiedensten Material, für die allerverschiedensten Ziele eintreten kann. Nicht nur Vergesellschaftung überhaupt findet sich ebenso an einer Religionsgemeinde wie an einer Verschwörerbande, an einer Wirtschaftsgenossenschaft wie an einer Kunstschule, an einer Volksversammlung wie an einer Familie – sondern es erstrecken sich formale Gleichheiten auch auf die speziellen Konfigurationen und Entwicklungen solcher Vereinigungen. An gesellschaftlichen Gruppen, die ihren Zwecken und ihrem sittlichen Charakter nach die denkbar verschiedensten sind, finden wir z.B. die gleichen Formen der Über- und Unterordnung, der Konkurrenz, der Nachahmung, der Opposition, der Arbeitsteilung, wir finden die Bildung einer Hierarchie, die Verkörperung des gruppenbildenden Prinzips in Symbolen, die Scheidung in Parteien, wir finden alle Stadien von Freiheit oder Bindung des Individuums der Gruppe gegenüber, Durchkreuzung und Schichtung der Gruppen selbst, bestimmte Reaktionsformen derselben gegen äußere Einflüsse. Alles dies weist durch die Gleichheit seiner Form und Entwicklung, bei oft völliger Heterogeneität der materialen Bestimmungen der Gruppe, auf eigenartige, jenseits dieser Bestimmungen vorhandene Kräfte in derselben hin, auf ein abstrahierungsberechtigtes Gebiet: das der Vergesellschaftung als solcher und ihrer Formen. Diese Formen entwickeln sich bei der Berührung der Individuen, relativ unabhängig von dem Grunde dieser Berührung, und ihre Summe macht dasjenige konkret aus, was man mit dem Abstraktum Gesellschaft benennt.

In der einzelnen historischen Erscheinung ist freilich Inhalt und gesellschaftliche Form tatsächlich verschmolzen, es gibt keine soziale Verfassung oder Entwicklung, die bloß sozial wäre und nicht zugleich Verfassung oder Entwicklung eines Inhalts. Dieser Inhalt kann objektiver Art sein: die Herstellung eines Werkes, der Fortschritt der Technik, die Herrschaft einer Idee, der Glanz oder der Verfall eines politischen Gebildes, die Entwicklung der Sprache und der Sitte; oder er kann subjektiver Natur sein und die unzähligen Seiten der Persönlichkeit betreffen, die durch die Sozialisierung Förderung, Triebbefriedigung, Entwicklung zum Sittlichen wie zum Unsittlichen erfahren.

Allein diese unmittelbare Ineinsbildung von Inhalt und Form, wie sie in der historischen Wirklichkeit vorliegt, verhindert nicht die wissenschaftliche Sonderung beider; so betrachtet die

Geometrie die bloße räumliche Form der Körper, die doch auch nicht für sich allein existiert, sondern nur mit und an einer Materie, deren Erforschung anderen Wissenschaften obliegt. Auch der Historiker, im engeren Sinne, behandelt doch nur eine Abstraktion aus den wirklichen Ereignissen. Auch er löst aus der Unendlichkeit des realen Handelns und Redens, aus der Summe aller inneren und äußeren Einzelheiten, die Entwicklungen heraus, die unter bestimmte Begriffe gehören. Nicht alles, was Friedrich II. oder Maria Theresia von morgens bis abends getan, nicht die zufälligen Worte, in die sie ihre politischen Entschlüsse gekleidet haben, nicht die unzähligen psychischen Ereignisse, die in tatsächlich unlösbarer Verkettung mit diesen Entschlüssen, aber ohne inhaltliche Beziehungen zu ihnen vorgingen – nicht dieses alles wird in der »Geschichte« erzählt; sondern der Begriff des politisch Wichtigen wird an die wirklichen Ereignisse herangebracht und nun wird nur das aufgesucht und erzählt, was unter diesen gehört, was aber tatsächlich *so*, d. h. in dieser reinlichen inneren Konsequenz und Losgelöstheit, sich gar nicht zugetragen hat. Entsprechend isoliert etwa die Wirtschaftsgeschichte alles dasjenige, was die körperlichen Bedürfnisse des Menschen und die Mittel ihrer Befriedigung angeht, aus der Totalität der Ereignisse – wenngleich es vielleicht keines unter diesen gibt, das in Wirklichkeit nicht in irgendeiner Beziehung zu jenen Bedürfnissen stände. Auch die Soziologie als Einzelwissenschaft wird nicht anders verfahren: sie löst eben das bloß gesellschaftliche Moment aus der Totalität der Menschengeschichte, d. h. des Geschehens *in* der Gesellschaft, zu gesonderter Betrachtung aus; oder, mit etwas paradoxer Kürze ausgedrückt, sie erforscht dasjenige, was an der Gesellschaft »Gesellschaft« ist[1].

1 Wenn, wie ich glaube, die Untersuchung der Kräfte, Formen und Entwicklungen der Vergesellschaftung, des Mit-, Für- und Nebeneinanderseins der Individuen, das einzige Objekt einer Soziologie als besonderer Wissenschaft sein kann, so gehören in sie selbstverständlich auch die Bestimmungen hinein, welche die Vergesellschaftungsform durch den besonderen Inhalt erhält, an dem sie sich realisiert. Wenn z. B. die Bildung von Aristokratien untersucht wird, so ist außer den Prozessen der Scheidung ursprünglich

Die Methoden, nach denen die Probleme der Vergesellschaftung untersucht werden, sind dieselben wie in allen vergleichend psychologischen Wissenschaften. Zum Grunde liegen gewisse psychologische Voraussetzungen, jenen zugehörig, ohne die überhaupt keine Geschichtswissenschaft existieren kann: die Phänomene des Hilfesuchens und Hilfeleistens, der Liebe und des Hasses, der Pleonexie und des Befriedigungsgefühles im Zusammensein, die Selbsterhaltung von Individuen mit gleichen Zielen einerseits durch Konkurrenz, andererseits durch Zusammenschluß, und eine Reihe anderer primärer psychischer Vorgänge muß vorausgesetzt werden, damit man überhaupt

homogener Massen, der Zusammenballung der Höhergestiegenen zu klassenmäßiger Einheit, des gleichmäßigen Repulsionsverhältnisses derselben gegen höchste persönliche Instanzen wie gegen die unteren Massen – außer diesen sind einerseits die materialen Interessen aufzusuchen, die überhaupt jene Prozesse hervorriefen, andererseits die Modifikationen derselben zu bestimmen, die sie auf den verschiedenen Produktionsstufen und durch die Verschiedenheit der die Zeit beherrschenden Ideen erleiden.
Freilich lösen sich auch manche Bestimmungen, die individueller Natur zu sein und erst zu dem eigentlichen Sozialisierungsprozesse hinzutreten scheinen, bei hinreichend weitem Begriffe der Gesellschaftsformen doch noch in solche auf; z. B. bilden die Geheimbünde ein besondres soziologisches Problem; wie wirkt die Heimlichkeit auf die Assoziierung, welche besonderen Formen dieser bilden sich unter der Bedingung jener, und zwar so, daß Verbindungen, welche als offne die größte Verschiedenheit zeigen, durch die bloße Tatsache ihrer Geheimhaltung gewisse gleichartige Züge erhalten? Während hier also die Vergesellschaftung durch ein außersoziales Prinzip spezifiziert erscheint, zeigt sich doch bei schärferem Hinsehen, daß auch die Geheimhaltung schon an und für sich unter die Formen des sozialen Lebens gehört: sie kann ausschließlich da auftreten, wo ein Miteinander von Individuen besteht und ist eine bestimmte Form der gegenseitigen Relation derselben, die keineswegs bloß negativer Natur ist, sondern ganz positive wechselseitige Verhaltensweisen derselben mit sich bringt.
Überhaupt gehören in die Soziologie als Wissenschaft von den Beziehungsformen der Menschen untereinander keineswegs nur die Assoziationen und Vereinigungen im engeren Sinne, d. h. im Sinne einer Kooperation oder eines harmonischen Befaßtseins in einem Rahmen: auch Gegnerschaft und Konkurrenz stiften, oder sind vielmehr Beziehungen, Wechselwirkungen unter den Individuen, die bei den verschiedenartigsten Anlässen doch die gleichen Formen und Entwicklungen zeigen. Damit weisen auch sie auf Kräfte hin, die sich bei der gegenseitigen Berührung der Menschen in ihnen entwickeln und deren Arten und Quellen für sich studiert werden müssen, um zu erkennen, wieso die ungeheure Mannigfaltigkeit der Motive und Inhalte der einzelnen Fälle doch der Gleichheit der Verhältnisformen Raum gibt.

versteht, daß es zu Vergesellschaftungen, Gruppenbildungen, Verhältnissen des Einzelnen zu einer Gesamtheit usw. kommt. Wie eine zusammenhängende und verständliche Wirtschaftsgeschichte samt jenen Induktionen und Querschnitten durch sie, die man als Annäherungen an eine prinzipielle Ökonomik betrachten mag, nur so zustande kommt, daß man aus den historischen Gesamtzuständen diejenigen aussondert, die auf gewisse physisch veranlaßte, aber doch immer psychische Bedürfnisse zurückgehen – so gibt es eine Wissenschaft von der Gesellschaft, weil gewisse spezifische Gebilde innerhalb jener geschichtlichen Komplexe auf psychische Verfassungen und Aktionen zurückführbar sind, die gerade nur aus gegenseitiger Einwirkung der Individuen und Gruppen aufeinander, aus gesellschaftlicher Berührung hervorgehen.

Die Untersuchung hat nun zwei Richtungen: sie folgt zunächst der Längsrichtung der einzelnen Entwicklung; also z.B. jede Geschichte der germanischen Sippe, oder des Gauverbandes, oder der Parteien in England, oder der römischen Familienform, oder eines Gewerkvereins, oder einer Kirchenverfassung ist in so weit soziologisch, als in ihr die gesellschaftliche Formung: die Über- und Unterordnung, die Bildung einer objektiven Gemeinschaft gegenüber der bloßen Summe der Individuen, die Herausbildung von Unterabteilungen, die Modifikation der Sozialform durch die quantitativen Veränderungen der Gruppe – an den komplexen Erscheinungen, für sich abstrahierbar, hervortritt.

Es sind nun, zweitens, Querschnitte durch die Einzelentwicklungen zu legen, welche, die materialen Verschiedenheiten derselben paralysierend, das Gemeinsame an ihnen: die sozialen Konstellationen als solche, induktiv feststellen – seien es nun jene allgemeinsten Verhältnisse und ihre Wandlungen, die die durchgehenden individuellen Gleichheiten und Verschiedenheiten der Menschen bei jeder Gemeinschaftsbildung hervorrufen, oder seien es die spezielleren Gestaltungen der Gemeinschaft, die sich in den Sozialisierungen eines bestimmten Gebietes – wirtschaftlichen, kirchlichen, geselligen, familiären, politischen – oder einer bestimmten Periode finden.

Gegen die Philosophie der Geschichte ist diese fachmäßige Aufgabe der Soziologie streng abgegrenzt. Die Geschichtsphilosophie will die historischen Tatsachen, äußere wie psychische, in ihrer Gesamtheit unter allgemeine Begriffe bringen, vermöge deren die Geschichte bestimmten Bedürfnissen, ethischen, metaphysischen, religiösen, künstlerischen, genügen soll. In völligem Gegensatz dazu hält sich die Soziologie als Spezialwissenschaft, deren eventuelles Gebiet ich hier zu bestimmen suchte, völlig innerhalb der Erscheinungsreihe und ihrer unmittelbar psychologischen Deutung. Will man diese letztere, oder will man die Richtung auf allgemeine Resultate, für die der Einzelfall nur Material ist, als »philosophisch« denunzieren, so ist einerseits jede Geschichtsschreibung, andererseits jede induktive und vergleichende Wissenschaft schon Philosophie.

Nur nach einer Richtung hin möchte ich einen spekulativen Gedanken an das Gesamtproblem der Soziologie knüpfen. Es ist wohl heute kein Zweifel mehr, daß »Gesetze der Geschichte« nicht auffindbar sind; denn die Geschichte ist einerseits in sich ein so ungeheuer komplexes Gebilde, andererseits ein so unsicher und subjektiv begrenzter Ausschnitt aus dem kosmischen Geschehen, daß es keine einheitliche Formel für ihre Entwicklung als Ganzes geben kann[2]. Will man dennoch die Hoffnung auf ein Begreifen der Geschichte als einer gesetzmäßigen Entwicklung nicht aufgeben, so kann man sich ihm nur durch Zerlegung derselben in möglichst einfache und in sich homogene Teilvorgänge nähern. Wie man die Geschichte eines Landes auch nicht ohne weiteres als ungeschiedenes Ganzes begreift, sondern durch zunächst gesonderte Feststellung seiner Agrarverhältnisse, seiner sozialen und nationalen Politik, seiner geistigen Kultur, seiner Industrie, seines Erziehungswesens etc.: so zerfällt die Geschichte in eine Reihe von Sonderwissenschaften, deren Objekte freilich in Wirklichkeit nicht gesondert vorkommen und die auch nur wieder in schließlicher Vereinigung die Gesamtvorstellung von »Geschichte« ermöglichen, aber doch nur in jener Ver-

2 Den näheren Beweis hierfür habe ich in meinem ›Probleme der Geschichts*philosophie*‹, 2. Kap., geführt.

einfachung eine Annäherung an »Gesetze« gestatten. Der Vorschlag, den ich hier über das Arbeitsgebiet der Soziologie mache, um sie vor dem Aufgehen in eine bloße Methodik anderweitiger Wissenschaften oder in ein bloßes neues Wort für den Komplex aller Geschichtswissenschaft zu schützen – dieser Vorschlag mag sich vielleicht jener Teilung der historischen Gesamtvorgänge einordnen, indem er die Funktion der Vergesellschaftung und ihrer unzähligen Formen und Entwicklungen als Sondergebiet herauslöst; als ein Sondergebiet, das durch seine qualitative Einfachheit die Auffindung spezifischer Gesetze weniger chimärisch macht, als die komplexen historischen Gebilde es tun, solange man ihre einzelnen Elemente, Formen und Inhalte nicht differenziert; als ein Sondergebiet, an dem – mag man ihm nun den Titel einer besonderen Wissenschaft oder den wichtigeren einer Aufgabensammlung gönnen – die Verwirrung der hergebrachten Vorstellungen von Soziologie haltmachen muß, und auf dem sie sich, allerdings unter Verzicht auf ihre hochfliegenden Ansprüche, eine grenzgesicherte Heimstätte zu guten Besitzrechten gründen kann.

Religion und Gesellschaft

Das oben akzentuierte Verhältnis eines gleichzeitigen Drinnen und Draußen in der Gesellschaft gilt keineswegs nur für den Fürsten, sondern für jedes Mitglied derselben überhaupt; und wie die soziologische Grundform dort den Gott präformiert, so eben dieselbe hier den Gläubigen. Was vorhin schon berührt wurde: daß die gliedmäßige Zugehörigkeit des Individuums zu seiner Gruppe immer irgendeine Mischung von zwangsmäßiger Bestimmtheit und persönlicher Freiheit bedeute, muß sich nun als die tiefste Formbeziehung zwischen sozialem und religiösem Leben enthüllen.

Das eigentliche praktische Problem der Gesellschaft liegt in dem Verhältnis, das ihre Kräfte und Formen zu dem Eigenleben ihrer Individuen besitzen. Gewiß lebt die Gesellschaft nur an den Individuen. Allein dies schließt eine Vielheit von Konflikten zwischen beiden keineswegs aus. Einerseits, weil die Elemente an den Individuen, mit denen diese Gesellschaft bilden, eben zu dem Sondergebilde »Gesellschaft« zusammenrinnen, und dieses eigene Träger und Organe gewinnt, die dem einzelnen mit Forderungen und Exekutiven wie eine ihm fremde Partei gegenübertreten; und andrerseits ist der Konflikt gerade durch das Einwohnen der Gesellschaft in dem einzelnen nahegelegt. Denn die Fähigkeit des Menschen, sich selbst in Parteien zu zerlegen und irgendeinen Teil von sich als sein eigentliches Selbst zu empfinden, das mit andern Teilen kollidiert und um die Bestimmung seines Handelns kämpft, – diese Fähigkeit setzt den Menschen, insoweit er Sozialwesen ist, sich als Sozialwesen fühlt, in ein oft gegensätzliches Verhältnis zu den durch seinen Gesellschaftscharakter nicht ergriffenen Impulsen und Interessen seines Ich: der Konflikt zwischen der Gesellschaft und dem Individuum setzt sich in das Individuum selbst als der Kampf seiner Wesensteile fort.

Die umfassendste und tiefstgreifende Kollision zwischen der

Gesellschaft und dem Individuum scheint mir nicht auf einen einzelnen Interesseninhalt zu gehen, sondern auf die allgemeine Form des Einzellebens. Die Gesellschaft will eine Ganzheit und organische Einheit sein, so daß jedes ihrer Individuen nur ein Glied ist; in die spezielle Funktion, die es als solches zu üben hat, soll es womöglich seine gesamten Kräfte gießen, soll sich umformen, bis es ganz zum geeignetsten Träger dieser Funktion geworden ist. Allein gegen diese Rolle sträubt sich der Einheits- und Ganzheitstrieb, den das Individuum für sich allein hat. Es will in sich abgerundet sein und nicht nur die Gesellschaft abrunden helfen, es will die Gesamtheit seiner Fähigkeiten entfalten, gleichviel, welche Verschiebungen unter ihnen das Interesse der Gesellschaft fordert. Das ist ja wohl der wesentliche Sinn der Freiheitsforderung des Individuums gegenüber den sozialen Bindungen. Denn nicht darum kann sich jene Freiheit drehen, daß überhaupt etwas Willkürliches, von gesellschaftlicher Determinierung Unabhängiges geschehe. Sondern sie hat den Sinn der vollen Selbstverantwortung, die wir begehren, und die wir nur besitzen, sobald unser einzelnes Tun der reine Ausdruck unserer Persönlichkeit ist, sobald unser Ich, von keiner Instanz außerhalb seiner präjudiziert, in diesem Tun zu Worte kommt. Wir begehren, daß die Peripherie unserer Existenz von ihrem Zentrum her und nicht von den äußeren Mächten bestimmt sei, in die sie verflochten ist, und die sich freilich in uns in innerlich eigene Impulse umsetzen; aber dabei fühlen wir oft genug, daß sie doch nicht zugleich aus dem Ich herauswachsen. Die Freiheit des einzelnen, die ihn wirklich für sein Tun verantwortlich macht, bedeutet, daß er mit allem seinem Handeln jenes in sich zusammenhängende organische Ganze sei, das sich dem Anspruch eines höheren Ganzen, ihn als Glied einzuschließen und abhängig zu machen, prinzipiell widersetzt.

Wenn sich die Freiheit des Menschen so seiner Einordnung in die sozialen Mächte als Forderung gegen Forderung entgegenstellt, so scheint sich eben dies Problem in der religiösen Welt aus einer Rechtsfrage in eine Tatsachenfrage zu verwandeln. Es ist die Frage, die in den Tiefen aller Religion beschlossen liegt, so unentwickelt und unbewußt, so gebunden und fragmentarisch sie auch bleiben mag: ob der göttliche Wille, von dem der Weltprozeß absolut abhängig ist, auch den Menschen so bestimmt, daß er weder Freiheit noch Verantwortung besitzt, – oder ob uns Gott gegenüber eine Selbständigkeit des inneren Wesens zukommt, die uns jenes beides gewährt, aber uns aus dem vollen Umfaßtsein durch die göttliche Macht, gegen deren Begriff eigentlich inkonsequent, ausscheidet. Nur scheinbar ist dies durch logische Überlegungen oder durch Ableitung aus der Offenbarung zu beantworten; in Wirklichkeit ist es das *Verlangen* des Menschen, auch der höchsten Instanz des Daseins gegenüber auf sich selbst zu stehen und den Sinn seines Lebens in sich allein zu finden, – das hier mit dem anderen Verlangen kollidiert, in den göttlichen Weltplan einbezogen zu sein und aus dessen Größe und Schönheit einen Wert auf sich überzuleiten, den nur eine selbstlose Hingabe und gliedmäßige Einfügung in ihn gewinnen kann. Die Würde der individuellen Freiheit, die Kraft oder der Trotz der Selbstverantwortlichkeit, die die vollen Folgen auch der Sünde auf sich nehmen will, kollidiert mit der Entlastung des Ich durch die göttliche Übermacht, mit der Bequemlichkeit oder auch dem ekstatischen Hinschmelzen in dem Bewußtsein, ein Glied eines absoluten Ganzen und von seinen Kräften, seinem Sinne unbedingt getragen und durchströmt zu sein. Es liegt auf der Hand, wie das Lebensgefühl des Ich hier in Hinsicht der sozialen wie der religiösen Frage vor dem gleichen Problem steht; wie dies nur zwei Formungen, Einkleidungen eines Dualismus sind, der unsere Seele und unser Schicksal von ihrem letzten Wurzelpunkte her bestimmt.

Nun ist rein begrifflich angesehen eine Lösung hier wohl möglich: eine Struktur des Ganzen, die gerade auf die Selbständigkeit und geschlossene Einheit seiner Elemente angelegt ist, sich gerade mit dieser erst vollendet. Der Widerstreit wäre danach kein logischer, dessen Seiten sich a priori ausschlössen, sondern ein bloß tatsächlicher, der sich durch Umformung der Elemente, ohne sie in ihrem Wesen zu verändern, beilegen läßt.

In dem soziologischen Falle ist dies mindestens als die ideale Verfassung denkbar, der sich die tatsächlichen ins Unendliche annähern. Die vollendete Gesellschaft wäre die, die sich aus vollendeten Individuen zusammensetzt. Die Gesellschaft lebt ein Leben für sich in einem eigentümlichen Mischzustande von Abstraktheit und Konkretheit, und jedes Individuum gibt gewisse Seiten und Kräfte seiner selbst in sie hinein, sie erwächst aus den Beiträgen der einzelnen, die jenseits dieser ihr Dasein zu Sondergestalten formen oder zu formen streben. Nun aber ließe sich denken, daß jenes überindividuelle Gesamtsein so eingerichtet wäre, daß es gerade nur von in sich abgerundeten, harmonisch in sich zentrierenden Individuen die ihm günstigsten Beiträge gewinnt. Vielleicht würde damit jenes Sonderleben des Ganzen, das sich über die einzelnen erhebt und durch diese Trennung und Autonomie den Konflikt zwischen *seiner* Form und der der einzelnen Existenzen veranlaßt, sich wieder zu den letzteren herabsenken. Daß der Staat oder eine Gesellschaftseinheit überhaupt eigene Lebensbedingungen und -entwicklungen ausbildet, in abstrakter Höhe und Gleichgültigkeit gegen das Individualleben der Mitglieder, diese damit zu Leistungen zwingend und in Existenzformen hineinpressend, die zu dem Gesetz ihres eigenen Wesens schlechthin keine Beziehung haben, – dies mag zwar eine abstrakte Großartigkeit besitzen, dennoch aber als eine Vorläufigkeit erscheinen, in der aus der Not eine Tugend gemacht wird. Demgegenüber mag es eine Utopie sein, aber keineswegs eine Undenkbarkeit, daß eine geschlossene, einheitliche Gesamtheit aus gesellschaftlichen Elementen erwächst, die selbst die volle Abrundung in sich befriedigter, in ihrem Eigenrahmen harmonisch wachsender Existenzen zeigen. In der unterseelischen Welt erscheint dies als Widerspruch: kein Haus kann aus Häusern bestehen, kein Baum aus Bäumen. Wenn aber in der organischen Natur doch schon eine Milderung dieses Widerspruchs stattfindet, indem die Zelle eines Organismus eine Art Eigenleben führt, die dem Leben des Ganzen irgendwie analog ist, – so mag der Seele auch hier zum mindesten prinzipiell das sonst Unmögliche gelingen:

ein Ganzes zu sein und doch das Glied eines Ganzen, in voller individueller Freiheit eine überindividuelle Ordnung bilden zu helfen.

In dem religiösen Falle aber liegt es doch wohl anders. Die Gesellschaft hat schließlich nur ein Interesse an inhaltlich bestimmten Beschaffenheiten und Handlungen ihrer Mitglieder, und wenn diese der Einheit und Vollkommenheit ihrer Existenz dienen, kann sie nichts dagegen haben, daß sie außerdem für das Subjekt selbst eine freie, harmonisch ausgelebte Ganzheitsexistenz ergeben. Gott gegenüber aber handelt es sich nicht mehr um einzelne Inhalte, nicht bloß um Übereinstimmung oder Opposition unseres Handelns gegenüber seinem Willen, sondern um das Prinzip der Freiheit und des Fürsichseins überhaupt und in seiner rein inneren Bedeutung. Hier ist die Frage, ob der Mensch überhaupt für sich verantwortlich ist oder ob Gott durch ihn wie durch ein selbstloses Organ hindurch wirkt, ob der auf das eigene Zentrum als Endzweck bezogene Wille religiös zu rechtfertigen ist – auch wenn er inhaltlich von dem göttlichen Willen nicht abweicht –, oder ob nicht die Einordnung in den göttlichen Weltplan, die inhaltlich mit der Selbstgenugsamkeit des Individuums harmonieren mag, das alleinige Motiv des Lebens sein darf und diesem deshalb jede mit sich selbst abschließende Gestaltung, jede Organisierung in einer autonomen Form prinzipiell versagt ist. Offenbar stellt auch hier das Verhältnis in der religiösen Ordnung die Steigerung und Verabsolutierung des sozialen dar. Der Konflikt zwischen dem Ganzen und dem Teil, der selber ein Ganzes sein will, zwischen der Freiheit des Elementes und seinem Umfaßtsein durch eine höhere Einheit ist innerhalb der Gesellschaft schließlich nur ein äußerlicher und sozusagen höchstens technisch unlösbarer; dem göttlichen, die Welt erfüllenden Sein gegenüber aber wird er ein prinzipieller, innerlicher, und von seiner Wurzel her ein unversöhnlicher Widerspruch. –

Eine speziellere Seite dieses Einheits- und antagonistischen Verhältnisses zwischen dem Teil und dem Ganzen zeigt, bei äußerer Differenz, die gleiche Rolle des religiösen Wesens gegenüber

dem sozialen. Die Gesellschaft drängt im Maße ihrer Entwicklung ihre Individuen zur Arbeitsteilung. Je verschiedener ihre Leistungen untereinander sind, desto dringender bedarf der eine des anderen, desto fester wird die Einheitlichkeit, die sie durch den Austausch der Produkte, durch die Wechselwirksamkeit in der Befriedigung der Interessen, durch die Ergänzung der personalen Wesensart erreicht. Die Berechtigung, in der Lebenseinheit des Organismus ein Gleichnis der Gesellschaft zu sehen, beruht auf ihrer Arbeitsteilung – in ganz allgemeinem, keineswegs nur wirtschaftlichem Sinn –, auf den Sonderfunktionen der Elemente, durch die sie sich gleichsam ineinander verhaken, eines die Stelle ausfüllt, die das andere leer läßt, eines sich der Bedürfnisbefriedigung der anderen widmen kann, weil die anderen für die Befriedigung *seiner* Bedürfnisse sorgen. Die Arbeitsteilung ist das Korrektiv der Konkurrenz: diese die gegenseitige Verdrängung der Individuen, weil sie eine gleichartige Betätigung für Ziele einsetzen, die nicht allen Raum geben, die Arbeitsteilung dagegen ein gegenseitiges Ausweichen und gleichzeitiges Ergänzen, weil jeder eine andere Bewährung als der andere sucht und sich auf einem von dem anderen nicht okkupierten Gebiet anbaut; sie schließt die gesellschaftliche Einheit in demselben Maße, in dem die Konkurrenz sie spaltet.
Allein der freiere Spielraum und die eigenartigere Entwicklung, die sie dem Individuum gewährt, droht in Verengerung und Verkümmerung umzuschlagen, sobald sie mit dem ihr antagonistischen Prinzip der Konkurrenz zusammenwirkt, wie es innerhalb der modernen Kulturentwicklung mehr und mehr geschieht. Die Arbeitsteilung ist nämlich in der weit überwiegenden Zahl aller Fälle doch nur eine Differenzierung der Mittel und Wege zu einem Ziel, das den Arbeitenden dennoch gemeinsam ist: die Gunst des Publikums, der Anteil an verfügbaren Gütern und Genüssen, der Gewinn überragender Stellung, Macht und Ruhm. Diese allgemeinsten Werte bleiben der Konkurrenz ausgesetzt. Die Arbeitsteilung weiß in der Regel die Konkurrenz nicht durch neue letzte Ziele definitiv herabzusetzen, sondern nur durch Umwege momentan abzuleiten.

Dazu kommt, daß mit steigender Intensität der Bevölkerungen und der Bedürfnisse jede neu kreierte Besonderheit der Leistung sogleich von einer Vielheit von Mitbewerbern aufgenommen wird, so daß gerade der Punkt, von dem aus die Konkurrenz sich lösen sollte, zum Zentrum einer weiteren wird. Indem nun das Spiel hier von neuem beginnt, d. h. die nachdrängende Konkurrenz zu immer feinerer Arbeitsteilung treibt, entsteht die Vereinseitigung des Individuums, die Ausschließlichkeit ganz spezialistischer Betätigung, die Verkümmerung aller, dieser Einseitigkeit nicht dienstbaren Energien, – die der Schaden aller sehr komplizierten Kultur ist; diese erst begründet das oben geschilderte Verhältnis: daß das Interesse und das Leben der Gesellschaft den einzelnen in eine Teilexistenz hineinpreßt, die dem Ideal seines Eigenwesens: der Ausbildung einer harmonischen, allseitig gerundeten Ganzheit völlig widerspricht. Die Arbeitsteilung in ihrer Zuspitzung durch die endlos wachsende Konkurrenz enthüllt sich als die Form, die der inneren Verwebung und organischen Einheit der Gesellschaft und der Befriedigung ihrer Bedürfnisse vollendet dient, aber ihre Vollendung mit der Unvollendetheit des Individuums erkauft, mit der widernatürlichen Einzwängung seiner Kräfte in eine spezialistische Betätigung, die unzählige Möglichkeiten dieser Kräfte verkümmern läßt.

In sehr eigentümlichen Brechungswinkeln nun reflektiert die religiöse Ebene diese Verhaltungsweise des einzelnen zu dem höheren Ganzen. Wird Religion ihrem tiefsten subjektiven Zwecke nach genommen: als der Weg zum Heil der Seele, so strahlt sie eine Gleichheit über die Seelen aus, die in der unmittelbaren Verbindung einer jeden mit dem Absoluten besteht; ihre Gemeinsamkeit, Zusammengehörigkeit entstammt dieser Gleichheit, nicht aber einer Verschiedenheit, die erst durch gegenseitige Ergänzung einen gemeinsamen Zweck erreichte. Wo eine Vielheit von Gläubigen »zu Gott schreit«, ist, solange zwischen einem jeden und seinem Gott ein unmittelbares Verhältnis besteht, gleichsam nur die physische Verstärkung des Gebetes das Wirksame; es entsteht nicht ein neues Gebilde aus den vielen, das einen sonst ungangbaren Weg zu Gottes Ohre einschlüge, sondern nur eine Summe, deren Quantum den Gott eher beeindrucken mag als die verhallende Stimme des einzelnen. Dieser Typus religiöser Beziehungen lehnt jede prinzipielle Differenzierung ab; die Vollendung des Ganzen haftet nicht wie bei den vorhin erörterten Sozialerscheinungen an der verschiedenartiden, sondern gerade an der gleichartigen Betätigung der Individuen, die Vollendung eines jeden bedarf nicht der Ergänzung durch die des anderen. Der eigentliche Zusammenhang der Gläubigen wäre hier nur in dem Göttlichen selbst gegeben, in dem Maße nämlich, in dem jeder einzelne ihm hingegeben und von ihm aufgenommen wäre. –

Ich gehe nun hier auf eine Erscheinung entschiedenster Arbeitsteilung auf religiösem Gebiet nur nach einer Seite hin ein: auf das Priestertum. Der Buddhismus hat über diese soziologische Entstehung desselben die klarsten Vorstellungen; die religiösen Funktionen, ursprünglich von jedem einzelnen geübt, seien auf besondere Personen übergegangen, die sie für die anderen übernommen hätten, – gerade wie das Königtum dadurch entstanden sei, daß die Menschen, welche für erlittenes Unrecht ursprünglich Privatrache geübt hätten, jemanden eigens zu dem Behufe erwählt hätten, die Missetäter zu strafen, und ihm dafür einen Teil der Ernte gegeben hätten.

Auch in dem Priestertum als arbeitsteiligem Gebilde hat die Religion eine eigentümliche Sublimierung, eine abstrakte Synthese der formenden Kräfte praktisch-sozialer Erscheinungen erreicht. In diesen letzteren nämlich wird die Arbeitsteilung von zwei Motiven getragen: auf der einen Seite von der Verschiedenheit persönlicher Anlagen, die den einen befähigen und dahin drängen, zu tun, was der andere überhaupt nicht kann; auf der anderen, wie oben ausgeführt, von den spezialisierten Bedürfnissen der Gesellschaft, von der Notwendigkeit des Austausches, von der nachdrängenden Konkurrenz. Jenes bestimmt die Arbeitsteilung mehr als terminus a quo, dieses als terminus ad quem; auf die Beschaffenheit der Person angesehen ruht jenes auf dem besonderen unersetzlichen Wesen von Individuen, dieses geht prinzipiell von einer Gleichheit derselben aus, die erst durch die Forderungen und Zielsetzungen, wie sie ihnen von ihren umgebenden Mächten kommen, zu Sonderleistungen bestimmt wird. In dem Subjekt der Arbeitsteilung vollzieht sich eine charakteristische Synthese des Berufenseins von innen her durch die individuelle Qualifikation und des Bestimmtwerdens durch äußere Einflüsse, die das Individuum, auch wenn seine Begabung eine ganz unentschiedene ist, zu der bestimmten Leistung designieren.

Diese beiden aus verschiedenen Richtungen kommenden Motivierungen lassen in der Praxis ihre Harmonie vielfach vermissen. Wozu die innere Stimme treibt, das wird von den überpersönlichen Bestimmungen und Ansprüchen vielfach abgebogen und in der Entfaltung gehemmt. Was umgekehrt die objektiven Potenzen und Situationen von uns fordern, das liegt von unserer Beanlagung, von dem, was wir *eigentlich* können, oft weltweit ab.

Diese also oft mißlingende Synthese hat das Priestertum durch die Priester*weihe* zu einer idealen, die Disharmonie von vornherein abschneidenden Gestaltung gebracht. Durch die Weihe wird ein in mystischer Objektivität bestehender Geist auf den Kandidaten übertragen, so daß er nun das Gefäß oder der Repräsentant desselben ist. Dabei ist prinzipiell gleichgültig, welche personale Qualifikation er dazu mitbringt. Die Weihe ist diejenige Aufnahme in einen übersubjektiven Zusammenhang, diejenige Bestimmung durch eine die Persönlichkeit umschließende Potenz, welche das Subjekt dennoch wie von *innen* her bestimmt. Die Leistung wird der Persönlichkeit hier nicht übertragen, weil gerade nur sie von Natur dafür prädestiniert ist (obgleich dies natürlich mitwirken kann und eine gewisse Unterschiedlichkeit der Zugelassenen begründet), auch nicht auf die Chance hin, ob sie nun die von vornherein berufene ist oder nicht, – sondern die Weihe *schafft*, weil sie den *Geist* überträgt, die besondere Qualifikation für die Leistung, zu der sie beruft. Das Verhältnis, das das Sprichwort aussagt: wem Gott ein Amt gibt, dem gibt er auch den Verstand dazu, ist in der Priesterweihe ideal vollendet. Die Zufälligkeit, die die Arbeitsteilung zwischen der spezifischen Anlage des Subjekts und den beanspruchenden, formenden Mächten außerhalb desselben bestehen läßt, löst die Priesterweihe, die Übertragung des Geistes, sozusagen a priori, indem die überpersönliche Tendenz, die mit ihr den einzelnen in Besitz nimmt und ihn für die Besonderheit ihrer Dienste beansprucht, sein Wesen – dem Prinzip nach – zu dieser Leistung umbildet und ihn zu dem schlechthin zulänglichen Träger derselben macht. Auch hier stellt die religiöse Kategorie sozusagen das Idealbild dar, das die soziologischen Formen wie in einem reinen, ihre Gegensätzlichkeit und gegenseitige Verdunkelung aufhebenden Spiegel auffängt.

Der religiöse Sozialtypus nun, von dem ich vorher sprach: die völlige Einzigkeit des einzelnen, der seinem Gott gegenübersteht und der deshalb keine Differenzierung zu kennen scheint, weil jeder das gleiche Ziel mit den gleichen Mitteln erreichen will, und keine höhere Einheit aus den einzelnen Sonderorgane macht, – dieser Typus gibt gerade wegen dieser individualistischen Form des Heiles der Seele doch ein tiefgreifendes Problem auf. Ich verstehe unter dem Heil der Seele keineswegs nur einen Zustand jenseits des Grabes; sondern die Befriedigung ihrer letzten Sehnsüchte, den Gewinn ihrer innerlichsten Vollendung, die sie nur mit sich selbst und ihrem Gotte abzumachen hat; ob die Seele, die ihr Heil gefunden hat, sich in einem irdischen Körper oder in einem Jenseits befindet, ist eine ganz äußerliche Frage, so gleichgültig wie die nach der Wohnung, in der unsere Schicksale uns treffen.

Nun scheint mir unter den vielen möglichen Bedeutungen dieses Ideals eine von besonderer Wichtigkeit: daß das Heil der Seele nur die Entfaltung oder äußere Verwirklichung dessen ist, was wir innerlich in einem gewissen Sinne schon sind. Das was wir sein *sollen*, durchdringt als eine ideelle Wirklichkeit schon die reale und unvollkommene, der Seele braucht nichts von außen hinzugetan oder angebildet zu werden, sondern nur eine Schale braucht sie abzuwerfen, »den alten Adam auszuziehen« und so den eigentlichen Kern ihres Wesens zu enthüllen, den Sünde und Wirrnis vorher nur unkenntlich gemacht haben. Diesem Ideal vom Heil der Seele, wie es im Christentum, freilich fragmentarisch genug und mit ganz anderen Tendenzen gekreuzt, angedeutet ist, ist es eigentümlich, daß die Herausarbeitung unserer tiefsten Persönlichkeit, diese Befreiung der Seele von allem, was nicht sie selbst ist, dieses Sich-Ausleben nach dem Gesetz des Ich, – daß dieses zugleich den Gehorsam gegen den *göttlichen* Willen bedeutet. Das Heil, das der Seele ihr Gott zu gewinnen gebietet, wäre nicht *ihr* Heil, sondern ein farbloses, ihr innerlich fremdes, wenn es nicht in ihr wie mit noch unsichtbaren Linien vorgezeichnet wäre, wenn sie es nicht auf dem Wege zu sich selbst fände.

Ganz vollkommen ist dies in einer von einem galizischen Wunderrabbi Meir erzählten Geschichte zum Ausdruck gekommen. Er habe seinen Schülern gesagt: »Wenn der Herr mich im Jenseits fragen wird: Meir, warum bist du nicht Moses geworden? – so werde ich sagen: Herr, weil ich nur Meir bin. Und wenn er mich weiter fragen wird: Meir, warum bist du nicht Ben Akiba geworden? – so werde ich gleichfalls sagen: Herr, weil ich eben Meir bin. Wenn er aber fragen wird: Meir, warum bist du nicht Meir geworden? – was werde ich da antworten?« –

Diese Deutung des Heiles der Seele als der Erlösung, sozusagen der Entzauberung des Wertes, der zwar in der Seele von je vorhanden ist, aber mit Fremdem, Unreinem, Zufälligem gemischt, – diese Deutung scheint freilich gerade an einer Fundamentalbestimmung des Christentums eine Schwierigkeit zu finden: an der gleichmäßigen Fähigkeit *jeder* Natur zum Gewinn des absoluten Heils, an der Bedingtheit dieses durch Leistungen, die von vornherein niemandem unzugänglich sind. Für alle ist Platz in Gottes Hause, weil das Höchste, was der Mensch erreichen kann, zugleich das Mindeste ist, was von ihm gefordert werden muß und deshalb keinem prinzipiell versagt sein kann. Wenn nun aber das Heil nichts anderes sein soll, als daß jede Seele ihr eigenstes inneres Sein, das reine Bild ihrer selbst, dessen ideelle Form ihre irdische Unvollkommenheit durchzieht, nun ganz zum Ausdruck bringt, ganz in ihm aufgeht, – wie vereinigt sich denn die unendliche Verschiedenheit der Seelen nach Höhe und Tiefe, Weite und Enge, Helligkeit und Dunkelheit, mit der Gleichheit des religiösen Erfolges, mit der gleichen Würdigkeit vor Gott? Da doch unser Begriff des Heiles gerade das Individuellste, Unterscheidendste der Menschen zu seinem Träger macht?

Tatsächlich hat die Schwierigkeit, die Gleichheit vor Gott mit der unermeßlichen Mannigfaltigkeit der Individuen zu vereinen, zu jener Uniformität der Leistungen geführt, die aus weiten Provinzen des christlichen Lebens einen bloßen Schematismus gemacht hat. Den ganzen Individualismus des christlichen Heilbegriffes hat man verkannt, und daß jeder mit *seinem* Pfunde wuchern soll, indem man ein einheitliches Ideal, ein gleichartiges Verhalten von allen verlangte, statt von jedem – ihn selbst zu fordern. Alles für alle Gleichmäßige ist für die Persönlichkeit etwas Äußerliches; jene Einheit, in der die Gläubigen sich finden, jene Gleichheit der vollendeten Seelen, besteht nur darin, daß jede einzelne die *ihr* eigene Idee durch alles Außenwerk hat durchwachsen lassen; dabei mag der *Inhalt* der verschiedenen um Welten verschieden sein. Jesus deutet an vielen Stellen an, wie sehr er die Verschiedenheit der menschlichen Anlagen zu schätzen weiß, zugleich aber, wie wenig dies die Gleichheit des Endresultates des Lebens zu alterieren braucht.

Ein solcher Heilsbegriff weist auf eine unendliche Mannigfaltigkeit religiöser Charaktere hin, auf eine religiöse Differenzierung, die freilich keine Arbeitsteilung ist, weil ja jedes Individuum für sich allein das ganze Heil, wenn auch auf besondere Weise, gewinnen kann. Aber es bleibt ihr nach innen gewandter Sinn: die Besonderheit der Existenz, das Gefühl, zu einer unvertretbaren Leistung berufen zu sein und an einer Stelle zu stehen, die gleichsam auf uns gewartet hat. Hiermit zeigt sich nun endlich wieder, wie das religiöse Dasein die Formen des sozialen aufnimmt und sozusagen stilisiert. Es sind die Grundkategorien unserer Seele, die bald an dem praktisch-sozialen, bald an dem religiösen Inhalt Leben gewinnen. Der letztere aber, weniger in die Zufälligkeiten und das Sich-Kreuzen heterogener Interessen verflochten, das Fragmentarische der praktischen Reihen durch die Idee des Absoluten ergänzend, scheint eine reinere, ungebrochenere Darstellung der an sich unfaßbaren Grundkategorie zu ergeben, so daß die religiöse Form eines Verhältnisses oder Ereignisses sich als das geklärte Bild seiner Sozialform bietet, gereinigt von ihrer Wirrnis und ihrem trüben, rudimentären Wesen. So hat man auch die Kunst als die unmittelbare Anschaulichkeit der ideellen Urbilder des Seins angesprochen, während sie in Wirklichkeit auch nur eine besondere Form ist, in der diese sich realisieren, nicht anders als die Form des empirischen Daseins auch; nur scheinen gewisse Darstellungsarten solcher Urbilder eine innere Reinheit und Vollkommenheit zu besitzen, durch die sie uns als getreue Nachbilder jenes vorkommen, was sie natürlich so wenig sind wie die andersartigen Verwirklichungen der Idee.

Was die Religion befähigt, das Besonderssein der Menschen, das Nebeneinander ihrer Mannigfaltigkeiten in *einem* Reiche der Vollendung darzustellen, ist das Ausbleiben der Konkurrenz. Denn innerhalb des sozialen Daseins treibt diese zwar die Differenzierung der Individuen hervor und kann sie zu einer wundervollen Entwicklung und innigem Miteinander bringen; aber die Konkurrenz hat sozusagen kein Interesse daran, sie auf dieser Höhe zu halten, sondern, mit denselben Kräften immer weiter drängend, übersteigert sie das Besonderssein zu verkümmernder Einseitigkeit und unharmonischer Kraßheit. Das Endziel, auf das die religiöse Bestrebung, und dasjenige, auf das jede irdisch-soziale Betätigung losgeht, unterscheiden sich eben dadurch, daß das erstere sich keinem Bewerber deshalb zu versagen braucht, weil es sich dem andern gewährt; darum braucht es nicht, wie die Konkurrenz es muß, die Entwicklung der individuellen Besonderheiten über jenen Höhepunkt hinauszutreiben, der nur durch die Bedürfnisse und Ideale dieser selbst bezeichnet wird. Wo individuelle Differenzierung in diesem religiösen Sinne auftritt, ist sie deshalb weniger schroff und exageriert, als es oft die soziale ist, aber eben deshalb deren reineres und vollendeteres Gegenbild.

Der Fremde

Wenn das Wandern als die Gelöstheit von jedem gegebenen Raumpunkt der begriffliche Gegensatz zu der Fixiertheit an einem solchen ist, so stellt die soziologische Form des ›Fremden‹ doch gewissermaßen die Einheit beider Bestimmungen dar – freilich auch hier offenbarend, daß das Verhältnis zum Raum nur einerseits die Bedingung, andrerseits das Symbol der Verhältnisse zu Menschen ist. Es ist hier also der Fremde nicht in dem bisher vielfach berührten Sinn gemeint, als der Wandernde, der heute kommt und morgen geht, sondern als der, der heute kommt und morgen bleibt – sozusagen der potenziell Wandernde, der, obgleich er nicht weitergezogen ist, die Gelöstheit des Kommens und Gehens nicht ganz überwunden hat. Er ist innerhalb eines bestimmten räumlichen Umkreises – oder eines, dessen Grenzbestimmtheit der räumlichen analog ist – fixiert, aber seine Position in diesem ist dadurch wesentlich bestimmt, daß er nicht von vornherein in ihn gehört, daß er Qualitäten, die aus ihm nicht stammen und stammen können, in ihn hineinträgt. Die Einheit von Nähe und Entferntheit, die jegliches Verhältnis zwischen Menschen enthält, ist hier zu einer, am kürzesten so zu formulierenden Konstellation gelangt: die Distanz innerhalb des Verhältnisses bedeutet, daß der Nahe fern ist, das Fremdsein aber, daß der Ferne nah ist. Denn das Fremdsein ist natürlich eine ganz positive Beziehung, eine besondere Wechselwirkungsform; die Bewohner des Sirius sind uns nicht eigentlich fremd – dies wenigstens nicht in dem soziologisch in Betracht kommenden Sinne des Wortes –, sondern sie existieren überhaupt nicht für uns, sie stehen jenseits von Fern und Nah. Der Fremde ist ein Element der Gruppe selbst, nicht anders als die Armen und die mannigfachen ›inneren Feinde‹ – ein Element, dessen immanente und Gliedstellung zugleich ein Außerhalb und

Gegenüber einschließt. Die Art nun, wie repellierende und distanzierende Momente hier eine Form des Miteinander und der wechselwirkenden Einheit bilden, mag durch folgende – keineswegs als erschöpfend gemeinte – Bestimmungen angedeutet werden.

In der ganzen Geschichte der Wirtschaft erscheint der Fremde allenthalben als Händler bzw. der Händler als Fremder. Solange im wesentlichen Wirtschaft für den Eigenbedarf herrscht oder ein räumlich enger Kreis seine Produkte austauscht, bedarf es innerhalb seiner keines Zwischenhändlers; ein Händler kommt nur für diejenigen Produkte in Frage, die ganz außerhalb des Kreises erzeugt werden. Insofern nicht etwa Personen in die Fremde wandern, um diese Erforderlichkeiten einzukaufen – in welchem Falle sie dann in diesem andern Gebiete eben die ›fremden‹ Kaufleute sind – *muß* der Händler ein Fremder sein, für einen andern ist keine Existenzgelegenheit. Diese Position des Fremden verschärft sich für das Bewußtsein, wenn er, statt den Ort seiner Tätigkeit wieder zu verlassen, sich an ihm fixiert. Denn in unzähligen Fällen wird ihm auch dies nur möglich sein, wenn er vom Zwischenhandel leben kann. Ein irgendwie geschlossener Wirtschaftskreis, mit aufgeteiltem Grund und Boden und Handwerken, die der Nachfrage genügen, wird nun auch dem Händler eine Existenz gewähren; denn allein der Handel ermöglicht unbegrenzte Kombinationen, in ihm findet die Intelligenz noch immer Erweiterungen und Neuerschließungen, die dem Urproduzenten mit seiner geringeren Beweglichkeit, seinem Angewiesensein auf einen nur langsam vermehrbaren Kundenkreis, schwer gelingen. Der Handel kann immer noch mehr Menschen aufnehmen als die primäre Produktion, und er ist darum das indizierte Gebiet für den Fremden, der gewissermaßen als Supernumerarius in einen Kreis dringt, in dem eigentlich die wirtschaftlichen Positionen schon besetzt sind. Das klassische Beispiel gibt die Geschichte der europäischen Juden.

Der Fremde ist eben seiner Natur nach kein Bodenbesitzer, wobei Boden nicht nur in dem physischen Sinne verstanden wird, sondern auch in dem übertragenen einer Lebenssubstanz, die, wenn nicht an einer räumlichen, so an einer ideellen Stelle des gesellschaftlichen Umkreises fixiert ist. Auch in den intimeren Verhältnissen von Person zu Person mag der Fremde alle möglichen Attraktionen und Bedeutsamkeiten entfalten; aber er ist, solange er eben als Fremder empfunden wird, in dem Andern kein ›Bodenbesitzer‹.

Nun gibt jene Angewiesenheit auf den Zwischenhandel und vielfach, wie in einer Sublimierung hiervon, auf das reine Geldgeschäft, dem Fremden den spezifischen Charakter der *Beweglichkeit;* in dieser, indem sie innerhalb einer umgrenzten Gruppe stattfindet, lebt jene Synthese von Nähe und Ferne, die die formale Position des Fremden ausmacht: denn der schlechthin Bewegliche kommt gelegentlich mit *jedem* einzelnen Element in Berührung, ist aber mit *keinem* einzelnen durch die verwandtschaftlichen, lokalen, beruflichen Fixiertheiten organisch verbunden.

Ein andrer Ausdruck für diese Konstellation liegt in der Objektivität des Fremden. Weil er nicht von der Wurzel her für die singulären Bestandteile oder die einseitigen Tendenzen der Gruppe festgelegt ist, steht er allen diesen mit der besonderen Attitüde des ›Objektiven‹ gegenüber, die nicht etwa einen bloßen Abstand und Unbeteiligtheit bedeutet, sondern ein besonderes Gebilde aus Ferne und Nähe, Gleichgültigkeit und Engagiertheit ist. Ich verweise auf die Auseinandersetzung – im Kapitel »Über- und Unterordnung« – über die dominierenden Stellungen des Gruppenfremden, als deren Typus die Praxis jener italienischen Städte erschien, ihre Richter von auswärts zu berufen, weil kein Eingeborener von der Befangenheit in Familieninteressen und Parteiungen frei war. Mit der Objektivität des Fremden hängt auch die vorhin berührte Erscheinung zusammen, die freilich hauptsächlich, aber doch nicht ausschließlich, dem Weiterziehenden gilt: daß ihm oft die überraschendsten Offenheiten und Konfessionen, bis zu dem Charakter der Beichte, entgegengebracht werden, die man jedem Nahestehenden sorgfältig vorenthält. Objektivität ist keineswegs Nicht-Teilnahme, – denn diese steht überhaupt jenseits von subjektivem und objektivem Verhalten – sondern eine positiv-besondre Art der Teilnahme – wie Objektivität einer theoretischen Beobachtung durchaus nicht bedeutet, daß der Geist eine passive tabula rasa wäre, in die die Dinge ihre Qualitäten einschrieben, sondern die volle Tätigkeit des nach seinen eigenen Gesetzen wirkenden Geistes, nur so, daß er die zufälligen Verschiebungen und Akzentuierungen ausgeschaltet hat, deren individuell-subjektive Verschiedenheiten ganz verschiedene Bilder von dem gleichen Gegenstand liefern würden.

Man kann Objektivität auch als Freiheit bezeichnen: der objektive Mensch ist durch keinerlei Festgelegtheiten gebunden, die ihm seine Aufnahme, sein Verständnis, seine Abwägung des Gegebenen präjudizieren könnten. Diese Freiheit, die den Fremden auch das Nahverhältnis wie aus der Vogelperspektive erleben und behandeln läßt, enthält freilich allerhand gefährliche Möglichkeiten. Von jeher wird bei Aufständen aller Art von der angegriffenen Partei behauptet, es hätte eine Aufreizung von außen her, durch fremde Sendlinge und Hetzer stattgefunden. Soweit das zutrifft, ist es eine Exaggerierung der spezifischen Rolle des Fremden: er ist der Freiere, praktisch und theoretisch, er übersieht die Verhältnisse vorurteilsloser, mißt sie an allgemeineren, objektiveren Idealen und ist in seiner Aktion nicht durch Gewöhnung, Pietät, Antezedentien gebunden[1].

Endlich gewinnt die Proportion von Nähe und Entferntheit, die dem Fremden den Charakter der Objektivität gibt, noch einen praktischen Ausdruck in dem *abstrakteren Wesen* des Verhältnisses zu ihm, d. h. darin, daß man mit dem Fremden

1 Wo jenes aber seitens der Angegriffenen fälschlich behauptet wird, entstammt es der Tendenz der Höherstehenden, die Tieferen, die bisher in einem einheitlichen, engeren Verhältnis zu ihnen gestanden haben, doch noch zu exkulpieren. Denn indem sie die Fiktion aufbringen: die Rebellen wären eigentlich gar nicht schuldig, sie wären nur aufgehetzt, die Rebellion ginge gar nicht von ihnen aus – exkulpieren sie sich selbst, negieren sie von vornherein jeden realen Grund des Aufstandes.

nur gewisse *allgemeinere* Qualitäten gemein hat, während sich das Verhältnis zu den organischer Verbundenen auf der Gleichheit von spezifischen Differenzen gegen das bloß Allgemeine aufbaut. Nach diesem Schema vollziehen sich überhaupt, in mannigfachen Anordnungen, alle irgendwie persönlichen Verhältnisse. Über sie entscheidet nicht nur, daß bestimmte Gemeinsamkeiten zwischen den Elementen bestehen, neben individuellen Differenzen, die die Beziehung entweder beeinflussen oder sich jenseits ihrer halten. Jenes Gemeinsame selbst vielmehr wird in seiner Wirkung auf das Verhältnis dadurch wesentlich bestimmt, ob es nur zwischen den Elementen eben dieses besteht und so nach innen zwar allgemein, nach außen aber spezifisch und unvergleichlich ist – oder ob es für die Empfindung der Elemente selbst ihnen nur gemeinsam ist, weil es überhaupt einer Gruppe oder einem Typus oder der Menschheit gemeinsam ist. In dem letzteren Fall tritt, proportional der Weite des den gleichen Charakter tragenden Kreises, eine Verdünnung der Wirksamkeit des Gemeinsamen ein, es funktioniert zwar als einheitliche Basis der Elemente, aber es weist nicht gerade *diese* Elemente aufeinander hin, eben diese Gleichheit könnte ein jedes auch mit allen möglichen andern vergemeinsamen. Auch dies ist ersichtlich eine Art, in der ein Verhältnis gleichzeitig Nähe und Ferne einschließt: in dem Maße, in dem die Gleichheitsmomente allgemeines Wesen haben, wird der Wärme der Beziehung, die sie stiften, ein Element von Kühle, ein Gefühl von der Zufälligkeit gerade *dieser* Beziehung beigesetzt, die verbindenden Kräfte haben den spezifischen, zentripetalen Charakter verloren.

Diese Konstellation nun scheint mir in dem Verhältnis zu dem Fremden ein außerordentliches prinzipielles Übergewicht über die individuellen, nur der in Frage stehenden Beziehung eigenen Gemeinsamkeiten der Elemente zu besitzen. Der Fremde ist uns nah, insofern wir Gleichheiten nationaler oder sozialer, berufsmäßiger oder allgemein menschlicher Art zwischen ihm und uns fühlen; er ist uns fern, insofern diese Gleichheiten über ihn und uns hinausreichen und uns beide nur verbinden, weil sie überhaupt sehr Viele verbinden. In diesem Sinne kommt leicht auch in die engsten Verhältnisse ein Zug von Fremdheit. Erotische Beziehungen weisen in dem Stadium der ersten Leidenschaft jenen Generalisierungsgedanken sehr entschieden ab: eine Liebe wie diese habe es überhaupt noch nicht gegeben, weder mit der geliebten Person noch mit unsrer Empfindung für sie sei irgend etwas zu vergleichen. Eine Entfremdung pflegt – ob als Ursache, ob als Folge, ist schwer entscheidbar – in dem Augenblick einzusetzen, in dem der Beziehung ihr Einzigkeitsgefühl entschwindet; ein Skeptizismus gegen ihren Wert an sich und für uns knüpft sich gerade an den Gedanken, daß man schließlich mit ihr nur ein allgemein menschliches Geschick vollzöge, ein tausendmal dagewesenes Erlebnis erlebte, und daß, wenn man nicht zufällig eben dieser Person begegnet wäre, irgendeine andre die gleiche Bedeutung für uns gewonnen hätte. Und irgend etwas davon mag keinem, noch so nahen Verhältnis fehlen, weil das Zweien Gemeinsame vielleicht niemals *bloß* ihnen gemeinsam ist, sondern einem allgemeinen Begriff zugehört, der noch viel andres einschließt, viele *Möglichkeiten* des Gleichen; so wenig sie sich verwirklichen mögen, so oft wir sie vergessen mögen, hier und da drängen sie sich doch wie Schatten zwischen die Menschen, wie ein jedem bezeichnenden Worte enthuschender Nebel, der erst wie zu fester Körperlichkeit gerinnen müßte, um Eifersucht zu heißen. Vielleicht ist das in manchen Fällen die generellere, mindestens die unüberwindlichere Fremdheit, als die durch Differenzen und Unbegreiflichkeiten gegebene: daß zwar eine Gleichheit, Harmonie, Nähe besteht, aber mit dem Gefühle, daß diese eigentlich kein Alleinbesitz eben dieses Verhältnisses ist, sondern ein Allgemeineres, das potenziell zwischen uns und unbestimmt vielen Andern gilt und deshalb jenem allein realisierten Verhältnis keine innere und ausschließende Notwendigkeit zukommen läßt.

Andrerseits gibt es eine Art von ›Fremdheit‹, bei der gerade die Gemeinsamkeit auf dem Boden eines Allgemeineren, die Parteien Umfassenden, ausgeschlossen ist: hierfür ist etwa das

Verhältnis der Griechen zum βάρβαρος typisch, all die Fälle, in denen dem Andern gerade die generellen Eigenschaften, die man als eigentlich und bloß menschlich empfindet, abgesprochen werden. Allein hier hat ›der Fremde‹ keinen positiven Sinn, die Beziehung zu ihm ist Nicht-Beziehung, er ist nicht das, als was er hier in Frage steht: ein Glied der Gruppe selbst.

Als solches vielmehr ist er *zugleich* nah und fern, wie es in der Fundamentierung der Beziehung auf eine nur allgemein menschliche Gleichheit liegt. Zwischen jenen beiden Elementen aber erhebt sich eine besondere Spannung, indem das Bewußtsein, nur das überhaupt Allgemeine gemein zu haben, doch gerade das, was nicht gemeinsam ist, zu besondrer Betonung bringt. Dies ist aber im Falle des Land-, Stadt-, Rassefremden usw. auch wieder nichts Individuelles, sondern eine fremde Herkunft, die vielen Fremden gemeinsam ist oder sein könnte. Darum werden die Fremden auch eigentlich nicht als Individuen, sondern als die Fremden eines bestimmten Typus überhaupt empfunden, das Moment der Ferne ist ihnen gegenüber nicht weniger generell als das der Nähe. Diese Form liegt z. B. einem so speziellen Fall wie der mittelalterlichen Judensteuer, wie sie in Frankfurt, aber auch sonst gefordert wurde, zugrunde. Während die von den christlichen Bürgern gezahlte Beede nach dem jedesmaligen Stande des Vermögens wechselte, war die Steuer für jeden einzelnen Juden ein für allemal festgesetzt. Diese Fixiertheit beruhte darauf, daß der Jude seine soziale Position als *Jude* hatte, nicht als Träger bestimmter sachlicher Inhalte. In Steuersachen war jeder andre Bürger Besitzer eines bestimmten Vermögens, und seine Steuer konnte den Wandlungen dieses folgen. Der Jude aber war als Steuerzahler in erster Linie Jude, und dadurch erhielt seine steuerliche Position ein invariables Element; am stärksten tritt dies natürlich hervor, sobald sogar diese individuellen Bestimmungen, deren Individualität durch die starre Unabänderlichkeit begrenzt war, fallen, und die Fremden eine durchgehend gleiche Kopfsteuer bezahlen.

Mit all seiner unorganischen Angefügtheit ist der Fremde doch ein organisches Glied der Gruppe, deren einheitliches Leben die besondere Bedingtheit dieses Elementes einschließt; nur daß wir die eigenartige Einheit dieser Stellung nicht anders zu bezeichnen wissen, als daß sie aus gewissen Maßen von Nähe und gewissen von Ferne zusammengesetzt ist, die, in irgendwelchen Quanten jedes Verhältnis charakterisierend, in einer besonderen Proportion und gegenseitigen Spannung das spezifische, formale Verhältnis zum ›Fremden‹ ergeben.

Soziologische Ästhetik

Für jenen Dualismus, der zwischen die Menschen, ja, durch die einzelne Seele seine Furche zieht, hat die Gegenwart die Formel der sozialistischen und der individualistischen Tendenz gefunden. Hiermit scheint ein letzter typischer Unterschied der Charaktere von Menschen und Einrichtungen ausgesprochen, eine Wasserscheide gefunden, an der ihre Richtungen sich trennen, um dann, doch wieder zusammenfließend, die Wirklichkeit nach den verschiedenen Maßen ihrer Mitwirkung zu bestimmen: Durch alle Fragen des Lebens scheint sich die Linie zu verlängern, die diese Denkweisen trennt, und auf den entferntesten Gebieten, an den mannigfaltigsten Materien zeigt sich die Form der Charakterbildung, die sich in dem Gegensatz sozialistischer und individualistischer Neigung ausprägt. Sie bestimmt nicht weniger die Tiefen rein materieller Lebensinteressen als die Höhen der ästhetischen Weltanschauung.

Das Wesen der ästhetischen Betrachtung und Darstellung liegt für uns darin, daß in dem Einzelnen der Typus, in dem Zufälligen das Gesetz, in dem Äußerlichen und Flüchtigen das Wesen und die Bedeutung der Dinge hervortreten. Dieser Reduktion auf das, was an ihr bedeutsam und ewig ist, scheint keine Erscheinung sich entziehen zu können. Auch das Niedrigste, an sich Häßlichste, läßt sich in einen Zusammenhang der Farben und Formen, der Gefühle und Erlebnisse einstellen, der ihm reizvolle Bedeutsamkeit verleiht; in das Gleichgültigste, das uns in seiner isolierten Erscheinung banal oder abstoßend ist, brauchen wir uns nur tief und liebevoll genug zu versenken, um auch dies als Strahl und Wort der letzten Einheit aller Dinge zu empfinden, aus der ihnen Schönheit und Sinn quillt und für die jede Philosophie, jede Religion, jeder Augenblick unserer höchsten Gefühlserhebungen nach Symbolen ringen. Wenn wir diese Möglichkeit ästhetischer Vertiefung zu Ende denken, so gibt es in den Schönheitswerten der Dinge keine Unterschiede mehr. Die Weltanschauung wird ästhetischer Pantheismus, jeder Punkt birgt die Möglichkeit der Erlösung zu absoluter ästhetischer Bedeutsamkeit, aus jedem leuchtet für den hinreichend geschärften Blick die *ganze* Schönheit, der *ganze* Sinn des Weltganzen hervor.

Damit aber hat das Einzelne die Bedeutung verloren, die es gerade als Einzelnes und im Unterschiede gegen alles andere besitzt. Denn nicht so läßt diese sich bewahren, daß man etwa sagte, die überall gleich mögliche ästhetische Formung und Vertiefung der Dinge lasse der inhaltlichen, qualitativen Verschiedenheit ihrer Schönheiten vollen Raum, sie bedeute nur ästhetische Gleichwertigkeit, nicht Gleichartigkeit, sie hebe nur die Unterschiede des Ranges auf diesem Gebiet auf, aber nicht die der Farben und Töne, der Sinne und Gedanken, des Allegro und Adagio. Diese Vorstellung, die die Reize der ästhetischen Allgleichheit und Alleinheit mit denen des ästhetischen Individualismus versöhnen will, tut doch dessen Forderung nicht ganz Genüge. Denn gerade die Rangordnung der Werte, der Aufbau des Bedeutsamen über das Gleichgültigere, die organische Steigerung und Entwickelung, die aus dem Stumpfen das Beseelte, aus dem Rohen das Feine herauswachsen läßt, gibt den Gipfeln dieser Reihe einen Hintergrund, eine Höhe und Leuchtkraft, die bei ästhetischer Gleichwertigkeit der Objekte von keinem unter ihnen erreicht wird. Für sie ergießt sich ein gleich heller Glanz über alle Dinge, der zwar das Niedrigste dem Höchsten gleichstellt, dafür aber auch das Höchste dem Niedrigsten. An Unterschiede sind unsere Empfindungen geknüpft, die Wertempfindung nicht weniger als die des Haut- und Wärmesinnes. Wir können nicht immer auf gleicher Höhe wandeln, wenigstens nicht auf der höchsten, die uns in unseren besten Augenblicken zugänglich ist; und so müssen wir die Erhebung des Niedrigsten in die ästhetische Höhe mit dem Verzicht auf jene Aufschwünge bezahlen, die nur seltene, vereinzelte sein können und sich nur über den Untergrund einer tiefer gelegenen, dumpferen und dunkleren Welt erheben.

Aber nicht nur diese Bedingtheit alles Empfindens durch den Unterschied, die wir als abzustreifende Fessel und Unvollkommenheit unseres Wesens empfinden mögen, knüpft den Wert der Dinge an ihren Abstand voneinander: auf eben diesem Abstand an und für sich ruht ein Schönheitswert. Daß die Welt nach Licht und Finsternis geschieden ist, daß ihre Elemente nicht in Gleichwertigkeit formlos ineinander verschwimmen, sondern jedes in einem Stufenbau der Werte seine Stelle habe zwischen einem höheren und einem tieferen, daß das Rohere und Niedere den Sinn seiner Existenz darin finde, Träger und Hintergrund des Feinen, Hellen, Hohen zu sein: das ist an sich ein höchster, ästhetischer Reiz und Wert des Weltbildes.

So scheiden sich unversöhnliche Wege: Der, dem tausend Tiefen lohnen, um der einen Höhe willen, und der den Wert der Dinge in ihrem Gipfel findet, von dem er zurückstrahlend allem Niederen seinen Sinn und sein Wertmaß zuteilt, – – er wird nie den anderen verstehen, der aus dem Wurm die Stimme Gottes reden hören will und den Anspruch jedes Dinges, so viel zu gelten wie das andere, als Gerechtigkeit empfindet. Und wer das Schauspiel der Gliederung und Abstufung, der Formung des Weltbildes nach dem Mehr oder Minder ihrer Schönheit nicht entbehren mag — — der wird nie in einer inneren Welt leben mit dem Anderen, der die Harmonie der Dinge in ihrer Gleichheit sieht, so daß Reiz und Häßlichkeit des Anblickes, törichtes Chaos und sinnvolle Form nur verhüllende Gewänder sind, hinter denen er überall dieselbe Schönheit und Seele des Seins sieht, nach der sein Gemüt dürstet.

Hier nach einer Versöhnung zu suchen, nach einem Begriff und einer Theorie, die diese Gegenrichtungen der Wertgefühle als verträgliche und in einer höheren Strebung zusammenlaufende demonstriert, weil in vielen Seelen tatsächlich beide mit geteilten Rechten herrschen: Das ist soviel wie: den Gegensatz von Tag und Nacht hinwegbeweisen, weil es eine

Dämmerung gibt. Hier stehen wir an den Quellen alles Menschlichen, die je nach den Gebieten, durch die sie fließen, die ungeheuren Gegensätze des politischen Sozialismus und Individualismus, der pantheistischen oder atomistischen Erkenntnis, der ästhetischen Ausgleichung oder Differenzierung aufblühen lassen. Diese Quellen selbst, diese letzten Wesensrichtungen, können wir nicht mit Worten bezeichnen; nur an jenen einzelnen Erscheinungen, die sie in ihrer Lenkung der empirischen Lebensinhalte, gleichsam in der Mischung mit diesen, ergeben, kann man sie erkennen oder wenigstens auf sie hinweisen als auf die unbekannten Kräfte, die die Materie unseres Daseins zu ihren Formen gestalten, ewig unversöhnt und eben dadurch jede der anderen den frischen Reiz erregend, der dem Leben unserer Gattung seine Rastlosigkeit, seinen Kampf, sein Schwingen zwischen Gegensätzen verbürgt, so daß die Befriedigung des einen den kräftigsten Ansturm des Anderen lockt.

Und hierin allein liegt, was man ihre Versöhnung nennen könnte: nicht in dem öden Nachweis, daß sie sich auf eine begriffliche Einheit reduzieren lassen, sondern darin, daß sie sich in *einer* Gattung von Wesen, ja in jeder einzelnen Seele fortwährend begegnen und bekämpfen. Denn das eben ist die Höhe und Herrlichkeit der Menschenseele, daß ihr lebendiges Leben, ihre unbegriffene Einheit, in jedem Augenblick die Kräfte in sich wirken läßt, die an sich doch aus völlig unvereinbaren Quellen nach völlig unvereinbaren Mündungen fließen.

Zur Philosophie des Schauspielers

Was allgemein als die künstlerische Beziehung von Stoff und Form gilt: die gegebene greifbare Wirklichkeit liefere den Stoff, den der Künstler in die artistische Form überführe, über alle Realität hinweg zum Kunstwerk bilde – diese Beziehung dreht der erste und populäre Eindruck der Schauspielkunst geradezu um. Während jede Kunst sonst die Lebensrealität in ein objektives lebensjenseitiges Gebilde überträgt, tut der Schauspieler das Umgekehrte. Denn den Stoff für die Leistung des Schauspielers bildet ja gerade schon ein Kunstwerk, und seine Leistung ist es nun, dies bloß Ideelle, bloß Geistige des Dramas zu verwirklichen, es wieder in einen Wirklichkeitsausdruck überzuführen. In der Tat: das Drama besteht als abgeschlossenes Kunstwerk. Hebt der Schauspieler dies nun in eine Kunst zweiter Potenz? Oder wenn dies sinnlos ist, führt er als leibhaftig lebende Erscheinung es in die überzeugende Wirklichkeit zurück? Warum aber, wenn dies der Fall ist, fordern wir von seiner Leistung den Eindruck von Kunst und nicht den von bloß realer Natur? Aus dieser Verknotung müssen die kunstphilosophischen Probleme über den Schauspieler vorsichtig herausgelöst werden.

Die Bühnenfigur, wie sie im Buche steht, ist sozusagen kein ganzer Mensch, sie ist nicht ein Mensch im sinnlichen Sinne – sondern der Komplex des literarisch Erfaßbaren an einem Menschen. Weder die Stimmen noch den Tonfall, weder das ritardando noch das accelerando des Sprechens, weder die Gesten noch die besondere Atmosphäre der lebenswarmen Gestalt kann der Dichter vorzeichnen oder auch nur wirklich eindeutige Prämissen dafür geben. Er hat vielmehr Schicksal, Erscheinung, Seele dieser Gestalt in den nur eindimensionalen Verlauf des bloß Geistigen verlegt. Als Dichtung angesehen ist das Drama ein selbstgenugsames Ganzes; hinsichtlich der Totalität des Geschehens bleibt es Symbol, aus dem diese sich nicht logisch entwickeln läßt. Jenen eindimensionalen Ablauf nun überträgt der Schauspieler gleichsam in die Dreidimensionalität der Vollsinnlichkeit. Und hier liegt das erste Motiv jener naturalistischen Verbannung der Schauspielkunst in die Wirklichkeit: es ist die Verwechslung der Versinnlichung eines geistigen Gehalts mit seiner Verwirklichung.

Schiller sagt vom Künstler überhaupt, es gehöre zu ihm zweierlei: »daß er sich über die Wirklichkeit erhebt und daß er innerhalb des Sinnlichen bleibt«. Wirklichkeit ist etwas, was zur Sinneserscheinung *hinzukommt*, eine geheimnisvolle Verfestigung der Sinneseindrücke. Wirklichkeit ist etwas Metaphysisches, Unsinnliches, darum gehört sie nicht in die Kunst, die sich im Sinnlichen hält. In diese Schicht jenseits des Sinnlichen aber führt uns der Schauspieler sowenig wie irgendein anderer Künstler, und nur daß er als lebendiger Mensch vor uns steht, verursacht das plumpe Mißverständnis, daß das Drama, indem es vor uns versinnlicht wird, auch verwirklicht werde. So wenig die materielle Leinwand mit dem Farbenauftrag das malerische Kunstwerk ist, so wenig ist der Schauspieler als lebende Realität das schauspielerische Kunstwerk. In die besondere *Bild*art der Bühne soll der Inhalt übergeführt werden, nicht in die Wirklichkeit. Der Schauspieler als Wirklichkeit ist so wenig die *künstlerische* Bühnenfigur wie die Farbe das Bild ist. Der Schwindler und Heuchler im wirklichen Leben will eine Wirklichkeitsvorstellung hervorrufen; seine Wirklichkeit soll für irgend etwas, was sie nicht ist, gehalten werden. *Der* will in die Wirklichkeit hineinführen, denn der wirkliche Tartuffe will, daß man ihn für einen wirklich frommen Asketen halte. Der Schauspieler, der ihn spielt, will das absolut nicht; das Sinnenbild dessen, was bei Molière literarisch dasteht, soll erstehen, aber die Wirklichkeit des Menschen in oder hinter diesem Sinnenbild – die einzige Wirklichkeit, auf die der Zuschauer schließen könnte – wird nicht nach ihrer Frömmigkeit als Nichtfrömmigkeit befragt. Wer *ist* denn eigentlich fromm oder ein Heuchler auf der Bühne? Niemand; denn nur der Schauspieler steht dort und ist ein Sein. Der aber

ist keines von beiden. Das Sein hat auf der Bühne nichts zu suchen.
Wenn heute manche sensible Menschen ihre Abneigung gegen das Theater damit begründen, daß ihnen dort zu viel vorgelogen werde, so liegt das nicht an dem Mangel, sondern an dem Zuviel von Realität, das von der Bühne her auf uns wirkt. Nicht daß der Schauspieler auf der Bühne ein König ist und im Privatleben ein armer Lump, macht jenes zu einer Lüge: denn in seiner aktuellen Funktion als Künstler *ist* er König, ein »wahrer« – aber deshalb kein wirklicher König. Das Gefühl von Unwahrheit entsteht nur bei dem schlechten Schauspieler, der entweder etwas von seiner Wirklichkeit als armer Lump innerhalb seiner Königsrolle anklingen läßt, oder der so extrem realistisch spielt, daß er uns in die Sphäre der Wirklichkeit trägt; da er aber in dieser allerdings ein armer Lump ist, so entsteht jetzt die peinliche Konkurrenz zweier einander Lügen strafender Vorstellungen des gleichen Niveaus, zu der es nicht kommen kann, wenn das schauspielerische Bild uns in der wirklichkeitsfremden Sphäre der Kunst festhält.
Indem wir die ganze Irrigkeit der Idee einsehen, daß der Schauspieler die dichterische Schöpfung »verwirkliche«, da er doch dieser Schöpfung gegenüber eine besondere und einheitliche *Kunst* übt, die der Wirklichkeit genau so fernsteht wie das Dichtwerk selbst – begreifen wir sogleich, warum der gute Imitator noch kein guter Schauspieler ist, daß das Talent, Menschen nachzuahmen, nichts mit der künstlerisch-schöpferischen Begabung des Schauspielers zu tun hat. Denn der Gegenstand des Nachahmers ist die Wirklichkeit, sein Ziel ist, als Wirklichkeit genommen zu werden. Der künstlerische Schauspieler aber ist so wenig wie der Porträtmaler der Nachahmer der wirklichen Welt, sondern der Schöpfer einer neuen, die freilich dem Phänomen der Wirklichkeit verwandt ist, da beide aus dem Vorrat der (ideellen) Inhalte alles Seins überhaupt gespeist werden. Darum ist es ein ganz irriger Ausdruck, dem freilich als Ausdruck auch unsere Klassiker verfallen sind, daß die Kunst überhaupt, und insbesondere die Schauspiel-

kunst, ihre Substanz im *Schein* habe. Denn aller Schein setzt eine Wirklichkeit voraus, entweder als seine tiefere Schicht, deren Oberfläche er ist, oder als sein Gegenteil, das er heuchlerisch vertreten will. Kunst aber steht jenseits dieses Gegensatzes, ein für sich bestehendes Reich, in dem man die Wirklichkeit nicht suchen und deshalb auch nicht den Schein finden kann.

Die künstlerische Selbständigkeit der Schauspielkunst stellt dem kunstphilosophischen Begreifen die schwerste Aufgabe. Denn nicht nur ist die Versklavung abzuweisen, in die der rohste Naturalismus sie bannen möchte: als sei es das Ideal des Schauspielers, sich als Hamlet so zu benehmen, wie sich ein realer Hamlet benommen hätte; sondern noch die viel verführerischere Vorstellung: als ob die ideale Art, eine Rolle zu spielen, mit dieser Rolle selbst eindeutig und notwendig gegeben wäre; als stiege für den, der nur hinlänglich scharf zu sehen und logisch zu folgern wüßte, aus den Buchseiten des Hamlet selbst seine ganze theatralische Versinnlichung heraus; so daß es, genau genommen, von jeder Rolle nur eine einzige »richtige« schauspielerische Darstellung gibt, der sich der empirische Schauspieler mehr oder weniger nähert. Allein dies wird durch die Tatsache widerlegt, daß drei große Schauspieler die Rolle in drei völlig verschiedenen Auffassungen spielen werden, jede der anderen gleichwertig und keine »richtiger« als die andere; ja so wenig sind sie *einer* höchsten, übersingulären Norm zugewandt, daß irgendein Passus, dem einen Schauspieler etwa besonders gelungen, dennoch nicht in die Auffassung des anderen eingefügt werden kann, ohne diese ganz widrig zu zerstören. So wenig man also den Hamlet einfach aus der Wirklichkeit heraus spielen kann (zudem eine ganz unrealisierbare, naturalistische Phrase), so wenig kann man ihn einfach aus der Dichtung heraus spielen; denn diese legitimiert die Auffassung von Moissi ebenso, wie sie die von Kainz oder Salviati legitimiert hatte.

Die bestehende Theorie, daß sich aus der Rolle als Dichtwerk allein ergäbe, wie sie gespielt werden muß, bedeutet ein literarisches Ideal, aber kein schauspielerisches. Der Schauspieler ist nicht die Marionette der Rolle. Sondern zwischen der bloßen Wirklichkeitsanschauung und dem Versuch, aus der Literatur herauszupressen, was sie für sich allein nie hergeben kann – steht die schauspielerische Kunst als ein Drittes, aus eigener Wurzel wachsend, weder aus der Wirklichkeit noch aus dem Drama zu erschließen, oder als »Synthese« zu gewinnen. Sowenig wie man einem Gemälde gegenüber sich die Wirklichkeit vorstellen soll, für die das Bild nur Reproduktionsmittel der Phantasie wäre (das ist die Photographie), sondern wie das Bild sein eigener Endzweck ist, in das die Wirklichkeit hineingeleitet ist, das aber nicht wieder in die Wirklichkeit hineinleitet – so ist auch die schauspielerische Darstellung Hamlets nicht ein Medium, durch das die Phantasie einen realen oder den literarischen Hamlet sieht. Die schauspielerische Kunstleistung ist selbst das Ziel des Weges und nicht eine Brücke, über die hin es zu einem weiterhin gelegenen Ziel ginge.

Es gibt eine ursprüngliche schauspielerische Attitüde, eine schöpferisch gestaltende Reaktion gewisser Naturen gegenüber den Eindrücken des Lebens – gerade wie es eine malerische und eine dichterische gibt. Nur ist all dieses nicht gleich eine für sich stehende Kunstleistung, sondern verwebt in die mannigfaltigen Äußerungen und Praktiken des Tages. Das »Spielen einer Rolle« – nicht als Heuchelei und Betrug, sondern als das Einströmen des persönlichen Lebens in eine Äußerungsform, die es als eine irgendwie vorbestehende, vorgezeichnete vorfindet – dies gehört zu den Funktionen, die unser tatsächliches Leben konstituieren. Eine solche Rolle mag unserer Individualität adäquat sein, aber sie ist doch noch etwas anderes als diese Individualität und ihr innerlicher und totaler Verlauf. Wer Geistlicher oder Offizier, Professor oder Bürochef ist, benimmt sich nach einer Vorzeichnung, die jenseits seines individuellen Lebens gegeben ist. Wir *tun* nicht nur Dinge, zu denen die Kultur und Schicksalsschläge uns äußerlich veranlassen, sondern wir stellen unvermeidlich etwas dar, was wir nicht eigentlich *sind*. Das ist freilich nicht, oder nicht immer, Darstellung nach außen um eines Effektes willen, nicht Vorstellung und Unehrlichkeit, sondern das Individuum geht wirklich in die vorgezeichnete Rolle hinein, es ist jetzt seine Wirklichkeit, nicht nur der und der, sondern das und das zu sein. Im großen und kleinen, chronisch und wechselnd finden wir ideelle Formen vor, in die unsere Existenz sich zu kleiden hat. Sehr selten bestimmt ein Mensch seine Verhaltungsart ganz rein von seiner eigensten Existenz her, meistens sehen wir eine präexistierende Form vor uns, die wir mit unserem individuellen Verhalten erfüllt haben.

Dieses nun: daß der Mensch ein vorgezeichnetes Anderes als seine zentraleigene sich selbst überlassene Entwicklung darlebe oder darstelle, damit aber dennoch sein eigenes Sein nicht schlechthin verläßt, sondern das Andere mit diesem Sein selbst erfüllt und dessen Strömung in jene vielfach geteilten Adern leitet, deren jede, obgleich in einem vorbestehenden Flußbett verlaufend, das ganze innere Sein zu besonderer Gestaltung aufnimmt – das ist die Vorform der Schauspielkunst. Sie wird Kunst, indem sie aus der Lebensrealität heraus abstrahiert und aus einer bloßen, als Mittel in das Leben verwebten Form zu einem eigenen, jenseits der Realität stehenden Leben ausgestaltet wird. Damit soll natürlich kein historischer oder bewußter Prozeß beschrieben sein, sondern nur der Punkt aufgezeigt, wo die Schauspielkunst sich ihrem Sinn nach innerhalb des Lebens erhebt und an dem sich ihr völlig selbständiges Wesen zeigt. In eben dieser Bedeutung sind wir alle irgendwie Schauspieler, wie fragmentarisch auch immer – gerade wie wir alle in abgestuften Maßen Dichter und Maler sind. Wir schauen die Welt um uns herum nie in dem kontinuierlichen Flusse und der Gleichberechtigtheit ihrer Elemente an, wie der wissenschaftliche Verstand uns ihre Objektivität zeigt; sondern unser Auge schneidet allenthalben Stücke heraus, die es gleichsam einrahmt und als geschlossene Ganzheiten behandelt, es gliedert sie nach Vorder- und Hintergründen, es umreißt die Formen und konstatiert die Verhältnisse von Farben – kurz es übt diejenigen Funktionen, die, aus der Praxis gelöst und zu eigener Vollständigkeit erhoben, die malerische Kunstleistung sind. Und so sind wir alle auch Dichter. Nicht nur, wo wir das sprachliche Gefüge über den Telegrammstil hinaus, durch den Reiz von Rhythmus und Ton bestimmen lassen; sondern auch an der inneren Vision, in der sich Existenzen, Schicksale, Gefühle unser selbst und anderer Menschen uns darstellen, wirken die Formen und Geschlossenheiten, die Stilisierungen, Vereinfachungen, die, aus dem Leben herausgehoben und von sich allein aus die Lebensinhalte zu Bildern gestaltend, eben damit das dichterische Kunstwerk zustande bringen.

In diesem Sinne also, in dem wir Dichter und Maler sind, sind wir auch Schauspieler; d. h. das kulturelle Leben zeigt allenthalben die Form: daß das Individuum ohne Falschheit oder Heuchelei seine persönliche Existenz in eine vorbestehende Gestalt metamorphisiert, die zwar aus den Kräften des eigenen Lebens genährt, aber doch nicht die Erscheinung des eigenen Lebens ist. Eine solche – irgendwie fremde – Gestalt anzunehmen, kann durchaus in seiner eigenen Natur liegen, diese Paradoxie gehört nun einmal zu unserer Ausstattung. Und daß hier das Prototyp des Schauspielertums liegt, daß eben diese Funktion Kunst wird, wenn sie für sich, von sich aus die Betätigung bestimmt, statt ihrerseits von der Lebensbetätigung bestimmt zu werden – das ist deshalb so wichtig, weil sich die Schauspielerkunst von diesem Wurzelboden her als etwas genau so Selbständiges zeigt wie Malerei und Dichtkunst. Schauspielen ist keine reproduktive Kunst, denn es ist gar nichts da, was sie als *Schauspielkunst* reproduzieren könnte, da der Dichter ja nur ein literarisches Werk gibt. Reproduktiv ist ein Schauspieler, der einen anderen kopiert.

Soweit wir sie freilich in dieser Vorform, diesem bloß Lebensmäßigen verwirklichen, bleiben wir noch sozusagen mit halbem Leibe in unserer sonstigen personalen Wirklichkeit stehen, wir fühlen unser eigentliches individuelles und totales Leben noch immer in einer Spannung, wenn auch nicht in einer gegensätzlichen, gegen die Rolle, die uns aus Gründen der Sozialität oder der Religion, des Schicksals oder der Lebenstechnik vorgezeichnet ist, mögen wir sie auch aus tiefsten Trieben und Notwendigkeiten heraus ergriffen haben. Der Schauspieler aber, dem das formale Gleiche in völlig anderer Spezifikation obliegt, täglich wechselnd, in genauester Vorgeschriebenheit des einzelnen, behält nun während dieser Leistung gar keine davon abweichende Persönlichkeit zurück, sein autochthones Dasein geht ohne Rest in die vorgefundene Gestaltung auf. Gerade durch diese Absolutheit des Verhaltens aber läßt er seine »Wirklichkeit«, die ja eine ganz andere ist, die Interessen, Aktionen, Verflochtenheiten des sonstigen Lebens hinter sich, d. h. er übt Kunst – während eben das formal gleiche Verhalten als fragmentarisches zwar eine Vorform der Kunst, aber doch Seite oder Element der empirischen Realität bleibt.

Das Zentrum des kunstphilosophischen Problems dem Schauspiel gegenüber lag in der scheinbar ganz einzig dastehenden Tatsache: daß hier ein schon bestehendes Kunstprodukt zum Stoff einer nochmaligen künstlerischen Formung wurde. Dies trieb zu der Alternative: die schauspielerische Leistung sei entweder die Reduktion des Literaturdramas auf den Wirklichkeitseindruck; oder die bloße Vermittlung und Sichtbarmachung des Dramas, seine Überführung in den andern Aggregatzustand, wobei das Schauspielerische mit dem Drama selbst schon gegeben sei und nur herausgeholt zu werden brauche. Die erste Theorie vernichtet den *Kunst*charakter der Schauspielkunst, die andre ihre Selbständigkeit und Produktivität. Aber dieser verzweifelten Auswege bedarf es gar nicht, sobald man sich klarmacht, daß die schauspielerische Aufgabe gar kein solches künstlerisches Unikum ist, sondern sich genau wie alle andern Künste aus einer durch das Leben gebildeten Vorform erhebt, die genau so fundamental, nur etwas komplizierter ist wie die der Malerei und der Dichtung. Irgendwelche Gegebenheiten brauchen doch auch diese.

Um einzusehn, daß die Kunstform des dramatischen Stoffes gar nicht das radikale Problem aufgibt, bedenke man jene früheren Formen des Theaters, in denen den Schauspielern ihre Rollen überhaupt nicht Wort für Wort, sondern nur in den allgemeinen Umrissen der Handlung vorgezeichnet waren.

Indem der Schauspieler hier, was ihm sonst der Dichter vorzeichnet, selber schuf, indem also die Problematik der Kunst, die über eine schon fertige Kunst kommt, nicht bestand, war doch das Wesentliche und Spezifische des Schauspielertums genau dasselbe, was es in den späteren Fällen war: die Erzeugung eines Bildes von Persönlichkeit und Schicksal, die nicht Persönlichkeit und Schicksal des vorzeigenden Individuums sind. Indem dies aber nicht Verstellung und Lüge ist (da es nicht Realität vortäuschen will), indem dieses Ein-Anderer-Sein vielmehr aus der tiefsten, eigensten Wesens- und Triebschicht des Individuums hervorgeht, erzeugt sich in dieser Paradoxie das spezifisch künstlerische Phänomen. Daß dem Schauspieler die Rolle bis zu jedem einzelnen Wort vorgeschrieben ist, ist nur eine Zuspitzung und Kanalisierung dieser allgemeinen, auch bei einer Improvisation geltenden Aufgabe, prinzipiell schließlich nichts anderes, als wenn dem Porträtmaler sein Modell gegeben ist. So schön die Formel klingen mag, daß der Schauspieler nur dem Drama Leben einflößen soll, nur die Lebendigkeitsform des Dichters darstellen soll – sie läßt zwischen Drama und Wirklichkeit die eigentliche unvergleichliche *schauspielerische Kunst* als solche *verschwinden.* Daß jemand die Lebenselemente schauspielerisch gestaltet, ist ebenso ein Urphänomen, wie daß er sie malerisch oder dichterisch oder auch daß er sie erkenntnismäßig oder religiös neu schafft.

Diese Deutung der Schauspielkunst als einer ganz eignen, aus dem Schöpfungsgrund aller Kunst ursprünglich aufsteigenden artistischen Betätigung scheint nun doch über ein letztes Problem nicht zu beruhigen, das aus einem ganz einfachen Erlebnis entgegenkommt. Wer je eine und dieselbe Rolle von zwei bedeutenden Schauspielern in ganz verschiedenen Auffassungen gespielt sah, muß eigentlich von dem Rätsel erregt werden: hier ist eine Gestalt, die der Dichter als eine und nach einem Sinn bestimmte geschaut und geschaffen hat – und nun werden auf der Bühne daraus zwei unvereinbare, nach ganz verschiedenen Richtungen orientierte; und doch eine jede mit seelischer und künstlerischer Konsequenz, in sich geschlossen, keine falscher und keine richtiger als die andere, jede eine erschöpfende und voll befriedigende Ausgestaltung der dichterischen Figur und doch deren Einheit so dementierend, daß ein Zug, der in der einen Auffassung überzeugendste Wahrheit besitzt, gar nicht in die andere zu überpflanzen wäre, ohne deren Wahrheit gänzlich zu zerstören. Nicht um die Mehrdeutigkeit handelt es sich, die an manchen dramatischen Figuren schon als dichterischen haftet, wie am Hamlet. Vielmehr auch die dichterisch völlig eindeutige Gestalt, Coriolan oder Posa, Iphigenie oder Gregers Wehrle, ist schauspielerisch eine vieldeutige. Wie aber ist dies zulässig, ja möglich, wenn die schauspielerische Leistung, bei allem artistischen Eigenbestand, doch von der Intention des Dichters, die eine und nur eine ist, ideell bestimmt ist? Die Selbständigkeit der schauspielerischen Leistung hat sich hier zu der Selbständigkeit der schauspielerischen Individualität zugespitzt. Jetzt ist nicht die Frage nach der künstlerischen Selbständigkeit des Schauspielertums überhaupt, sondern der Individualität des einzelnen Schauspielers. Und auch diese kann weder bestehen, wenn der Schauspieler die eine dichterische Figur darstellt, noch wenn er naturalistisch diejenige Person spielt, die dieser Figur in der Realität entsprechen würde. Wie sehr seine Leistung jenseits *beider* steht, offenbart jetzt auch die empirische Tatsache, daß es schauspielerisch viele Hamlets gibt, während es sowohl dichterisch wie real nur einen gibt.

Hier entsteht eine subtilere Form des Naturalismus, die nicht auf Nachahmung einer Wirklichkeit geht, sondern auf die Darbietung der schauspielerischen Individualität. Es heißt: die Leistung des Schauspielers, soweit sie etwas anderes sei als Rezitation, Glied einer Reihe lebender Bilder, habe ihre Bedeutung als Offenbarung einer genialen, durch ihren Rhythmus, ihr Temperament, ihre körperlich-seelische Eigenart interessanten Persönlichkeit, und das schauspielerische Talent sei sozusagen nur ein äußeres Organ, um dieses Naturell für andere sichtbar und genießbar zu machen. Ist es für die literarische Deutung des

Textes gleichgültig, wer die Rolle spielt, wenn sie nur ihrem eignen Sinne, bzw. dem des Dichters angemessen gespielt wird, so ist es für diese individualistisch-naturalistische gleichgültig, *welche* Rolle der Schauspieler spielt, wenn *er* sie nur spielt. So übertrieben der abstrakte Ausdruck beider Standpunkte erscheint, so ist sicher, daß die gewöhnliche Auffassung der Schauspielkunst zwischen beiden pendelt und sie oft unklar mischt. Es muß ein Drittes geben, eine organische Verbindung zwischen der Selbständigkeit des schauspielerischen Naturells und seines spezifischen Künstlertums auf der einen Seite, dem Rechte und der Bedeutung des Dramas auf der andren; es muß eine ideelle Vorzeichnung geben, wie die Rolle versinnlicht werden soll, in der der Reiz und der Anspruch der schauspielerischen Persönlichkeit und die objektive Forderung des Dramas zusammenwirken, ohne eine mechanische *Mischung* zu bieten, bei der man sich eigentlich nichts denken kann.

Was ich meine, wird durch eine Analogie deutlich. Was wir Wahrheit über einen Gegenstand nennen, ist je nach dem Wesen, für das die Wahrheit gelten soll, etwas sehr Mannigfaltiges. Für ein Insekt mit seinen Facettenaugen, für einen Adler, der darauf angewiesen ist, seine Beute aus 100 und mehr Meter Höhe wahrzunehmen, für den Menschen sind offenbar drei ganz verschiedene Anschauungsbilder eines und desselben Objekts die »richtigen«; eines daraus in die Vorstellungswelt des anderen hineingesetzt, würde diesen zu höchst unzweckmäßigen Reaktionen veranlassen, würde für ihn »falsch« sein. So besteht also für jedes Wesen eine, durch seine Individualität verschiedene Wahrheit über jedes gegebene Objekt. Diese Wahrheit kann es erreichen oder verfehlen, sie bleibt darum als seine Wahrheit ideal bestehen. Diese Wahrheit ist also durchaus nichts Subjektives und Willkürliches, denn das Individuum kann gar nichts daran ändern, daß dies eben seine Wahrheit ist, aber sie ist auch nicht aus dem Gegenstand für sich allein abzulesen, da sie für jede Wesensgattung eine andre ist. Sie ist der Ausdruck für das angemessene *Verhältnis* zwischen Subjekt und Gegenstand, das aber aus keinem von beiden für sich allein stammt, sondern ein Neues, Drittes ist, über beide Gegebenheiten sich Erhebendes. So nun ist die ideale Forderung: wie eine bestimmte Rolle zu spielen sei, weder aus der Rolle selbst zu entnehmen – denn sonst könnte sie nicht in so und so vielen gänzlich verschiednen Auffassungen gleichmäßig befriedigend gespielt werden – noch aus dem Naturell des Schauspielers für sich allein; denn dies würde jeder Zufälligkeit, Subjektivität, Vergewaltigung des Dramas Raum geben. Vielmehr ein Drittes besteht, als Ideelles, als Forderung: wie diese bestimmte schauspielerische Individualität, als sinnlich aktuelle, aktive diese bestimmte literarisch gegebene Rolle auszuformen hat. Es besteht eine ideelle Relation zwischen dem realen Dichtwerk und dem realen Ich; wie eine solche zwischen den realen Dingen und der realen, bestimmt konstruierten Intelligenz besteht. Für zwei in ihren Aprioritäten verschiedene Intelligenzen würden zwei verschiedene Erkenntnisbilder der Welt die »wahren« sein, für zwei in ihren Temperamenten und Begabungen verschiedene Schauspieler sind zwei verschiedene Darstellungen des Hamlet die »richtigen«. Hier ist keine Willkür und Subjektivität; sondern das Individuum ist selbst ein objektiver Faktor; für einen übermenschlichen Geist würde aus ihm und der gegebenen Rolle das Bild der vollkommenen Darstellung dieser Rolle durch diesen Schauspieler genau so unzweideutig dastehen, wie aus einer bestimmten geistigen Konstitution und einer bestimmten Welt für einen solchen unzweideutig folgt, was für eine solche Konstitution die Wahrheit über diese Welt ist. Daß jene Konstitution diese Wahrheit verfehlen kann, tut ihr in ihrer Gültigkeit so wenig Abbruch, wie daß der Schauspieler diejenige Auffassung der Rolle verfehlt, die für ihn die richtige ist. Wenn auch die vollkommenste Verwirklichung dieser ideellen Beziehung uns nicht befriedigt, so bedeutet das, daß der Schauspieler, seiner Begabung nach, überhaupt zu der *ganzen* Rolle kein Verhältnis gewinnen kann. Nicht von der Rolle selbst fehlt etwas, denn sie kann überhaupt nicht in ihn »überwandern«, sondern von seinem Verhältnis zu ihr.

Vielleicht wird man gegenüber der Abhängigkeit nicht nur der wirklichen, sondern auch der idealen Auffassung einer Rolle von der Individualität des Schauspielers das Selbstbestimmungsrecht des Dichters betonen und meinen, daß das Drama, dem der Schauspieler doch nur dienen sollte, dabei nicht zu seinem Recht käme. Diese Empfindung ist irrig. Sie übersieht, daß in keiner Rolle steht und stehen kann, wie sie *gespielt* werden soll. Darüber täuscht uns nur, daß alle, vielleicht äußerst individuellen schauspielerischen Reaktionen auf eine Rolle in gewissen ganz allgemeinen Punkten übereinstimmen werden; es wird schwerlich die Relation zwischen einem schauspielerischen Naturell und der Hamletrolle so laufen, daß Hamlet als ein Bonvivant herauskommt. Jenseits dieses Allerallgemeinsten aber ist jede Betonung und jede Geste bei dem einen Schauspieler anders als bei dem andern: nicht aus der abstrakten Tatsache des Schauspielens überhaupt, sondern nur aus der konkreten dieses jeweiligen Schauspielens kann sich ergeben, wie die Rolle jeweilig gespielt werden soll. Daß es unsinnige und verschobene Auffassungen einer Rolle gibt und daß sie sich nicht darauf berufen können, dies sei eben die Relation einer bestimmten schauspielerischen Individualität zu dieser Rolle – das erhellt einfach daraus, daß sich zwischen gewissen schauspielerischen Naturellen und gewissen Rollen überhaupt keine Relation herstellt. Ein Schauspieler, dessen Talentrichtung überhaupt nur einen Bonvivant hergibt, kann zu Hamlet überhaupt kein Verhältnis haben, für ihn gibt es gar keine »richtige« Auffassung des Hamlet. Was dem Zuschauer so erscheint, als habe der Schauspieler die mit der Rolle selbst unmittelbar gegebne Auffassung verfehlt, das bedeutet, vom Schauspieler her gesehn, daß zwischen der Rolle und der Beschaffenheit des Schauspielers eine Relation nicht recht zustande kommt – gerade wie nicht jede Organisation imstande ist, sich von einem bestimmten Objekt überhaupt eine Vorstellung zu bilden, und deshalb, mit diesem dennoch praktische Berührung suchend, sich in lauter Mißgriffen bewegen wird. Hamlet ist eben für manchen Schauspieler wie die Farbe für den Farbenblinden. In diesem Fall kann die künstlerische Logik den idealen Schluß aus jenen beiden realen Prämissen nicht ziehen.

Da der dichterische Faktor eine Invariante ist, so muß bei Änderung des schauspielerischen Faktors auch das Resultat: die ideelle Notwendigkeit der bestimmten Auffassung, ein anderes werden. Hiervon überzeugt eben die Tatsache der außerordentlich verschiedenen und doch gleichmäßig befriedigenden, also doch einer jeweiligen idealen Vorzeichnung entsprechenden Darstellung einer und derselben Rolle. So überzeugt uns die radikale Verschiedenheit der dennoch gleichmäßig befriedigenden Porträts, die große Meister von demselben Modell nehmen – auch in bezug auf dieses Modell befriedigen –, daß weder das Modell für sich, noch die Individualität des Künstlers für sich den gesuchten Wert realisieren.

Es bleibt etwas tief Rätselhaftes: daß ein in sich einheitliches, sozusagen vor dem Auge Gottes eindeutiges Gebilde, der Mensch oder das dichterische Kunstwerk, innerhalb der künstlerischen Neuschöpfung zu einer Vielheit von Bildern werden kann, deren jedes ihm objektiv angemessen zu sein und sein Wesen zu erschöpfen scheint. Gewiß ist die malerische wie die schauspielerische Leistung und ihr Ideal die gleichsam zur Gestalt geronnene Relation zwischen der Individualität des Künstlers und seinen Gegenständen. Aber ein letztes Rätsel liegt darin, daß diese *Relationen,* je nach jenen Individualitäten wechselnd, den absoluten Sinn der Gegenstände selbst in seiner Reinheit und Unbezweifelbarkeit überzeugend auszudrücken und sie von Grund her zu offenbaren scheinen.

Mit diesem logisch vielleicht nicht auflösbaren Widerspruch zeigt das künstlerische Schöpfertum seine Wurzel in einer metaphysischen Seinstiefe, in der seine individuellen und gegensätzlichen Richtungen ihre Unvereinbarkeit mit der Einheit der in sich geschlossenen Gegebenheiten verlieren. Diese metaphysische Paradoxie liegt deutlicher oder versteckter in den Fundamenten unseres Weltverhältnisses. Wir wissen, daß wir nicht aus unserer Haut herauskönnen und daß die Bilder der

Dinge, die unsere Aktivität gestaltet, von den individuellen Kräften innerhalb dieser Haut abhängen. Und dennoch überzeugen uns diese ganz gegensätzlichen Gebilde, insofern sie große Kunst oder tiefe Spekulation sind, daß sich in ihnen der Gegenstand seinem wahrsten Wesen nach darstellt, unbekümmert um den Widerspruch zwischen seiner Einheit und der Vielheit seiner individuellen Gestaltungen. Wir sind hier in einer Schicht, in der diese begrifflichen Widersprüche ihre destruktive Bedeutung verlieren. Und hier wirft das artistische Problem der Schauspielkunst seinen metaphysischen Reflex. Hier wo die Vieldeutigkeit, die der Geist an aller bloßen Natur findet, sogar von vornherein verschwunden ist und das schon vom Geist geprägte poetische Gebilde den Gegenstand der künstlerischen Formung ausmacht, – hier gerade ist die Divergenz der individuellen Darstellungen, deren jede »echt« ist, am weitesten und am legitimsten. Hier liegt das reinste Symbol dafür, daß das Schöpfertum, wenn es nur die *Relation* zu den Dingen, wie sie durch seine Individualität ideell präformiert ist, rein ausgestaltet, das Wesen dieser Dinge selbst rein und erschöpfend ausdrückt.

Dies führt noch einen Schritt weiter in die metaphysische Bedeutung der Kunst. Diese ganze Deutung der idealen schauspielerischen Aufgabe ruht auf der Verselbständigung der Schauspielkunst gegenüber den falsch laufenden Ansprüchen, die einerseits von der Wirklichkeit, der äußeren und der subjektiven, anderseits von dem Drama als Dichtwerk an sie gestellt werden. Es galt einzusehn, daß sie weder von der Natur in irgendeinem Sinn, noch von der Literatur ressortiert, sondern wie ihre Geschwister die autonome Kunstwendung eines ursprünglichen Verhaltens des menschlichen Lebens ist. Nur gleichsam die Verwirklichung, das konkrete Lebendigwerden dieser artistischen Selbständigkeit der Schauspielkunst als solcher war es, daß jeder einzelnen Rolle gegenüber die ideale Forderung sich als die Relation zwischen ihr und der Individualität des Schauspielers enthüllte. Und nun offenbart sich hier mit unerhört weiter Umfassung das Wunder der Kunst überhaupt. Die Schauspielkunst, aus eignem Lebenspol durchaus eigner Kunstnormen entwickelt, von ihrem Letzten her alle Untertänigkeit unter die Wirklichkeit, unter die Dichtung, unter das nackte Naturell ablehnend – erfüllt nun dennoch in ihrer Vollendung die Ansprüche, die von all diesen Seiten erhoben werden. Wie der Porträtist die Seele am tiefsten erlotet, wenn er ihre Erscheinung am reinsten nach den künstlerischen Gesetzen der Anschaulichkeit darstellt; wie der Dichter den Zauber von Klang und Rhythmus am stärksten in seine Verse bannt, wenn er nicht an ihr glitzerndes Spiel denkt, sondern unabgelenkt der Kunstwerdung der seelischen Bewegtheit nachgeht; so gehört dies überhaupt zu dem unbegreiflich Höchsten aller Kunst, daß sie Wertreihen, die im Leben gleichgültig, fremd oder feindlich auseinanderliegen, wie in selbstverständlicher Einheit zusammenführt und deshalb nur die eine rein und vollkommen zu verfolgen braucht, damit ihr auch die Erträge der anderen wie durch eine Gnade zufallen. Der Schauspieler, der Eigengesetzlichkeit seiner Kunst ganz rein und unabgelenkt gehorsam, alle Ansprüche der Natur wie der Poesie nach eben *dieser* Gesetzlichkeit formend, wird dennoch genau in dem Maße, in dem seine selbständige Kunstleistung vollkommen ist, auch jenen Ansprüchen genügen: gerade indem sie schauspielerisch vollendet ist, wird sie uns mit dem tiefsten Sinn auch des realen Weltlaufs, der schauspielerischen Persönlichkeit und des Dramas selbst erleuchten, und wie alle große Kunst uns damit eine Ahnung und ein Pfand geben, daß die Elemente des Lebens doch wohl in ihrem letzten Grunde nicht so heillos gleichgültig und beziehungslos nebeneinander liegen wie das Leben selbst es glauben machen will.

Auch hierüber führt vielleicht eine weitere Einstellung der Schauspielkunst in allgemein künstlerische und metaphysische Zusammenhänge noch hinaus. Es gilt in eine Tiefenschicht hinabzusteigen, von der aus allem bisher Erkannten noch eine letzte Bedeutung und Verwurzelung zuteil wird. Der Künstler fühlt eine Notwendigkeit, die jede Willkür eindämmt und jeden Zufall der Subjektivität ablehnt, und fühlt sie als das Gesetz der *Sache*, das Erfüllung fordert – wenn diese Sache auch nicht irgendwo steht und abgeschrieben zu werden verlangt, sondern auch dem Musiker und dem Lyriker als die innere Logik der Phantasie, als die von jedem launenhaften Belieben unabhängige Entwicklungsnotwendigkeit eines künstlerischen Motivs gegenübersteht. Von innen her entspricht dem das Gefühl der Nötigung des Getrieben- oder Gezogenwerdens, des unausweichlichen Müssens, das die Künstler so oft als die subjektive Färbung ihres Produzierens angeben. Nun aber ist das Merkwürdige, daß das künstlerische Schaffen nicht nur von diesem Gefühl, keine Wahl zu haben, einer Macht jenseits des Willens zu unterliegen, getragen wird, sondern zugleich von dem entgegengesetzten: einer Freiheit, so tief und unbedingt, wie sie in keiner anderen seelischen Aktivität lebt, eines souveränen Schaltens mit dem Stoff, demgegenüber jedes Material praktischer oder theoretischer Bewährung etwas Stumpfes, Widerstehendes, Unbewältigbares hat. Denn jene Bedeutung des Kunstwerks: die eigene Gesetzlichkeit seines Inhalts zu entwickeln, sich an der reinen Sachlichkeit seiner Idee zu messen – die jeder vollkommenen oder unvollkommenen Verwirklichung gegenüber gültig bleibt –, findet nun ihr Gegenstück darin, daß die Persönlichkeit des Künstlers, sein unverwechselbares Nureinmal-dasein – sich in seinem Werk so ausspricht, wie es menschlicher Wesenheit sonst in keiner Leistung beschieden ist. Man mache sich nur einmal klar, etwas wie Ungeheures dies ist: daß wenn wir irgendwo in der Welt einem bestimmten Stück Marmor begegnen, wir wissen: dieses ist von Michelangelo gestaltet, notwendig und absolut nur von diesem einzigen aus all den Milliarden Menschen, die sonst gelebt haben. Das Werk liegt der Individualität des Künstlers an wie eine Haut, *ihr* inneres nur für sie geltendes Gesetz gibt dem Werk die Form, nur dieser Mensch findet seinen notwendigen Ausdruck in dem Werk, dem kein anderer Wurzel oder Seele sein kann. Die Kunst löst mit ihren geheimnisvollen Mitteln die für fast alle Lebensgebiete widerspruchsvolle Aufgabe: mit *einer* Formgestaltung das Gesetz der Sache und das Gesetz der Person zu erfüllen, dem objektiven Sinne eines Gebildes treu und selbstlos nachzuschaffen und damit die eigenste Sprache dieses Schaffens zu sprechen, als wäre es ausschließlich das Erzeugnis seiner Natur und seiner Triebe.

Wenn so unter den Betätigungsweisen des Menschen die Kunst diejenige ist, in der aus der souveränsten Freiheit des Subjekts heraus die objektive Notwendigkeit und ideale Präformiertheit eines Inhalts verwirklicht wird, so ist dessen die Schauspielkunst das radikalste Beispiel. Wie sie sich darbietet, wirkt sie als spontane, aus dem Wesensgrund und Temperament des Leistenden hervorbrechende Äußerung, als das Sich-Auswirken eines unmittelbaren, durch sich selbst und die vorgeführten Schicksale bestimmten Lebens. Die Worte und Taten des Schauspielers auf der Bühne bieten sich so dar, als seien sie völlig spontan aus seinen Impulsen und der Situation heraus entsprungen. Er liest nicht vor, er deklamiert oder agiert nicht einen Inhalt so, daß dieser als »objektiver Geist« das eigentlich allein vorliegende ist, und das Aufsagen seiner nur eine Form wäre, die dem Schreiben, dem Druck oder dem Phonographen koordiniert ist. Dies vielmehr ist das »Spielen« der Marionette, die nicht als etwas für sich, außerhalb dem gegebnen Inhalt auftritt, sondern nur eine besondere Art von Buchstaben ist, mit dem dieser Inhalt sich hinschreibt, um sich andern zu vermitteln. Der Schauspieler aber agiert für den Zuschauer rein aus sich heraus, der Inhalt, den er darbietet, stammt für die Erscheinung nicht aus einem Buch oder aus dem Bewußtsein und der Produktivität eines anderen, sondern unmittelbar aus seiner Seele. Er bietet *sich* dar, das Tun und Leiden, das man an ihm sieht, ist das seiner Person, die damit scheinbar wie in der Realität des Lebens entfaltet. Dies kann sich dazu steigern, daß der Schauspieler durch die bloße Darbietung seines Seins Eindruck macht, gleichviel was er tut oder sagt; so der Komiker, bei dessen bloßem Auftreten schon das Publikum zu lachen beginnt. (Sicher findet dies aber auch bei andern Darstellern statt, nur daß dabei die Konstatierbarkeit nicht so unmittelbar ist wie durch das Lachen.)

Und nun ist das Wunder, daß dieses sich unmittelbar darbietende, spontan ausströmende und wirkende Leben an einem von anderswoher gegebenen und geformten Inhalt Ausdruck gewinnt, an Worten und Handlungen, deren Sinn und Zusammenhänge als eine fremde und feste Notwendigkeit von jenem persönlichen eigengesetzlichen Gefühl und Verhalten vorgefunden werden. –

Was für die gewöhnliche Vorstellungsweise das Rätsel des Schauspielers ist: wie jemand, der eine bestimmte, eigne Persönlichkeit ist, auf einmal zu einer ganz anderen, zu vielen anderen werden könnte – wird zu dem tieferen Problem: daß ein Tun, getragen von einer körperlich-seelischen Individualität, aus deren produktiver Genialität hervorbrechend und von ihr geformt, zugleich doch Wort für Wort, im ganzen wie im einzelnen, gegeben ist. – – – – – – – – – – – – – – – –

Alle Treue, mit der der Schauspieler der Gestalt des Dichters einerseits, der Wahrheit der gegebenen Welt anderseits folgt, ist nicht ein mechanistischer Abklatsch, sondern bedeutet, daß die schauspielerische Persönlichkeit, die *als solche* und nicht mit einer ideellen Beziehung auf geschriebene Dramen oder auf eine nachzuahmende Wirklichkeit geboren wird – dieses beides als organische Elemente in die Äußerungen *seines Lebens* verwebt. –

Je vollkommener der Schauspieler ist, desto unmittelbarer quillt seine Leistung in jedem Augenblick aus seinem Sein und seinem fiktiven Schicksal, und je vollkommener er ist, um so vollkommener deckt sie sich mit der präformierten Gestaltung durch den Dichter. –

Der Schauspieler taucht in den Wesensgrund hinab, aus dem heraus der Dichter die Persönlichkeit geschaffen und den er in den Worten und Taten ihrer Erscheinung auseinandergelegt hat. Ihm ist das Drama nicht fertig wie für den Leser und Zuschauer, sondern er löst es in die Elemente auf, aus denen er es dann neu, durch ihre dichterische Formung hindurch zu seinem Kunstwerk gestaltet. Wie der schöpferische Künstler überhaupt führt er die Gesamterscheinung irgendwie in sich in einen Kernpunkt zurück, ein rein Intensives, aus dem es sich nun wachsend und selbstgestaltend zu einer neuen Erscheinung auswächst. Ihm ist der darzustellende Mensch ein noch jenseits aller Äußerung liegendes Sein. Nachdem die vom Dichter in äußeren Aktionen hingestellte Persönlichkeit ihn selbst in den charakterologischen Einheitspunkt, in das anschauliche Seinszentrum, das hinter diesen Aktionen steht, hat hineinwerden oder sich verwandeln lassen, entwickelt er in den allmählich eintretenden Situationen die latenten Kräfte dieses Zentrums – wenn der paradoxe Ausdruck erlaubt ist: als wäre es ein glücklicher Zufall oder eine prästabilierte Harmonie, daß die Entwickelung gerade in den Worten und Aktionen erfolgt, wie der Dichter sie vorgeschrieben hat.

Die Freiheit des Schauspielers hat die Form, die man als die sittliche zu bezeichnen pflegt. Denn in diesem Sinn nennt man jemanden nicht frei, der jedem beliebigen Impuls und Willkür folgt, sondern dessen Wille in der Linie, die das Sollen von sich aus vorschreibt, verläuft. Im äußersten Maße muß der Schauspieler den Eindruck machen, daß er *will*, was er nach dem Imperativ der Rolle *soll*. Und zwar nicht so, wie wir auch im Sittlichen einem gleichsam fertigen, an uns von außen herantretenden Befehl gehorsam sind, sondern aus der Spontaneität der Seele heraus den Imperativ uns selbst auferlegend, in ihm, der einer rein ideellen Ordnung zugehört, in seiner Befolgung unser eigenstes unabgelenktes Wesen entwickelnd. – – – – –

In der Schauspielkunst rückt der Charakter des objektiven Inhalts oder erscheinenden Ergebnisses der Leistung am nächsten mit dem Charakter der Leistung als subjektivem Vornehmen zusammen. Die Darstellung eines leidenschaftlichen Menschen muß eine leidenschaftliche Darstellung sein, die eines melancholischen eine melancholische usf. Das liegt daran, daß in der Schauspielkunst der Leistende seiner Leistung nicht in derselben Distanz gegenübersteht wie in den anderen Künsten, daß seine Totalität undifferenzierbar in den Leistungsinhalt aufgeht. – – – Schauspielerisches Talent bedeutet eben: auf eine dichterische Figur mit der ganzen eignen Persönlichkeit zu reagie-

ren, nicht nur wie wir anderen mit Gefühl und Verstand. – – – –
In der reinen Betrachtung nehmen wir den ganzen Menschen wahr, in seiner noch nicht zerschnittenen Einheit. Ist diese in Körper und Seele auseinandergelegt, so wird sie von neuem gewonnen, indem die Praxis die Seele durch den Körper deutet, die Kunst aber den Körper durch die Seele. In der Schauspielkunst ist die Einheit die unmittelbarste. – – – – – – – – –
Alles was Produkt des Geistes ist, alles objektiv Abgeschlossene, alles was der weitergehende Prozeß des Lebens als sein Resultat aus sich herausgesetzt hat, hat dieser unmittelbar lebendigen schöpferischen Realität gegenüber etwas Starres, vorzeitig Fertiges. Das Leben hat sich damit in eine Sackgasse verlaufen und nur ein fragmentarisches, mit seiner innerlich endlosen Fülle gar nicht vergleichbares Zeugnis hinterlassen. Nun aber ist das Merkwürdige, daß dieses eigentlich armselige Stück, das gar keinen Platz für die ganze Fülle des subjektiven Lebens hat, doch anderseits das Vollkommene, Gerundete, vorbehaltlos Erfreuliche ist oder sein kann. Das Unabgeschlossene und Problematische des Lebens erlöst sich gerade an diesem Sichtbaren, Fertigen, Begrenzten. Das Leben und seine Ergebnisse sind wechselseitig mehr und weniger. Der Schauspieler vereint dies. – – – Unablösbarkeit des Werkes von der körperlich-seelischen Existenz des Schauspielers. Das Ergebnis des Lebens wird nur als Leben dieses Ergebnisses sichtbar. – – – –
Der schlechte Schauspieler spielt auf die »dankbaren« Momente hin, zwischen denen die wirkliche kontinuierliche Aktion gewissermaßen ausfällt, während der künstlerische diese zerstückelnden Pointierungen vermeidet und seine Darstellung in einer Stetigkeit hält, die eben in *jedem* Moment prinzipiell seine Ganzheit erblicken läßt. – – – – Wichtigste *innere* Erscheinung der Transzendenz des Lebens: Daß das Leben in jedem Augenblick das ganze Leben und dabei in jedem Augenblick ein anderes ist. Schauspielkunst! – – – – – – – – – – – – –
Die Schauspielkunst ist auf Schritt und Tritt ein Symbol der realen und der künstlerischen Begebenheiten und Verhältnisse. – – – –

Der Henkel

Moderne Theorien der Kunst betonen es mit Entschiedenheit als die eigentliche Aufgabe der Malerei und Plastik, die räumliche Gestaltung der Dinge zur Darstellung zu bringen. Darüber kann leicht verkannt werden, daß der Raum innerhalb des Gemäldes ein völlig anderes Gebilde ist als der reale, den wir erleben. Denn indem innerhalb dieses der Gegenstand getastet werden kann, im Bildwerk aber nur geschaut; indem jedes wirkliche Raumstück als Teil einer Unendlichkeit empfunden wird, der Bildraum aber als eine in sich abgeschlossene Welt; indem der reale Gegenstand in Wechselwirkungen mit allem steht, was um ihn herum flutet oder beharrt, der Inhalt des Kunstwerkes aber diese Fäden abgeschnitten hat und nur seine eigenen Elemente zu selbstgenugsamer Einheit verschmilzt – lebt das Kunstwerk ein Dasein jenseits der Realität. Aus den Anschauungen der Wirklichkeit, aus denen das Kunstwerk freilich seinen Inhalt bezieht, baut es ein souveränes Reich; und während die Leinwand und der Farbenauftrag auf ihr Stücke der Wirklichkeit sind, führt das Kunstwerk, das durch sie dargestellt wird, seine Existenz in einem ideellen Raum, der sich mit dem realen so wenig berührt, wie sich Töne mit Gerüchen berühren können.

Mit jedem Gerät, mit jeder Vase, insoweit sie als ästhetische Werte betrachtet werden, verhält es sich ebenso. Als ein Stück Metall, tastbar, wägbar, einbezogen in die Hantierungen und Zusammenhänge der Umwelt, ist die Vase ein Stück Wirklichkeit, während ihre Kunstform eine rein abgelöste, in sich ruhende Existenz führt, für die ihre materielle Wirklichkeit der bloße Träger ist. Allein indem das Gefäß nicht, wie das Bild oder die Statue, für eine inselhafte Unberührsamkeit gedacht ist, sondern einen Zweck erfüllen soll – wenn auch nur symbolisch –, da es in die Hand genommen und in die praktischen Lebensbewegungen hineingezogen wird – so steht es gleichzeitig in jenen zwei Welten: während das Wirklichkeitsmoment in dem reinen Kunstwerk völlig indifferent, sozusagen verzehrt ist, erhebt es Forderungsrechte an die Vase, mit der hantiert wird, die gefüllt und geleert, hin und her gereicht und gestellt wird. Diese Doppelstellung der Vase nun ist es, die sich in ihrem Henkel am entschiedensten ausspricht. Er ist das Glied, an dem sie ergriffen, gehoben, gekippt wird, mit ihm ragt sie anschaulich in die Welt der Wirklichkeit, das heißt der Beziehungen zu allem Außerhalb hinein, die für das Kunstwerk als solches nicht existieren. Nun soll doch aber nicht nur der Körper der Vase zugleich den Ansprüchen der Kunst gehorchen, und die Henkel wären bloße, gegen ihren ästhetischen Formwert gleichgültige Griffe, wie die Ösen des Bilderrahmens. Sondern diese Henkel, die die Vase dem Dasein jenseits der Kunst verknüpfen, sind zugleich in die Kunstform einbezogen, sie müssen, ganz gleichgültig gegen ihren praktischen Zwecksinn, rein als Gestaltung und dadurch, daß sie mit dem Vasenkörper *eine* ästhetische Anschauung bilden, gerechtfertigt sein. Durch diese zweifache Bedeutung und ihr charakteristisch deutliches Hervortreten wird der Henkel zu einem der nachdenklichsten ästhetischen Probleme.

Wie die Gestalt des Henkels die beiden Welten in sich zur Harmonie bringt: die äußere, deren Anspruch mit ihm an das Gefäß herangreift, und die Kunstform, die ihn, ohne Rücksicht auf jene, für sich fordert – das scheint das unbewußte Kriterium seiner ästhetischen Wirkung zu sein. Und zwar muß der Henkel die praktische Funktion nicht nur tatsächlich üben können, sondern er muß dies auch durch seine Erscheinung eindringlich machen. Dies geschieht mit Nachdruck in den Fällen, wo der Henkel angelötet wirkt, im Gegensatz zu denen, wo er mit der Substanz des Vasenkörpers aus einem Fluß gebildet erscheint. Die erstere Gestaltung markiert, daß der Henkel von äußeren Mächten, aus einer äußeren Ordnung der Dinge herangesetzt ist, sie läßt seine aus der reinen Kunstform herausreichende Bedeutung hervortreten. Solches Intervall zwischen Vase und Henkel pointiert sich stärker in der häufigen Form:

daß der Henkel als Schlange, Eidechse, Drache gestaltet ist. Dies deutet jene Sonderbedeutung des Henkels dadurch an, daß das Tier von außen an die Vase herangekrochen und sozusagen erst nachträglich in die Gesamtform eingeschlossen scheint. Durch die ästhetisch-anschauliche Einheit von Vase und Henkel hindurch wirkt hier noch die Zugehörigkeit des Henkels zu einer ganz andern Ordnung, aus der er entsprang, und die mit ihm die Vase für sich reklamiert. In vollkommenem Gegensatz hierzu und in stärkster Betonung der Einheitstendenz scheinen manche Vasen Vollformen gewesen zu sein, deren Materie ununterbrochen bis zu ihrer Peripherie reichte und aus denen erst nachträglich so viel weggenommen wurde, daß die Henkel stehenblieben; so am vollendetsten bei manchen chinesischen Schalen, deren Henkel aus dem kalten Metall herausgeschnitten sind. In mehr organischer Weise indes akzentuiert sich das Einbezogensein in die ästhetische Einheit, sobald der Henkel aus dem Vasenkörper in ununterbrochenem Übergang und von den Mächten, die diesen Körper selbst bildeten, herausgetrieben scheint – wie die Arme des Menschen, die in demselben einheitlichen Organisierungsprozeß wie sein Rumpf erwachsen sind und gleichfalls die Beziehung des ganzen Wesens zu der Welt außerhalb seiner vermitteln.
Manchmal werden flache Schalen so gebildet, daß sie mit ihrem Henkel wirken wie ein Blatt mit seinem Stiel; sehr schöne dieser Art sind aus der alten mittelamerikanischen Kultur erhalten. Die Einheit des organischen Wachstums verbindet hier fühlbar die beiden Teile. Man hat das Werkzeug schlechthin als die Verlängerung der Hand oder der menschlichen Organe überhaupt charakterisiert. In der Tat: wie für die Seele die Hand ein Werkzeug ist, so ist ihr auch das Werkzeug eine Hand. Daß aber der Werkzeugcharakter Seele und Hand auseinanderschiebt, verhindert nicht die innige Einheit, mit der der Lebensprozeß sie durchströmt; daß sie außereinander und ineinander sind, das eben macht das unzerlegbare Geheimnis des Lebens aus. Dies aber greift über den unmittelbaren Umfang des Leibes hinaus und bezieht das »Werkzeug« in sich ein;

oder vielmehr, Werkzeug wird die fremde Substanz, indem die Seele sie in ihr Leben, in den Umkreis, den ihre Impulse erfüllen, hineinzieht. Der Unterschied von Außerhalb und Innerhalb der Seele, wie er für den Leib zugleich wichtig und nichtig ist, wird noch für die Dinge jenseits des Leibes durch das große Motiv des Werkzeugs in der Strömung des übergreifenden, einheitlichen Lebens in *einem* Akte bewahrt und aufgelöst. Die flache Schale ist nichts als die Verlängerung oder Steigerung der schöpfenden, tragenden Hand. Indem sie aber nun nicht einfach in die Hand genommen, sondern am Henkel gefaßt wird, entsteht eine vermittelnde Brücke, eine schmiegsame Verbindung zu ihr, die wie mit anschaulicher Kontinuität den seelischen Impuls in sie, in die Handhabung mit ihr überleitet und sie nun in der Rückströmung dieser Kraft wieder in den Lebensumfang der Seele einbezieht. Durch kein vollkommeneres Symbol kann dies getragen werden, als wenn die Schale sich aus ihrem Henkel entwickelt, wie das Blatt aus seinem Stiel – als benutzte der Mensch hier die Kanäle des natürlichen Säfteflusses zwischen Stiel und Blatt, um seinen eignen Impuls in das Außending einzuströmen und es damit seiner eignen Lebensreihe einzugliedern.

Der Eindruck schließt aber sogleich ein Mißfallen ein, sobald eine der beiden Sinngebungen des Henkels in der Erscheinung völlig zugunsten der andern vernachlässigt ist. So z. B. sehr oft, wenn die Henkel nur eine Art Reliefornament bilden, an den Körper der Vase ohne irgendwelchen Zwischenraum anschließen. Indem der Zweck des Henkels: das Anfassen und Hantieren der Vase, durch diese Form ausgeschlossen ist, entsteht ein peinliches Gefühl von Sinnwidrigkeit und Gefangenheit, wie wenn einem Menschen die Arme an den Leib gebunden wären; und nur selten kann die dekorative Schönheit der Erscheinung dafür entschädigen, daß hier die innere Einheitstendenz der Vase ihre Beziehung zu der äußeren Welt verschlungen hat. – Wie also die ästhetische Form nicht so eigenwillig werden darf, um für die Anschauung die Zweckmäßigkeit des Henkels zu dementieren (selbst wenn diese, für die

Ziervase, praktisch gar nicht in Frage kommt) – so entsteht ein widerwärtiges Bild, sobald die Zweckmäßigkeit nach so verschiedenen Seiten hin wirkt, daß sie die Einheit des Eindrucks zerreißt. Es gibt griechische Gefäße, die drei Henkel haben: zwei am Körper der Vase, um sie mit beiden Händen zu fassen und nach der einen oder der andern Seite zu beugen, und einen am Hals, mit Hilfe dessen sie nur nach der einen Seite gekippt werden kann. Den entschieden häßlichen Eindruck dieser Stücke bewirkt weder eine unmittelbare Sünde gegen die Anschaulichkeit noch eine gegen die Praxis; denn warum sollte ein Gefäß nicht nach mehreren Seiten gekippt werden? Er geht vielmehr, wie mir scheint, darauf zurück, daß die in diesem System angelegten Bewegungen nur *nacheinander* stattfinden können, während die Henkel sich *gleichzeitig* darbieten; dadurch entstehen völlig konfuse und widerspruchsvolle Bewegungsgefühle; denn obgleich die Forderungen der Anschaulichkeit und die der Praxis sich hier sozusagen nicht primär widersprechen, so wird doch mittelbar die Einheit der Anschauung zerrissen: diese bietet die Henkel, die gleichsam potentielle Bewegungen sind, in einem Zugleich dar, das deren praktische Aktualisierung dementieren muß.

Und dies leitet zu dem anderen ästhetischen Fehler des Henkels: seiner übertriebenen *Abtrennung* von der Eindruckseinheit der Vase – der zu seiner Einsicht eines Umwegs bedarf. Die äußerste Fremdheit des Henkels gegen das Gefäß als Ganzes, seine äußerste Designiertheit zum praktischen Zweck liegt vor, wo er überhaupt nicht mit dem Gefäßkörper starr verbunden, sondern umlegbar ist; in der Sprache des Materials wird dies oft dadurch betont, daß der Henkel von anderem Stoff ist als das Gefäß. Dies ergibt vielfältig kombinierte Erscheinungen. Bei manchen griechischen Vasen und Schalen hat der Henkel, an dem Gefäßkörper starr befestigt und aus gleichem Stoff, das Wesen eines breiten Bandes. Wenn ihm dabei eine volle Formeinheit mit dem Gefäß erhalten bleibt, so kann das sehr glücklich sein. Das Material eines Bandes, mit seiner vom Stoffe des Vasenkörpers ganz abweichenden Schwere,

Konsistenz, Biegsamkeit, wird hiermit symbolisiert und deutet durch diese anklingenden Verschiedenheiten hinreichend die Zugehörigkeit des Henkels zu einer andern Provinz des Daseins an, während er durch seine reale Stoffgleichheit mit jenem doch den ästhetischen Zusammenhang des Ganzen erhält. Allein das feine und labile Gleichgewicht zwischen den beiden Forderungen an den Henkel verschiebt sich auf das Ungünstigste, wenn der feste Henkel zwar tatsächlich aus demselben Stoff ist wie der Vasenkörper, aber einen andern Stoff naturalistisch nachahmt, um durch diese andere Erscheinung seinen besonderen Sinn zu markieren. Gerade bei den Japanern, die sonst die größten Meister des Henkels sind, findet sich dieses ganz Widrige: feststehende, über dem Durchmesser der Vase sich wölbende Porzellanhenkel, die genau die strohgeflochtenen, umlegbaren Henkel von Teekannen imitieren. Wie sehr sich mit dem Henkel eine dem selbständigen Sinn der Vase fremde Welt aufdrängt, wird hier aufs äußerste anschaulich, wo der Sonderzweck des Henkels das Material der Vase eine ihm ganz unnatürliche und maskenhafte Oberfläche hergeben läßt. Wie der mit dem Vasenkörper abstandslos verwachsene Henkel seine Zugehörigkeit zu jenem einseitig auf Kosten seiner Zweckverwertung übertreibt, so fällt die letztere Gestaltung in das entgegengesetzte Extrem: der Henkel kann die Distanz gegen alles übrige an der Vase nicht rücksichtsloser betonen, als indem er den Stoff dieses übrigen aufnimmt und gerade ihm das Aussehen eines ganz heterogenen, der Vase nur wie von außen angehängten Reifens aufzwingt.

Das Prinzip des Henkels: der Vermittler des Kunstwerkes zur Welt hin zu sein, der doch selbst in die Kunstform völlig einbezogen ist – bestätigt sich schließlich daran, daß sein Gegenstück, die Ausgußöffnung oder -ausbiegung des Gefäßes, von eben demselben ressortiert. Mit dem Henkel reicht die Welt an das Gefäß heran, mit dem Ausguß reicht das Gefäß in die Welt hinaus. Damit erst wird die Einordnung des Gefäßes in die menschliche Teleologie vollkommen, indem es deren Strömung am Henkel aufnimmt und mit seiner Öffnung wieder an sie abgibt. Eben darum, weil die Öffnung von dem Gefäß selbst ausgeht, ist es leichter, ihre Form organisch mit ihm zu verbinden (der Ausdruck Schnabel oder Schnauze, für den der Henkel gar kein Pendant bietet, deutet schon diese organische Gliedfunktion an), und es kommen an ihr deshalb so unnatürliche und sinnwidrige Ausartungen wie beim Henkel kaum vor. Daß Henkel und Schnabel einander anschaulich als Endpunkte des Gefäßdurchmessers korrespondieren und ein gewisses Gleichgewicht halten müssen, entspricht den Rollen, mit denen sie, das Gefäß in sich zwar begrenzend, es doch der praktischen Welt verbinden: der eine zentripetal, der andre zentrifugal. Es ist wie das Verhältnis des Menschen als Seele zu dem ihm äußeren Sein: durch die sinnliche Empfindlichkeit reicht die Körperlichkeit an die Seele hinan, durch die willensmäßigen Innervationen reicht die Seele in die Körperwelt hinaus – beides der Seele und der Geschlossenheit ihres Bewußtseins zugehörig, das das Andre der Körperlichkeit ist und nun dennoch durch jenes beides ihr verflochten ist. –

Es ist von prinzipiellstem Interesse, daß die rein formalen *ästhetischen* Anforderungen an den Henkel dann erfüllt sind, wenn seine symbolischen Bedeutungen: der geschlossenen Einheit der Vase zuzugehören und zugleich der Angriffspunkt einer, dieser Form ganz äußerlichen Teleologie zu sein – zu Harmonie oder Gleichgewicht gekommen sind. Dies fällt nicht etwa unter das wunderliche Dogma, daß die Nützlichkeit über die Schönheit entscheide. Denn es handelt sich gerade darum, daß die Nützlichkeit und die Schönheit als zwei einander *fremde* Forderungen an den Henkel herantreten – jene von der Welt, diese von dem Formganzen der Vase her – und daß nun gleichsam eine Schönheit höherer Ordnung beide übergreift und ihren Dualismus in letzter Instanz als eine nicht weiter beschreibliche Einheit offenbart. Durch die Spannweite seiner beiden Zugehörigkeiten wird der Henkel zu einem höchst bezeichnenden Hinweis auf diese, von der Kunstlehre noch kaum berührte höhere Schönheit, für die alle Schönheit im engeren Sinne nur ein Element ist; diese wird von jener sozusagen überästhetischen Schönheit mit den gesamten Forderungen von Idee und Leben zu einer neuen synthetischen Form zusammengefaßt. Solche Schönheit oberster Instanz ist wohl das Entscheidende für alle wirklich großen Kunstwerke, und ihre Anerkennung scheidet uns am weitesten von allem Ästhetentum.

Neben diesem Ausblick aber lohnte vielleicht ein zweiter, an ein so unscheinbares Phänomen eine so umfängliche Deutung zu setzen: die *Weite* der symbolischen Beziehungen, die sich gerade an ihrer Geltung auch für das an und für sich Unbedeutende offenbart. Denn es handelt sich um nichts Geringeres, als um die große, menschliche und ideale Synthese und Antithese: daß ein Wesen ganz und gar der Einheit eines umfassenden Gebietes angehört und zugleich von einer ganz anderen Ordnung der Dinge beansprucht wird – indem diese letztere ihm eine Zweckmäßigkeit auferlegt, von der seine Form bestimmt wird, ohne daß diese Form darum weniger jenem ersten Zusammenhange – als ob der zweite gar nicht bestünde – eingeordnet bleibt. Außerordentlich viele Kreise – politische, berufliche, soziale, familiäre –, in denen wir stehen, werden von weiteren so umgeben, wie das praktische Milieu das Gefäß umgibt, derart nämlich, daß das Individuum, einem engeren und geschlossenen angehörig, eben damit in den weiteren hineinragt und von diesem jeweils benutzt wird, wenn er mit jenem engeren Kreise gleichsam zu hantieren und ihn in seine umfassendere Teleologie einzubeziehen hat. Und wie der Henkel über seine Bereitheit zu der praktischen Aufgabe nicht die Formeinheit der Vase durchbrechen darf, so fordert die Lebenskunst vom Individuum, seine Rolle in der organischen Geschlossenheit des einen Kreises zu bewahren, indem es zugleich den Zwecken jener weiteren Einheit dienstbar wird und durch solche Dienstbarkeit den engeren Kreis in den umgebenden einordnen hilft.

Nicht anders ist es mit unseren einzelnen Interessenprovinzen. Wo wir erkennen oder sittlichen Forderungen unterstehen oder objektiv normierte Gebilde schaffen, ragen wir mit diesen Teilen oder Kräften unser selbst in ideale Ordnungen hinein, die wie von einer inneren Logik, einem überpersönlichen Entwicklungsdrange getrieben werden und jeweils unsre Gesamtenergie an jenen einzelnen Gliedern ergreifen und in sich einstellen. Und nun kommt alles darauf an, daß wir die Geschlossenheit unseres in *uns* zentrierenden Seins nicht zerstören lassen, daß jedes einzelne Können und Tun und Sollen in dem Umkreis dieses Seins dem Gesetze von dessen Einheit verhaftet bleibe, während es zugleich jenem ideellen Außerhalb angehört und uns zu Durchgangspunkten für *dessen* Teleologie macht. Vielleicht formuliert dies den Lebensreichtum der Menschen und der Dinge; denn dieser ruht doch in der *Vielfachheit* ihres Zueinandergehörens, in der *Gleichzeitigkeit* des Drinnen und Draußen, in der Bindung und Verschmelzung nach der einen Seite, die doch zugleich Lösung ist, weil ihr die Bindung und Verschmelzung nach einer anderen Seite gegenübersteht.

Das ist ein Wunderbarstes in der Weltauffassung, Weltgestaltung im Menschen, daß ein Element die Selbstgenugsamkeit eines organischen Zusammenhanges mitlebt, als ginge es ganz in ihm auf – und zugleich die Brücke sein kann, über die ein ganz anderes Leben in jenes erste einfließt, die Handhabe, an der die Ganzheit des einen die Ganzheit des andern erfaßt, ohne daß darum eine von ihnen zerrissen wird. Und daß diese Kategorie, die in dem Henkel der Vase vielleicht ihr äußerlichstes, aber eben deshalb ihre Spannweite am meisten offenbarendes Symbol findet – daß sie unser Leben mit einer solchen Vielheit des Lebens und Mitlebens beschenkt, ist wohl die Spiegelung des Schicksals unserer Seele, die ihre Heimat in zwei Welten hat. Denn auch sie vollendet sich erst in dem Maße, in dem sie ganz in die Harmonie der einen als notwendiges Glied hineingehört und nicht trotz, sondern gerade mittels der Form, die diese Zugehörigkeit ihr auferlegt, in die Verflechtungen und den Sinn der andern hineinreicht; als wäre sie der Arm, den die eine Welt ausstreckt – mag es die reale, mag es die ideale sein – um die andere zu ergreifen und an sich zu schließen und sich von ihr ergreifen und an sich schließen zu lassen.

Bruchstücke aus einer Philosophie der Kunst

I Die Individualität und der ideelle Zuschauer

Der Mensch der griechischen Statue hat den Stolz seiner Schönheit und das Bewußtsein, diese Schönheit dem Beschauer gegenüber zu repräsentieren. Dieser ideelle Zuschauer ist ein ausschlaggebendes Moment des ganzen klassischen Stiles. Man vergleiche etwa eine italienische Grablegung mit einer Rembrandtschen. In der letzteren ist zwar jede Erscheinung ganz individuell, und man wüßte kein Formgesetz zu nennen, das gleichmäßig über allen stünde. Ihre Einheit aber liegt darin, daß eine jede ganz und gar in dem Aktus und der ihm zukommenden Empfindung aufgeht, mit ihrem ganz unvergleichlichen Aussehen will doch keine als etwas für sich Seiendes dastehen. Bei den Italienern dagegen teilt zwar jede mit jeder den formalen Typus, aber dessen besonderes Wesen ist, daß jede für sich schön sein soll. Das Sich-Verlieren an den Vorgang wie an das über das bloße Sein hinausgehende Gefühl findet hier seine Schranke an der ästhetischen Selbstgenugsamkeit und Betontheit des Individuums, die von ihm sozusagen nie vergessen wird und die ideell immer von dem, was es fühlt und worin es sich einordnet, gesondert bleibt.
Jeder Teilnehmer zum Beispiel auf der Raffaelschen Grablegung ist nicht nur für den Vorgang da, sondern auch, von sich aus, für den Beschauer; damit aber stellt er sich diesem zugleich gegenüber, als jemand, dessen Betrachtung sich auch lohnen soll, der Anerkennung fordert, der auf sich hält: das Gegenübersein und das Für-sich-Sein gehören zusammen. Rembrandts Menschen dagegen denken niemals an den Zuschauer und eben deshalb nicht an sich selbst. Die Proportion von Selbstbehauptung und Selbstaufgabe, die jedes menschliche Dasein irgendwie bestimmt, steht bei ihnen zwischen der untypischen Individualität und der Hingabe an das Geschehen

und seine inneren Reaktionen, während in dem italienischen Werk die gleichen Elemente in der stilgleichen, allgemein gesetzlichen, den Beschauer voraussetzenden Formung einerseits und dem stolzen, repräsentativen Aufsichhalten und Sich-Zurückhalten des Einzelnen bestehen. Nur freilich ist die letztere Ausgestaltung jener Grundproportion mit einer gewissen Würde und Vornehmheit ausgestattet, die den Rembrandtschen Menschen abgeht. Nicht als ob sie das Gegenteil dieser Eigenschaften in irgendeinem positiven Sinne zeigten; sie werden nur überhaupt von der ganzen Polarität von Vornehmheit und Unvornehmheit nicht berührt. Denn diese, so wie sie für die Renaissancefiguren in Frage kommen, hängen durchaus von der realen oder ideellen Gegenwart eines Gegenüberstehenden ab, oder vielmehr, diese Vornehmheit besteht selbst, obgleich ein personales Verhalten, in einer eigentümlichen Mischung von Reserve und Repräsentation dem Beschauer gegenüber, von stolzem Sich-Abheben und gleichzeitigem Von-ihm-gesehen-, Von-ihm-anerkanntwerden-Müssen.

Eine ganz andere Bedeutung wieder hat der an den Porträts von Franz Hals bemerkte Zug, daß der Dargestellte fast überall zu einem nicht dargestellten Dritten in Beziehung stehe. Denn dieser Dritte steht durchaus im ideellen Raume des Bildes selbst, weshalb man denn auch die besondere Begabung des Hals für Gruppenporträts gerade mit diesem Zuge in Verbindung gebracht hat – als würde in diesen eben nur das sonst unsichtbare Korrelat des Einzelnen sichtbar gemacht. Der ideelle Zuschauer in der klassisch-romanischen Kunst ist zwar auch nicht etwa das lebendig davorstehende Individuum (denn dieses hineinzuziehen, was immer eine Art Koketterie mit ihm bedeutet, ist einer der rohesten, unkünstlerischen Effekte), sondern steht wieder in einer ganz eigenen transzendentalen Schicht: er ist weder ein Einzelner innerhalb des Kunstwerkes wie bei Hals, noch ein Einzelner außerhalb des Kunstwerkes wie im letzteren Falle, sondern ein schlechthin Allgemeines, jener »Idee« des Dargestellten zugehörig, von der sowohl seine empirische Wirklichkeit wie seine künstlerische Darstellung einzelne Ausformungen sind. Dieser ideelle Zuschauer ist überhaupt nicht als ein bestimmtes Wesen zu denken, sondern als ein Hilfsbegriff, um die Qualität und Haltung der Gestaltung auszudrücken.

II Die Bewegung in der bildenden Kunst

Wir sprechen von »bewegten Gestalten« in der bildenden Kunst. Allein, was bewegt sich denn überhaupt im Bilde? Da sich die gemalte Figur selbst doch nicht bewegt wie im Kinematographen, so kann es natürlich nur heißen, daß die Phantasie des Beschauers angeregt wird, sich die Bewegung zu und von dem dargestellten Moment zu ergänzen. Aber gerade gegen dieses scheinbar Selbstverständliche habe ich Bedenken. Prüfe ich mich genau, was mir denn innerlich beim Anblick des fliegenden Gottschöpfers in der Sixtina oder der zusammensinkenden Maria auf Grünewalds Kreuzigung bewußt wird, so finde ich nicht das geringste von Stadien vor und nach dem dargestellten Moment. Dies wäre auch ganz unmöglich, denn wie eine Gestalt von Michelangelo in einer andern als der von ihm selbst gezeigten Attitude aussehen würde, kann der Beschauer S nicht konstruieren. Es wäre dann ein S'sche Gestalt, aber nicht mehr eine Michelangeleske, es wäre also gar nicht ein Bewegungsmoment eben der Gestalt, um die es sich handelt. Vielmehr, in einer Art, die sich von der Wahrnehmung einer realen Bewegung wohl nur nach Intensität und Komprimiertheit unterscheidet, ist die malerische Geste unmittelbar mit Bewegtheit geladen. Es ist ihr, so paradox es klingt, immanent und nicht erst durch ein Vorher und Nachher ihr supponiert, daß sie eine Bewegungsgeste ist: Bewegtheit ist eine *Qualität* gewisser Anschauungen.
Mag also Bewegung ihrem logisch-physischen Sinne nach eine Ausdehnung in der Zeit beanspruchen, mag andererseits unser Anschauen, gleichfalls nach seinem logischen Sinne, der sich

freilich gleich als irrealer zeigen wird, sich gerade in jeweils unausgedehnten Momenten vollziehen – so würde sich auch dieser Widerspruch lösen, wenn die Bewegtheit auch dem Momentbild des Objekts einwohnen kann, wie Farbe, Ausdehnung und wie überhaupt seine Eigenschaften; nur daß *diese* Eigenschaft nicht so unmittelbar an der Oberfläche liegt wie andere, nicht so sinnlich-einfach greifbar und aufzeigbar ist. Der Künstler aber bringt sie auf ihren Höhepunkt, indem er sie an ein tatsächlich unbewegtes, starr einmaliges Bild zu binden weiß. Und erst wenn wir uns klarmachen, daß wir auch der Wirklichkeit gegenüber nicht die von der Momentphotographie festgehaltene Attitude »sehen«, sondern Bewegung als Kontinuität, was dadurch ermöglicht ist, daß unser subjektives Leben selbst eine Lebenskontinuität ist und nicht ein Kompositum aus einzelnen Momenten, das ja überhaupt kein Prozeß und keine Aktivität wäre – so begreifen wir, daß das Kunstwerk viel mehr »Wahrheit« darbieten kann als die Momentphotographie. Wir brauchen in diesem Falle gar nicht an die sogenannte »höhere Wahrheit« zu appellieren, die das Kunstwerk gegenüber der mechanischen Reproduktion beanspruche; ganz unmittelbar vielmehr und in ganz realistischem Sinne ist das Bild, dessen Eindruck durch irgendwelche Mittel eine kontinuierliche Bewegung in sich gesammelt hat, der Wirklichkeit (die hier doch nur die bewußte Wahrnehmung der Wirklichkeit bedeutet) näher als die Momentphotographie.

Auch wird durch dieses Gesammeltsein in einem Anschauungspunkt die Bewegung überhaupt erst zu einem ästhetischen Wert. Bedeutete sie innerhalb des Kunstwerks wirklich nichts anderes, als daß zu dem dargestellten Moment noch ein oder mehrere vorhergehende und nachfolgende durch Assoziation und Phantasie hinzutreten, so sehe ich nicht, welchen ästhetisch qualitativen Wert dieses bloße Mehr an Momenten zubringen sollte.

Meines Erachtens verhält es sich hiermit ebensowie mit der Bedeutung der dritten Dimension in der Malerei, deren Fühlbarmachung an dem dargestellten Körper als künstlerischer Wert gilt. Die dritte Dimension als Wirklichkeit ist schlechthin nur das Tastbare: empfänden wir nicht bei der Berührung der Körper einen Widerstand, so hätten wir eine nur zweidimensionale Welt. Die dritte Dimension wohnt in der Welt eines anderen Sinnes als die farbige Fläche des Bildes. Wird nun durch allerhand psychologisch wirksame Mittel zu dieser die dritte Dimension assoziativ hinzuentlehnt, so ist dies eine bloß numerische Vermehrung über das schon vorhandene Quantum von Dimensionen hinaus, ein Anhängsel an das Gegebene, das nur in der seelischen Reproduktion des Beschauers entsteht und an dem ich einen Wert als künstlerisches, von dem schöpferischen Geist selbst geformtes Element nicht erkennen kann. Soll die Fühlbarkeit der dritten Dimension einen solchen haben, so muß sie eine immanente Qualität des unmittelbar sichtbaren Kunstwerks selbst sein. In einer Umsetzung, deren Wege noch nicht beschreiblich sind, wird die Tastbarkeit, in der die dritte Dimension als Realität allein besteht, zu einer neuen *qualitativen Note des rein optischen Bildes,* auf das der Leistungsbezirk des Malers ja doch beschränkt ist; durch die bloße, irgendwie erreichte Assoziation der dritten Dimension – bei der diese immer noch ihre *Realitäts*bedeutung behielte – wird dieses Bild, als künstlerisches, gar nicht bereichert, sondern es erhielt nur ein Darlehen aus einer anderen Schicht, das sich ihm organisch, in seiner eigenen, nicht verbinden kann. Im Gegensatz zu den Täuschungskunststücken des Panoramas ist, was wir die Dreidimensionalität der Körper im malerischen Kunstwerk nennen, eine jetzt dem *Augen*eindruck zugekommene Bestimmtheit, eine Bereicherung und Deutung, Intensivierung und Reizerhöhtheit des Anschaulichen als solchen[1].

Das zu diesem in Hinsicht des Raumes »Hinzugefügte« verhält sich also genau so wie das in Hinsicht der Zeit. Was sich assoziativ, von außerhalb des unmittelbar Angeschauten her

1 Vgl. Verf., Über die dritte Dimension in der Kunst, in: Zeitschrift für Aesthetik und allgemeine Kunstwissenschaft, 1906.

diesem anzugliedern scheint: die Bewegungsstadien vorher und nachher, ebenso wie die dritte Dimension hinter der Fläche, enthüllen sich als eine besondere Qualifizierung dessen, worin das Kunstwerk wirklich besteht, des in Zeit und Raum sich rein in sich abschließenden Anschaulichen. Solche Qualifizierung des unmittelbar Sichtbaren bringt, wie gesagt, der Künstler zu ihrer größten Höhe und Reinheit. Sie ist, obgleich zeitlos eindrucksmäßig, nur mit Zeitbegriffen zu bezeichnen; wir empfinden den Augenblick der Bewegung als den Erfolg der Vergangenheit und die Potentialität des Zukünftigen; eine gleichsam an einem inneren Punkt gesammelte Kraft setzt sich in die Bewegung um. Je reiner und stärker die Bewegung erfaßt ist, desto weniger bedarf es für den Beschauer der intellektuellen und phantasiemäßigen Assoziationen, sondern diese Bestimmtheit liegt unmittelbar innerhalb der Anschauung, nicht außerhalb ihrer.

III Individualisierung und Detaillierung

Das Problem der Individualisierung und das der Deutlichkeit der Darstellung verschlingt sich an einem Punkte, von dem aus ein Widerspruch gegen hergebrachte Vorstellungsweisen aufsteigt. Man ist im ganzen gewöhnt, für Darstellungen jeder Art das Zusammengehen von Detaillierung und Individualisierung anzunehmen. In dem Maß, in dem über die Genauigkeit im einzelnen hinweggegangen wird und die Darstellung, statt sich in das letzterreichbare Detail zu versenken, sich an den Gesamteindruck hält, an die Zusammenfassung zum Großen und Ganzen – in eben diesem Maße scheint sie sich nicht auf die Individualisiertheit des Objekts, sondern auf ein Allgemeines, mit andern Geteiltes zu richten. Nach der herkömmlichen Struktur unserer Begriffe enthält der sogenannte »allgemeine Eindruck« einer Erscheinung dasjenige, was ihr mit andern gemeinsam ist und was erst durch Hinzufügung spezieller und immer speziellerer Bestimmungen die Individualität der Erscheinung bis zur Einzigkeit und Unverwechselbarkeit hin vortreten läßt.

Aber eine andere Einstellung scheint mir sehr wohl möglich, die die unbefangene In-eins-Setzung von Detailliertheit und Individualisiertheit aufhebt. In sehr vielen Erscheinungen mindestens ist gerade das Spezielle, Minutiösere, die große allgemeine Überschau in das Detail der unmittelbaren Wirklichkeit Überführende – gerade dies ist das Allgemeine, einer großen Zahl von Erscheinungen Gemeinsame; gerade nur indem man über dies alles zugunsten der nicht in Einzelheiten zerlegten Einheit der Erscheinung wegsieht, erfaßt man deren individuellste Wesenheit und Einzigkeit.

Die monographische Darstellung großer geistiger Persönlichkeiten bietet, mit einer gewissen Verschiebung, eine Analogie. Was man als das »Persönliche« an ihnen zu bezeichnen pflegt: die Umstände des äußeren Lebens, die soziale Stellung, Verheiratetheit oder Ehelosigkeit, Reichtum oder Armut – gerade das ist das Nicht-Persönliche am Menschen; gerade diese Differenzierungen des Persönlichkeitsganzen teilt er ja mit unzähligen anderen. Das Geistige dagegen, seine objektive Leistung, das über alle diese Vereinzelungen Hinweggehende, bezeichnet man zwar nicht als ein logisch Allgemeines, aber immerhin ist es insofern ein Allgemeines, als Unzählige daran teilhaben können, als es sich in den Besitz des Menschheitsganzen einstellt. Gerade dies indes muß man als das eigentlich Persönliche ansehen.

Das für die Menschheit oder die Kultur Allgemeinste ist für den Schöpfer sein Persönlichstes, gerade dies markiert die Einzigkeit dieser Individualität: die unvergleichliche Individualität Schopenhauers liegt doch nicht in seinen »persönlichen« Verhältnissen: daß er in Danzig geboren wurde, ein unliebenswürdiger Junggeselle war, mit seiner Familie zerfiel und in Frankfurt starb; denn jeder dieser Züge ist nur typisch. Seine Individualität, das Persönlich-Einzige an Schopenhauer ist vielmehr »die Welt als Wille und Vorstellung« – sein geistiges Sein und Tun, das gerade als um so individueller hervortritt, je mehr man nicht nur von jenen Spezialbestimmungen seiner Erscheinung, sondern auch innerhalb der geistigen Ebene von dem Detail der Leistung absieht. Gerade Einzelheiten und Besonderheiten mögen hier und da an andere Schöpfer erinnern, ihr Allgemeinstes, einheitlich Durchgehendes, ist schlechthin mit Schopenhauer und nur mit ihm synonym.

Und so wird es wohl allenthalben sein: was als der allgemeinste, alles Detail übergreifende Eindruck einer Persönlichkeit an uns gelangt, ist ihre eigentliche Individualität; je mehr wir in ihre Details eingehen, umso mehr kommen wir auf Züge, die wir auch an andern treffen; vielleicht nicht durchgehend, aber in weiter Erstreckung schließen Detaillierung und Individualisierung sich gegenseitig aus.

Wenn diese Begriffsdifferenzierung befremdend wirkt, so liegt das an unserer mechanistischen Gewöhnung. Im Äußeren und Unlebendigen freilich gewinnt eine Erscheinung Besonderheit und relative Einzigkeit in dem Maß, in dem immer mehr Einzelbestimmungen an ihr hervortreten; denn in eben diesem Maß wird die Wiederholung der gleichen Kombination unwahrscheinlicher; hier wird tatsächlich die Individualisiertheit einer Vorstellung durch Detaillierung ihres Inhaltes erreicht; und dies geschieht auch an seelischen Objekten, insoweit wir sie in psychologischer Äußerlichkeit, also nach mechanistischer Art betrachten: dann wächst auch hier das Maß der Besonderheit proportional der Zahl angebbarer Einzelheiten – obgleich ersichtlich die sichere Erreichung einer wirklichen Individualität auf diese Weise eine nie zu vollendende Aufgabe wäre.

Wird aber eine seelische Existenz von innen erfaßt, nicht als eine Summe von Einzelqualitäten, sondern als eine Lebendigkeit, deren Einheit jenes ganze Detail erzeugt oder bestimmt oder deren Zerlegung dieses ist, so ist diese Existenz von vornherein als volle Individualität da. Je mehr jedes Einzelne in ihr nun seine Einzelheit verlöscht, mit je weniger selbständigen Grenzen eines sich gegen das andere abhebt, desto fühl-

barer wird jenes individuelle Leben, von dem irgendein Element in ein anderes Leben zu versetzen ein sinnloser Gedanke ist – was keineswegs der Fall ist, solange Details in ihrer scharfen Umrissenheit das Ganze zusammensetzen.
Dies gilt nicht nur für das isolierte menschliche Wesen, sondern für das Gesamtgebilde, in dessen Zusammenhang es mit der Landschaft, mit Luft und Licht, mit dem Gewoge von Farben und Formen verschmilzt, sei es, daß die Figur sich aus all diesem als Höhepunkt entwickelt, sei es, daß all dieses gleichsam ihr erweiterter Leib ist. Die Individualität des Gebildes als Ganzen, seine dadurch entstehende Einzigkeit, daß jedes Teilchen nur in Bezug auf gerade dieses Zentrum Existenz und Sinn hat – diese wird jedenfalls durch das Fehlen genauer Detaillierung begünstigt; denn diese läßt den Teilen einen Sonderbestand, der ihre Einstellung in einen andern Zusammenhang prinzipiell ermöglicht und sie der Einzigkeit ihrer jetzigen Bedeutung enthebt. Dies scheint mir die tiefere Verknüpfung zu sein, durch die das so oft Grenzverwischende, Vibrierende, Verundeutlichende in Rembrandts Malweise zu einem Träger seiner Individualisierungstendenz werden kann.

IV Stufen der Individualität

Die leidenschaftlich hervorgehobene Individualität in der Renaissance – per tanto variar la natura è bella – wird von der nicht weniger tief empfundenen allgemeinen Naturgesetzlichkeit umfaßt, als deren Wirkung wie als deren Symbol eine Gleichmäßigkeit der Proportionen und der Stilgebung auftritt. Für den Renaissancemenschen war die Natur ein einheitliches, ideales Wesen, – in so verschiedenen Tonarten es auch zu Michelangelo und Correggio, zu Raffael und Tizian spricht – aus dem die Mannigfaltigkeit der Individuen herauswächst, ohne sich von diesem Wurzelgrund zu lösen. Hieran findet die Individualisierung ihre Grenze, die von jenen Formgemeinsamkeiten bezeichnet wird.

Eine solche Idee von »Natur« liegt Rembrandt ganz fern. Die Natur, die auch er sucht, ist die des einzelnen Wesens, seine Porträtgestalten berühren sich nicht in jener metaphysisch-monistischen Wurzel wie die der Renaissance, ihr Sein geht nicht zu einem – formulierten oder nur gefühlten oder tatsächlich wirksamen – Allgemeinbegriff zusammen, sondern erschöpft sich vollständig in jeder einzelnen; was durchaus damit zusammengehen kann, daß die Gestalt in Licht und Luft versponnen ist oder aus einem das Bild durchbrausenden Rausch und Sturm von Farben herauswächst. Die allgemeine Natur, mit der es auf diese Weise zusammenhängt, liegt ersichtlich in einer ganz anderen, viel mehr anschauungshaften Schicht, als die pantheistische »natura« der Renaissance.

Hier scheint das Verhältnis Rembrandts zur Renaissance dem zwischen Shakespeare und Goethe einigermaßen analog zu sein. Bei aller reichen, weitgespannten Individualisiertheit der goetheschen Gestalten sind sie doch alle von *einer* geistigen Atmosphäre umfaßt. Die Nähe, in der ihr Schöpfer noch zu jeder einzelnen steht – er, der seine gesamten Werke als eine persönliche Konfession bezeichnet – findet ihr objektives Gegenbild darin, daß sie alle wie Früchte einer einheitlichen Natur gewachsen scheinen: in allen Verzweigtheiten der Existenz weht das eine göttliche Leben, dessen Atem Goethe als den Lebenshauch jedes Wesens spürbar macht – diese Gottnatur, deren Kinder wir alle sind und die so unter, wie in, wie über einem jeden lebt.

Bei Shakespeare nun entwickelt sich die Individualität aus dem letzten Grunde nicht des Seins überhaupt, sondern des eigenen Seins dieses Wesens, sie wird nicht durchströmt von einem allen gemeinsamen, nur metaphysisch faßbaren Lebenssaft, der alle mit irgendeiner Einheit nährte. Eine gewisse chaotische Naturdynamik, aus der sie aufzusteigen und die sie weiter zu umgeben scheint, verhält sich zu diesen Einzelwesen vielleicht zutiefst viel weniger einheitlich und vereinheitlichend, als die »Natur«, die »gute Mutter« bei Goethe, aber sie liegt mit ihnen in der gleichen erlebbaren substantiellen

Schicht, sie ist wie die geatmete Luft um uns herum, die ja die Stoffe enthält, von denen die Hauptmasse unseres Körpers gebildet wird.
Diese zwar dunkel formlose, aber ganz unmetaphysische Atmosphäre, in der Shakespeares Gestalten leben und die ihre absolut selbstgenugsame, für sich allein Einheit-bildende Individualität in keiner Weise in einen All-Grund hinabreichen und aus ihm eine mit andern gemeinsame Form gewinnen läßt – sie ist am ehesten jenem Meer von Licht und Farbe zu vergleichen, das Rembrandts Gestalten umleuchtet: aber indem sie aus ihm auszukristallisieren scheinen, geschieht es nach dem individuellen Gesetz einer jeden, das keine gemeinsame Notwendigkeit der einen und der andern auferlegt. Die »Natur« ist hier wie bei Shakespeare gänzlich in die Individualität aufgegangen und behält nichts mehr für sich zurück, um aus einer letzten Tiefe heraus alle mit Formeinheit zu umfassen, wie es in der Renaissance und bei Goethe geschah.

Der Begriff und die Tragödie der Kultur

Daß der Mensch sich in die natürliche Begebenheit der Welt nicht fraglos einordnet wie das Tier, sondern sich von ihr losreißt, sich ihr gegenüberstellt, fordernd, ringend, vergewaltigend und vergewaltigt – mit diesem ersten großen Dualismus entspinnt sich der endlose Prozeß zwischen dem Subjekt und dem Objekt. Innerhalb des Geistes selbst findet er seine zweite Instanz. Der Geist erzeugt unzählige Gebilde, die in einer eigentümlichen Selbständigkeit fortexistieren, unabhängig von der Seele, die sie geschaffen hat, wie von jeder anderen, die sie aufnimmt oder ablehnt. So sieht sich das Subjekt der Kunst wie dem Recht gegenüber, der Religion wie der Technik, der Wissenschaft wie der Sitte – nicht nur von ihrem Inhalt bald angezogen, bald abgestoßen, jetzt mit ihnen verschmolzen wie mit einem Stück des Ich, bald in Fremdheit und Unberührbarkeit gegen sie; sondern es ist die Form der Festigkeit, des Geronnenseins, der beharrenden Existenz, mit der der Geist, so zum Objekt geworden, sich der strömenden Lebendigkeit, der inneren Selbstverantwortung, den wechselnden Spannungen der subjektiven Seele entgegenstellt; als Geist dem Geiste innerlichst verbunden, aber eben darum unzählige Tragödien an diesem tiefen Formgegensatz erlebend: zwischen dem subjektiven Leben, das rastlos, aber zeitlich endlich ist, und seinen Inhalten, die, einmal geschaffen, unbeweglich, aber zeitlos gültig sind.

Mitten in diesem Dualismus wohnt die Idee der Kultur. Ihr liegt eine innere Tatsache zugrunde, die man als ganze nur gleichnisweise und etwas verschwimmend ausdrücken kann: als den Weg der Seele zu sich selbst; denn keine solche ist jemals nur das, was sie in diesem Augenblick ist, sondern ein Mehr, es ist ein Höheres und Vollendeteres ihrer selbst in ihr präformiert, unreal, aber doch irgendwie vorhanden. Nicht ein benennbares, an irgendeiner Stelle der geistigen Welt fixiertes

Ideal ist hier gemeint; sondern das Freiwerden der in ihr selbst ruhenden Spannkräfte, die Entwicklung ihres eigensten, einem inneren Formtrieb gehorsamen Keimes. Wie das Leben – und zuhöchst seine Steigerung im Bewußtsein – seine Vergangenheit in einer unmittelbareren Form in sich enthält, als irgendein Stück des Unorganischen, wie dies Vergangene nach seinem ursprünglichen Inhalt und nicht nur als mechanische Ursache späterer Umsetzungen im Bewußtsein weiterlebt, so umschließt es auch seine Zukunft in einer Weise, zu der das Unlebendige keine Analogie besitzt. In jedem Daseinsmoment eines Organismus, der wachsen und sich fortpflanzen kann, wohnt die spätere Form mit einer so innerlichen Notwendigkeit und Vorgebildetheit, die etwa derjenigen gar nicht zu koordinieren ist, mit der die gespannte Feder ihre Gelöstheit enthält. Während alles Unlebendige schlechthin nur den Augenblick der Gegenwart besitzt, streckt sich das Lebendige in einer unvergleichlichen Art über Vergangenheit und Zukunft. All die seelischen Bewegtheiten vom Typus des Wollens, der Pflicht, des Berufenseins, des Hoffens – sind die geistigen Fortsetzungen der fundamentalen Bestimmung des Lebens: in seiner Gegenwart seine Zukunft, in einer besonderen, eben nur am Lebensprozeß bestehenden Form zu enthalten. Und dies betrifft nicht nur einzelne Entwicklungen und Vollendungen, sondern die Persönlichkeit als ganze und als Einheit trägt ein wie mit unsichtbaren Linien vorgezeichnetes Bild in sich, mit dessen Realisierung sie sozusagen aus ihrer Möglichkeit erst ihre volle Wirklichkeit wäre. So sehr also auch das Reifen und Sich-Bewähren der seelischen Kräfte sich an einzelnen, sozusagen provinziellen Aufgaben und Interessen vollziehen mag, so steht irgendwie darunter oder darüber die Forderung, daß mit alledem die seelische Totalität als solche ein mit ihr selbst gegebenes Versprechen erfülle, und alle Einzelausbildungen erscheinen damit doch nur als eine Vielheit von Wegen, auf denen die Seele zu sich selbst kommt. Dies ist eine, wenn man will, metaphysische Voraussetzung unseres praktischen und gefühlsmäßigen Wesens – in wie weitem Abstand von dem realen Verhalten sich auch dieser symbolische Ausdruck halte: daß die Einheit der Seele nicht einfach ein formales Band ist, das die Entfaltungen ihrer Einzelkräfte in immer gleicher Weise umschließt, sondern daß durch diese Einzelkräfte eine Entwicklung ihrer als eines Ganzen getragen wird und dieser Entwicklung des Ganzen das Ziel einer Ausgebildetheit innerlich vorangestellt ist, zu der alle jene einzelnen Vermögen und Vollkommenheiten als Mittel erscheinen.

Und hier zeigt sich die erste und vorläufig nur dem Sprachgefühl folgende Bestimmung des Kulturbegriffs. Wir sind noch nicht kultiviert, wenn wir dieses oder jenes einzelne Wissen oder Können in uns ausgebildet haben; sondern erst dann, wenn all solches der zwar daran gebundenen, aber damit nicht zusammenfallenden Entwicklung jener seelischen Zentralität dient. Unsere bewußten und angebbaren Strebungen gelten zwar den partikularen Interessen und Potenzen, und darum erscheint die Entwicklung jedes Menschen, auf ihre Benennbarkeiten hin angesehen, als ein Bündel von Entwicklungslinien, die sich nach recht verschiedenen Richtungen und in recht verschiedenen Längen entfalten. Aber nicht mit diesen in ihren singulären Vollendungen, sondern erst mit ihrer Bedeutung für oder als die Entwicklung der undefinierbaren personalen Einheit kultiviert sich der Mensch. Oder anders ausgedrückt: Kultur ist der Weg von der geschlossenen Einheit durch die entfaltete Vielheit zur entfalteten Einheit.

Unter allen Umständen aber kann es sich nur um die Entwicklung zu einer Erscheinung hin handeln, die in den Keimkräften der Persönlichkeit angelegt, als ihr ideeller Plan in ihr selbst gleichsam skizziert ist. Auch hier gewährt der Sprachgebrauch sichere Führung. Ein Gartenobst, das die Arbeit des Gärtners aus einer holzigen und ungenießbaren Baumfrucht gezogen hat, nennen wir kultiviert; oder auch: dieser wilde Baum ist zum Gartenobstbaum kultiviert worden. Wird dagegen vielleicht aus demselben Baum ein Segelmast hergestellt – und damit eine nicht geringere Zweckarbeit auf ihn verwendet, so sagen wir keineswegs, der Stamm sei zum Maste kultiviert worden. Diese Sprachnuance deutet ersichtlich an, daß die Frucht, so wenig sie ohne die menschliche Bemühung zustande käme, doch schließlich aus den eigenen Triebkräften des Baumes heraustreibt und nur die in seinen Anlagen selbst vorgezeichnete Möglichkeit erfüllt – während die Mastform seinem Stamme aus einem ihm selbst ganz fremden Zwecksystem und ohne jede Präformation in seinen eigenen Wesenstendenzen hinzugefügt wird. In eben diesem Sinne können alle möglichen Kenntnisse, Virtuositäten, Verfeinerungen eines Menschen uns noch nicht bestimmen, ihm wirkliche Kultiviertheit zuzusprechen, wenn jene sozusagen nur als Hinzufügungen wirken, die seiner Persönlichkeit aus einem ihr äußeren und ihr auch im letzten Grunde äußerlich bleibenden Wertgebiet kommen. In solchem Falle hat der Mensch zwar Kultiviertheiten, aber er ist nicht kultiviert; welches letztere nur eintritt, wenn die aus dem Überpersönlichen aufgenommenen Inhalte wie durch eine geheime Harmonie nur das in der Seele zu entfalten scheinen, was in ihr selbst als ihr eigenster Trieb und als innere Vorgezeichnetheit ihrer subjektiven Vollendung besteht.

Und hier tritt nun endlich die Bedingtheit der Kultur hervor, durch die sie eine Lösung der Subjekt-Objekt-Gleichung darstellt. Wir versagen ihren Begriff, wo die Perfektion nicht als Eigenentwicklung des seelischen Zentrums empfunden wird; aber er trifft auch nicht zu, wo sie nur als eine solche Eigenentwicklung auftritt, die keiner objektiven und ihr äußeren Mittel und Stationen bedarf. Vielerlei Bewegungen führen die Seele wirklich, wie jenes Ideal es fordert, zu sich selbst, das heißt zur Verwirklichung des ihr vorgesetzten, aber zuerst nur als Möglichkeit bestehenden vollen und eigensten Seins. Aber indem oder insoweit sie dies rein von innen her erreicht: in religiösen Aufschwüngen, sittlicher Selbsthingabe, beherrschender Intellektualität, Harmonie des Gesamtlebens – kann sie doch noch des spezifischen Besitzes der Kultiviertheit entbehren. Nicht nur, daß ihr dabei jenes ganz oder relativ Äußerliche fehlen mag, das der Sprachgebrauch als bloße Zivilisation deklassiert. Darauf käme es durchaus nicht an. Aber Kul-

tiviertheit in ihrem reinsten, tiefsten Sinne ist da nicht gegeben, wo die Seele jenen Weg von sich selbst zu sich selbst, von ihrer Möglichkeit zu ihrer Wirklichkeit, ausschließlich mit ihren subjektiv personalen Kräften zurücklegt – wenngleich vielleicht von einem höchsten Blickpunkt aus gerade diese Vollendungen die wertvollsten sind; womit nur bewiesen wäre, daß Kultur nicht das absolute Wertdefinitivum der Seele ist.
Ihr spezifischer Sinn indes ist nur da erfüllt, wo der Mensch in jene Entwicklung etwas, das ihm äußerlich ist, einbezieht, wo der Weg der Seele über Werte und Reihen geht, die nicht selbst subjektiv seelisch sind. Jene objektiv geistigen Gebilde, von denen ich am Anfang sprach: Kunst und Sitte, Wissenschaft und zweckgeformte Gegenstände, Religion und Recht, Technik und gesellschaftliche Normen – sind Stationen, über die das Subjekt gehen muß, um den besonderen Eigenwert, der seine Kultur heißt, zu gewinnen. Es ist das Paradoxon der Kultur, daß das subjektive Leben, das wir in seinem kontinuierlichen Strome fühlen, und das von sich aus auf seine innere Vollendung drängt, diese Vollendung, von der Idee der Kultur aus gesehen, gar nicht aus sich heraus erreichen kann, sondern nur über jene, ihm jetzt ganz formfremd gewordenen, zu selbstgenugsamer Abgeschlossenheit kristallisierten Gebilde. Kultur entsteht – und das ist das durchaus Entscheidende für ihr Verständnis –, indem zwei Elemente zusammenkommen, deren keines sie für sich enthält: die subjektive Seele und das objektiv geistige Erzeugnis.
Hier wurzelt die metaphysische Bedeutung dieses historischen Gebildes. Eine Anzahl der entscheidenden menschlichen Wesensbetätigungen bauen unvollendbare, oder wenn vollendet, immer wieder abgerissene Brücken zwischen dem Subjekt und dem Objekt überhaupt: das Erkennen, vor allem die Arbeit, in manchen ihrer Bedeutungen auch die Kunst und die Religion. Der Geist sieht sich einem Sein gegenüber, auf das ebenso der Zwang wie die Spontanität seiner Natur ihn hintreibt; aber er bleibt ewig in die Bewegung in sich selbst gebannt, in einem Kreise, der das Sein nur berührt, und in jedem Augenblick, in

dem er, in der Tangente seiner Bahn abbiegend, in das Sein eindringen will, reißt ihn die Immanenz seines Gesetzes wieder in seine in sich selbst beschlossene Drehung fort. In der Bildung der Begriffe: Subjekt-Objekt als Korrelate, deren jedes nur am anderen seinen Sinn findet, liegt schon die Sehnsucht und Antizipation einer Überwindung dieses starren, letzten Dualismus. Jene erwähnten Betätigungen nun transponieren ihn in besondere Atmosphären, in denen die radikale Fremdheit seiner Seiten herabgesetzt ist und gewisse Verschmelzungen zuläßt. Weil diese aber nur unter den Modifikationen stattfinden können, die gleichsam durch die atmosphärischen Bedingungen besonderer Provinzen geschaffen sind, können sie die Fremdheit der Parteien nicht in ihrem tiefsten Grunde überwinden und bleiben endliche Versuche, eine unendliche Aufgabe zu lösen.

Unser Verhältnis aber zu denjenigen Objekten, an denen oder die in uns einbeziehend wir uns kultivieren, ist ein anderes, weil diese selbst ja Geist sind, der in jenen ethischen und intellektuellen, sozialen und ästhetischen, religiösen und technischen Formen gegenständlich geworden ist; der Dualismus, mit dem das auf seine eigenen Grenzen angewiesene Subjekt dem für sich seienden Objekt gegenübersteht, erlebt eine unvergleichliche Formung, wenn beide Parteien Geist sind. So muß der subjektive Geist zwar seine Subjektivität, aber nicht seine Geistigkeit verlassen, um das Verhältnis zum Objekt zu erleben, durch das seine Kultivierung sich vollzieht. Dies ist die einzige Art, auf die die dualistische Existenzform, mit dem Bestande des Subjekts unmittelbar gesetzt, sich zu einer innerlich einheitlichen Bezogenheit organisiert. Hier geschieht ein Objektivwerden des Subjekts und Subjektivwerden eines Objektiven, das das Spezifische des Kulturprozesses ausmacht und in dem sich, über dessen einzelne Inhalte hinweg, seine metaphysische Form zeigt. Sein tieferes Verständnis fordert deshalb eine weitergehende Analyse jener Vergegenständlichung des Geistes. –

Diese Blätter gingen von der tiefen Fremdheit oder Feindschaft aus, die zwischen dem Lebens- und Schaffensprozeß der Seele auf der einen Seite und seinen Inhalten und Erzeugnissen auf der anderen besteht. Dem vibrierenden, rastlosen, ins Grenzenlose hin sich entwickelnden Leben der in irgendeinem Sinne schaffenden Seele steht ihr festes, ideell unverrückbares Produkt gegenüber, mit der unheimlichen Rückwirkung, jene Lebendigkeit festlegen, ja erstarren zu machen; es ist oft, als ob die zeugende Bewegtheit der Seele an ihrem eigenen Erzeugnis stürbe. Hier liegt eine Grundform unseres Leidens an der eigenen Vergangenheit, an dem eigenen Dogma, den eigenen Phantasien.

Diese Diskrepanz, die gleichsam zwischen den Aggregatzuständen des inneren Lebens und seiner Inhalte besteht, wird dadurch in gewissem Maße rationalisiert und weniger scharf fühlbar, daß der Mensch durch sein theoretisches oder praktisches Schaffen jene seelischen Erzeugnisse oder Inhalte als einen in einem bestimmten Sinne selbständigen Kosmos des objektivierten Geistes sich gegenüberstellt und erblickt. Das äußere oder immaterielle Werk, in dem das seelische Leben sich niederschlägt, wird als ein Wert besonderer Art empfunden; so sehr das Leben, darein einströmend, sich in eine Sackgasse verläuft, oder seine Fluten weiterrollt, die dieses ausgeworfene Gebilde an seiner Stelle liegen lassen, so ist dies doch eben der spezifisch menschliche Reichtum, daß die Produkte des subjektiven Lebens zugleich einer nicht verfließenden, sachlichen Ordnung von Werten angehören, einer logischen oder sittlichen, einer religiösen oder künstlerischen, einer technischen oder rechtlichen. Indem sie sich als Träger solcher Werte, Glieder solcher Reihen offenbaren, sind sie nicht nur durch ihre gegenseitige Verwebung und Systematisierung der starren Isoliertheit enthoben, mit der sie sich der Rhythmik des Lebensprozesses entfremdeten, sondern dieser Prozeß selbst hat damit eine Bedeutsamkeit erhalten, die aus der Unaufhaltsamkeit seines bloßen Verlaufes nicht zu gewinnen ist. Es fällt auf die Vergegenständlichungen des Geistes ein Wertakzent, der zwar im subjektiven Bewußtsein entspringt, mit dem dieses Bewußtsein aber etwas meint, was jenseits seiner liegt. Der Wert braucht hierbei keineswegs immer ein positiver, im Sinne des Guten zu sein; vielmehr die bloße formale Tatsache, daß das Subjekt ein Objektives hingestellt hat, daß sein Leben sich aus sich heraus verkörpert hat, wird als etwas Bedeutsames empfunden, weil gerade nur die Selbständigkeit des so vom Geiste geformten Objekts die Grundspannung zwischen Prozeß und Inhalt des Bewußtseins lösen kann.

Denn wie räumlich naturhafte Vorstellungen die Unheimlichkeit, innerhalb des fließenden Bewußtseinsprozesses als etwas völlig Formfestes zu beharren, dadurch beruhigen, daß sie diese Stabilität an ihrer Beziehung zu einer objektiv äußerlichen Welt legitimieren – so leistet die Objektivität der geistigen Welt den entsprechenden Dienst. Wir fühlen die ganze Lebendigkeit unseres Denkens an die Unverrückbarkeit logischer Normen, die ganze Spontaneität unseres Handelns an moralische geknüpft, unser ganzer Bewußtseinsverlauf ist mit Erkenntnissen, Überliefertheiten, Eindrücken einer irgendwie vom Geiste geformten Umgebung angefüllt; die Festigkeit und gleichsam chemische Unlösbarkeit von all diesem zeigt einen problematischen Dualismus gegen die ruhelose Rhythmik des subjektiv seelischen Prozesses, in dem es sich doch als Vorstellung, als subjektiv seelischer Inhalt erzeugt. Aber indem es einer ideellen Welt oberhalb des individuellen Bewußtseins angehört, wird dieser Gegensatz auf einen Grund und ein Recht gebracht. Gewiß ist es für den kulturellen Sinn des Objekts, auf den es uns hier schließlich ankommt, das Entscheidende, daß in ihm Wille und Intelligenz, Individualität und Gemüt, Kräfte und Stimmung einzelner Seelen (und auch ihrer Kollektivität) gesammelt sind. Allein indem dies geschehen ist, sind jene seelischen Bedeutsamkeiten doch auch an einen Endpunkt ihrer Bestimmung gelangt. In dem Glück des Schaffenden an seinem Werk, so groß oder gering das sei, liegt neben der Entladung der inneren Spannungen, dem Erweise der subjektiven Kraft, der Genugtuung über die erfüllte Forderung wahrscheinlich immer noch eine sozusagen objektive

Befriedigtheit darüber, daß dieses Werk nun dasteht, daß der Kosmos der irgendwie wertvollen Dinge nun um dieses Stück reicher ist. Ja vielleicht gibt es gar keinen sublimeren persönlichen Genuß des eigenen Werkes, als wenn wir es in seiner Unpersönlichkeit und seiner Gelöstheit von all unserem Subjektiven empfinden.

Und wie so die Objektivierungen des Geistes wertvoll sind, jenseits der subjektiven Lebensprozesse, die als ihre Ursachen in sie eingegangen sind, so sind sie es auch jenseits der anderen, die als ihre Folgen von ihnen abhängen. Wir mögen die Organisationen der Gesellschaft und die technische Formung der Naturgegebenheiten, das Kunstwerk und die wissenschaftliche Erkenntnis der Wahrheit, die Sitte und die Sittlichkeit noch so sehr, noch so überwiegend auf ihre Ausstrahlung in das Leben und die Entfaltung von Seelen ansehen – es ist oft und vielleicht immer darein eine Anerkennung dessen verwebt, daß diese Gebilde überhaupt da sind, daß die Welt auch diese Gestaltung des Geistes umfaßt; es ist eine Direktive in unseren Wertungsprozessen, die an dem Eigenbestand des Geistig-Objektiven haltmacht, ohne über das Definitive dieser Dinge selbst hinaus nach ihren seelischen Folgen zu fragen. Neben allem subjektiven Genuß, mit dem z. B. das Kunstwerk sozusagen in uns eingeht, wissen wir als einen Wert besonderer Art, daß es überhaupt da ist, daß der Geist sich dieses Gefäß geschaffen hat. Wie mindestens eine Linie innerhalb des künstlerischen Wollens an dem Eigenbestande des Kunstwerks mündet und eine schlechthin objektive Wertung in den Selbstgenuß der sich auslebenden Schöpferkraft verwebt, so verläuft eine gleichgerichtete Linie auch innerhalb der Attitüde des Empfangenden.

Und zwar im deutlichen Unterschied gegen die Werte, die gerade das rein sachlich Gegebene, das *naturhaft* Objektive bekleiden. Denn gerade solches: das Meer und die Blumen, die Alpen und der Sternenhimmel – gerade dieses hat, was man seinen Wert nennen kann, nur an seinen Reflexen in subjektiven Seelen. Denn sobald wir von mystischen und phantastischen Vermenschlichungen der Natur absehen, ist sie eben ein kontinuierlich zusammenhängendes Ganzes, dessen indifferente Gesetzmäßigkeit keinem Teile einen in seinem Sachbestande gegründeten Akzent, ja nicht einmal eine objektiv gegen andere abgegrenzte Existenz gönnt. Nur unsere menschlichen Kategorien schneiden aus ihm die einzelnen Stücke heraus, an die wir ästhetische, erhebende, symbolisch bedeutsame Reaktionen knüpfen: daß das Naturschöne »selig an ihm selbst« sei, besteht nur als dichterische Fiktion zu Recht; für das um Objektivität bemühte Bewußtsein hängt an ihm keine andere Seligkeit, als die es in uns auslöst.

Während also das Erzeugnis der schlechthin objektiven Mächte nur subjektiv wertvoll sein kann, ist umgekehrt das Erzeugnis der subjektiven Mächte für uns objektiv wertvoll. Die materiellen und immateriellen Gebilde, in denen menschliches Wollen und Können, Wissen und Fühlen investiert ist, sind jenes objektiv Dastehende, das wir als Bedeutsamkeit und Bereicherung des Daseins auch dann empfinden, wenn wir von seinem Geschaut-, Genutzt- oder Genossenwerden völlig abstrahieren. Mag Wert und Bedeutung, Sinn und Wichtigkeit sich ausschließlich in der menschlichen Seele erzeugen, so bewahrheitet sich dies zwar dauernd der gegebenen *Natur* gegenüber, aber es hindert nicht den objektiven Wert derjenigen Gebilde, in denen jene – schaffenden und formenden – seelischen Kräfte und Werte ja gerade schon investiert *sind*. Ein Sonnenaufgang, den kein Menschenauge sieht, macht die Welt durchaus nicht wertvoller oder erhabener, weil ihre objektive Tatsächlichkeit für diese Kategorien überhaupt keinen Platz hat; sobald aber ein Maler in ein Bild dieses Sonnenaufgangs seine Stimmung, seinen Form- und Farbensinn, sein Ausdrucksvermögen hineingelegt hat, so halten wir dieses Werk (auf welche metaphysischen Kategorien hin, bleibt hier unerörtert) für eine Bereicherung, eine Wertsteigerung des Daseins überhaupt; die Welt erscheint uns sozusagen ihrer Existenz würdiger, ihrem Sinne näher, wenn die Quelle alles Wertes, die menschliche Seele, sich in eine solche, nun gleichfalls der objektiven Welt angehörige Tatsache ergossen hat – in dieser eigentümlichen Bedeutung unabhängig davon, ob eine spätere Seele diesen hineingezauberten Wert wieder erlösen und ihn in den Fluß ihres subjektiven Empfindens auflösen wird. Der natürliche Sonnenaufgang und das Gemälde stehen beide als Realitäten da, aber jener findet seinen Wert erst in dem Weiterleben in psychischen Subjekten, an diesem aber, das solches Leben schon in sich eingetrunken und zu einem Objekt gestaltet hat, macht unser Wertempfinden als einem jeder Subjektivierung unbedürftigen Definitivum halt.

Spannt man diese Momente bis zu parteimäßiger Polarität aus, so steht auf der einen Seite die ausschließliche Schätzung des subjektiv bewegten Lebens, von dem aller Sinn, Wert, Bedeutung nicht nur erzeugt wird, sondern in dem allein all dieses auch wohnen bleibt. Andererseits aber ist die radikale Akzentuierung des objektivgewordenen Wertes nicht weniger verständlich. Natürlich sei dieser nicht an die originale Produktion von Kunstwerken und Religionen, Techniken und Erkenntnissen gebunden; aber was ein Mensch auch tue, es müsse einen Beitrag zu dem ideellen, historischen, materialisierten Kosmos des Geistes leisten, damit es als wertvoll gelte. Dies komme nicht der subjektiven Unmittelbarkeit unseres Seins und Handelns zu, sondern dessen objektiv normiertem, objektiv angeordnetem Inhalt, so daß schließlich nur diese Normierungen und Ordnungen die Wertsubstanz enthielten und sie dem verfließenden persönlichen Geschehen mitteilten. Sogar die Autonomie des moralischen Willens bei Kant involviere keinen Wert eben dieses in seiner psychologischen Tatsächlichkeit, sondern knüpfte ihn an die Realisierung einer in objektiver Idealität bestehenden Form. Selbst die Gesinnung und die Persönlichkeit haben ihre Bedeutung, im Guten wie im Bösen, darin, daß sie einem Reiche des Unpersönlichen zugehören.

Indem diese Wertungen des subjektiven und des objektiven Geistes einander gegenüberstehen, führt nun die Kultur ihre Einheit durch beide hindurch: denn sie bedeutet diejenige Art der individuellen Vollendung, die sich nur durch Aufnahme oder Benutzung eines überpersönlichen, in irgendeinem Sinne außerhalb des Subjektes gelegenen Gebildes vollziehen kann. Dem Subjekt ist der spezifische Wert der Kultiviertheit unzugängig, wenn es ihn nicht auf dem Wege über objektiv geistige Realitäten erreicht; diese ihrerseits sind *Kultur*werte nur, insofern sie jenen Weg der Seele von sich selbst zu sich selbst, von dem, was man ihren Naturzustand nennen kann, zu ihrem Kulturzustand, durch sich hindurchleiten.

Man kann also die Struktur des Kulturbegriffs auch so ausdrücken. Es gibt keinen Kulturwert, der nur Kulturwert wäre; jeder vielmehr muß, um diese Bedeutung zu erwerben, auch Wert einer Sachreihe sein. Wo aber auch ein solch letzterer vorliegt, also irgendein Interesse oder eine Fähigkeit unseres Wesens eine Förderung erfährt, bedeutet er einen Kulturwert nur dann, wenn diese partielle Entwicklung zugleich unser Gesamt-Ich eine Stufe näher an seine Vollendungseinheit heranhebt.

So nur werden zwei entsprechende, negative Erscheinungen der Geistesgeschichte verständlich. Einmal, daß Menschen der tiefsten Kulturinteressiertheit oft gegen die einzelnen Sachgehalte der Kultur eine merkwürdige Gleichgültigkeit, ja, Ablehnung zeigen – insofern es ihnen eben nicht gelingt, deren überspezialistischen Ertrag für die Förderung der Gesamtpersönlichkeiten zu entdecken; und es gibt wohl kein menschliches Erzeugnis, das einen solchen Ertrag notwendig zeigen *müßte*, freilich auch keines, das ihn nicht zeigen *könnte*. Andererseits aber treten Erscheinungen auf, die *nur* Kulturwerte zu sein scheinen, gewisse Formalien und Verfeinerungen des Lebens, wie sie namentlich in überreife und müde gewordene Epochen gehören. Denn wo das Leben in sich hohl und sinnlos geworden ist, da ist alle willens- und werdensmögliche Entwicklung zu seiner Höhe nur noch eine schematische, und nicht mehr imstande, aus dem Sachgehalt von Dingen und Ideen Nahrung und Förderung zu ziehen – wie der erkrankte Körper sich nicht mehr aus den Nahrungsmitteln die Stoffe assimilieren kann, aus denen der gesunde Wachstum und Kräfte gewinnt. Hier kann sich die individuelle Entwicklung aus den sozialen Normen nur noch das gesellschaftlich gute Benehmen, aus den Künsten nur noch den unproduktiven Genuß, aus den technischen Fortschritten nur noch das Negative der Mühelosigkeit und Glätte des Tagesverlaufes herausholen – es entsteht eine Art formal-subjektiver Kultur, ohne innere Verwebung mit dem Sachelement, durch die der Begriff einer konkreten Kultur sich erst erfüllt. Es gibt also einerseits eine so leidenschaftlich zentralisierte Betonung der Kultur, daß ihr der Sachgehalt ihrer objektiven Faktoren zu viel und zu ablenkend ist, da er *als solcher* freilich nicht in seiner Kulturfunktion aufgeht und aufgehen kann; und andererseits eine solche Schwäche und Leere der Kultur, daß sie gar nicht imstande ist, die objektiven Faktoren ihrem Sachgehalt nach in sich einzuziehen. Beide Erscheinungen, auf den ersten Blick als Gegeninstanzen gegen die Bindung der persönlichen Kultur an unpersönliche Gegebenheiten auftretend, bestätigen also der genaueren Betrachtung gerade diese Bindung. –

Daß sich in der Kultur so die letzten und entscheidenden Lebensfaktoren vereinigen, offenbart sich gerade darin, daß die Entwicklung eines jeden von diesen mit einer Selbständigkeit geschehen kann, die der Motivation durch das Kulturideal nicht nur entbehren kann, sondern sie geradezu ablehnt. Denn der Blick in der einen oder in der anderen Richtung fühlt sich von der Einheit seiner Intention abgelenkt, wenn er von einer Synthese zwischen beiden bestimmt werden soll. Gerade die Geister, die bleibende Inhalte, also das objektive Element der Kultur schaffen – diese Geister würden sich wohl weigern, Motiv und Wert ihrer Leistung unmittelbar von der Kulturidee zu entlehnen.

Hier vielmehr besteht die folgende innere Lage. Im Religionsstifter und im Künstler, im Staatsmann und im Erfinder, im Gelehrten und im Gesetzgeber wirkt ein Doppeltes: die Entladung ihrer Wesenskräfte, das Hinaufleben ihrer Natur zu der Höhe, auf der sie die Inhalte des Kulturlebens aus sich entläßt – und die Leidenschaft für die Sache, in deren eigengesetzlicher Vollendetheit das Subjekt sich selbst gleichgültig geworden und ausgelöscht ist; im Genie sind diese beiden Strömungen eine einzige: die Entwicklung des subjektiven Geistes um seiner selbst, seiner drängenden Kräfte willen, ist für das Genie ununterscheidbar Eines mit der völlig selbstvergessenen Hingabe an die objektive Aufgabe. Kultur ist, wie sich zeigte, immer Synthese. Aber Synthese ist nicht die einzige und nicht die unmittelbarste Einheitsform, da sie immer die Zerlegtheit der Elemente als ihr Vorangehendes oder als ihr Korrelat voraussetzt. Nur eine so analytisch gestimmte Zeit wie die moderne konnte in der Synthese das Tiefste, das Ein und Alles des Formverhältnisses vom Geiste zur Welt finden – während es doch eine ursprüngliche, vordifferenzielle Einheit gibt; indem diese die analytischen Elemente erst aus sich hervorgehen läßt, wie der organische Keim sich in die Vielheit gesonderter Glieder auseinander zweigt, steht sie jenseits von Analyse und Synthese – sei es, daß diese beiden sich aus ihr in Wechselwirkung, eines auf jeder Stufe das andere voraussetzend, entwickeln, sei es, daß die Synthese die analytisch getrennten Elemente nachträglich zu einer Einheit bringt, die aber etwas ganz anderes ist, als die vor aller Trennung gelegene. Das schöpferische Genie besitzt jene ursprüngliche Einheit des Subjektiven und des Objektiven, die sich erst auseinanderlegen muß, um in dem Kultivierungsprozesse der Individuen in ganz anderer, synthetischer Form gewissermaßen wieder zu erstehen. Darum also liegt das Interesse an der Kultur mit jenen beiden: der reinen Selbstentwicklung des subjektiven Geistes und dem reinen Aufgehen in die Sache – nicht in einer Ebne, sondern hängt sich gelegentlich als ein sekundäres, reflexionsmäßiges an diese, als ein abstrakt allgemeines, jenseits des innerlich unmittelbaren Wertimpulses der Seele. Also selbst da, wo der Weg der Seele zu sich selbst – der eine Faktor der Kultur – ihre andern Faktoren erzeugend trägt, bleibt die Kultur aus dem Spiele, solange für die Seele dieser Weg sozusagen nur durch eigenes Gebiet läuft und sich in der reinen Selbstentwick-

lung des eigenen Wesens – gleichviel, wie dieses sachlich bestimmt sei – vollendet.
Sehen wir den andern Faktor der Kultur: jene zu einer ideellen Sonderexistenz, unabhängig nun von aller psychischen Bewegtheit, gereiften Erzeugnisse des Geistes – in seiner selbstgenugsamen Isoliertheit an, so fällt auch sein eigenster Sinn und Wert keineswegs mit seinem Kulturwert zusammen, ja er läßt von sich aus seine Kulturbedeutung noch völlig dahingestellt. Das Kunstwerk soll nach den Normen der Kunst vollkommen sein, die nach nichts als nach sich selbst fragen und dem Werke seinen Wert geben oder verweigern würden, auch wenn es sozusagen auf der Welt gar nichts weiter als eben dieses Werk gäbe; das Ergebnis der Forschung als solches soll wahr sein und absolut weiter nichts, die Religion schließt mit dem Heil, das sie der Seele bringt, ihren Sinn in sich ab, das wirtschaftliche Produkt will als wirtschaftliches vollkommen sein und erkennt insoweit keinen anderen als den wirtschaftlichen Wertmaßstab für sich an. Alle diese Reihen verlaufen in der Geschlossenheit rein innerer Gesetzgebung, und ob und mit welchem Werte sie sich in jene Entwicklung subjektiver Seelen einsetzen lassen, geht ihre an rein sachlichen und für sie allein gültigen Normen gemessene Bedeutung durchaus nichts an.
Aus dieser Sachlage wird begreiflich, daß wir ebenso an den Menschen, die nur auf das Subjekt gerichtet sind, wie an denen, die nur auf das Objekt gerichtet sind, oft eine scheinbar merkwürdige Gleichgültigkeit, ja, eine Aversion gegen die Kultur antreffen. Wer nur nach dem Heil der Seele oder nach dem Ideal der persönlichen Kraft oder nach der rein individuellen Entwicklung, in die kein ihr äußeres Moment eingreifen darf, fragt – dessen Wertungen entbehren eben des einen integrierenden Faktors der Kultur, während der andere dem fehlt, der nur nach der reinen Sachvollendung unserer Werke fragt, danach, daß diese *ihre* Idee und keine erst irgendwie damit verbundene erfüllen. Das Extrem des ersten Typus ist der Säulenheilige, des anderen der im Fachfanatismus eingeschlossene Spezialist. Es hat auf den ersten Blick etwas Frappieren-

des, daß die Träger solcher unzweifelhaften »Kulturwerte«, wie Religiosität, Persönlichkeitsbildung, Techniken jeder Art den Begriff der Kultur verachten oder bekämpfen sollen. Dies klärt sich aber sogleich durch die Einsicht, daß Kultur eben immer nur die *Synthese* einer subjektiven Entwicklung und eines objektiven geistigen Wertes bedeutet und daß die Vertretung je eines dieser Elemente im Maße ihrer Exklusivität die Verwebung beider perhorreszieren muß.

Solche Abhängigkeit des Kulturwertes von der Mitwirkung eines zweiten Faktors, der jenseits der sachlich-eigenen Wertreihe des Objektes steht, macht es verständlich, daß eben dasselbe auf der Skala der Kulturwerte oft einen ganz anderen Teilstrich erreicht als auf der der bloßen Sachbedeutungen. Vielerlei Werke, die als künstlerische, technische, intellektuelle unter der Höhe des sonst schon Erreichten bleiben, haben doch die Fähigkeit, sich in den Entwicklungsweg vieler Menschen aufs wirkungsvollste einzufügen, als Entfalter ihrer latenten Kräfte, als Brücke zu ihrer nächst höheren Station. Wie es unter den Natureindrücken keineswegs nur die dynamisch gewaltigsten oder ästhetisch vollkommensten sind, von denen uns eine ganz tiefe Beseligung und das Gefühl kommt, daß dumpfe und unerlöste Elemente in uns plötzlich licht und harmonisch geworden sind – wie wir dies vielmehr oft einer ganz schlichten Landschaft oder dem Schattenspiele eines Sommermittags verdanken: so ist es auch der Bedeutung des Geisteswerkes, eine so hohe oder so niedrige sie in ihrer eigenen Reihe sein mag, daraufhin noch nicht anzusehen, was dies Werk uns für den Weg der Kultur leisten kann. Denn hier kommt alles darauf an, daß jene spezielle Bedeutung des Werkes gleichsam den Nebenertrag hat, der zentralen oder allgemeinen Entwicklung der Persönlichkeiten zu dienen.

Daß dieser Ertrag dem Eigen- oder Binnenwert des Werkes umgekehrt proportional sein kann, hat mancherlei tiefere Ursachen. Es gibt Menschenwerke von einer letzterreichbaren Vollendung, zu denen wir gerade um dieser lückenlosen Gerundetheit willen keinen Zugang oder die deshalb keinen

Zugang zu uns haben. Ein solches bleibt sozusagen an seinem Orte, aus dem es nicht auf unsere Straße zu verpflanzen ist, ein einsam Vollendetes, zu dem wir uns vielleicht hinbegeben, das wir aber nicht mitnehmen können, um uns an ihm in die Vollendung unser selbst zu heben. Für das moderne Lebensgefühl hat vielfach die Antike diese selbstgenugsam vollendete Geschlossenheit, die sich der Aufnahme in die Pulsierungen und Rastlosigkeiten unseres Entwicklungstempos versagt; und dies mag heute so manchen bestimmen, gerade für unsere Kultur einen anderen fundamentalen Faktor zu suchen.

Ebenso steht es mit gewissen ethischen Idealen. Die so bezeichneten Gebilde des objektiven Geistes sind vielleicht mehr als andere bestimmt, die Entwicklung von der bloßen Möglichkeit zu der höchsten Wirklichkeit unserer Totalität zu tragen und ihr die Richtung zu geben. Allein nun enthalten manche ethische Imperative ein Ideal von so starrer Vollkommenheit, daß sich aus ihm sozusagen keine Energien, die wir in unsere Entwicklung aufnehmen könnten, aktualisieren lassen. Mit all seiner Höhe in der Reihe der ethischen Ideen wird es doch als Kulturelement leicht hinter anderen zurückstehen, die von ihrer tieferen Stelle in jener Reihe aus sich eher der Rhythmik unserer Entwicklung assimilieren und verstärkend einfügen.

Ein anderes Motiv solcher Disproportionalität zwischen dem Sachwert und dem Kulturwert eines Gebildes liegt in der Einseitigkeit der Förderung, die wir durch jenen erfahren. Vielerlei Inhalte des objektiven Geistes machen uns klüger oder besser, glücklicher oder geschickter, entwickeln damit aber nicht eigentlich *uns*, sondern sozusagen eine selbst objektive Seite oder Qualität, die an uns haftet; es handelt sich hier natürlich um gleitende und unendlich zarte, äußerlich gar nicht faßbare Unterschiede, die sich an das geheimnisvolle Verhältnis zwischen unserer einheitlichen Ganzheit und unseren einzelnen Energien und Perfektionen knüpfen. Bezeichnen freilich können wir die volle, geschlossene Realität, die wir unser Subjekt nennen, nur mit der Summe solcher Einzelheiten, ohne daß sie doch aus diesen zusammensetzbar wäre; und die einzige zur Verfügung stehende Kategorie: der Teile und des Ganzen – erschöpft keineswegs dieses einzigartige Verhältnis. All dies Singuläre aber hat, für sich betrachtet, einen objektiven Charakter, es könnte in seiner Isoliertheit an beliebig verschiedenen Subjekten bestehen und gewinnt erst an seiner Innenseite, mit der es eben jene Einheit unseres Wesens erwachsen läßt, den Charakter unserer Subjektivität. Mit der ersteren aber schlägt es gewissermaßen die Brücke zu dem Werte der Objektivitäten, es liegt an unserer Peripherie, mit der wir uns der objektiven, äußeren wie geistigen, Welt vermählen. Sobald sich aber diese nach außen gerichtete, von Äußerem genährte Funktion von ihrer nach innen zu gehenden, in unserem Zentrum mündenden Bedeutung abschnürt, entsteht jene Diskrepanz; wir werden belehrt, werden zwecktätiger, reicher an Genuß und Fähigkeiten, vielleicht auch »gebildeter« – aber unsere Kultivierung hält damit nicht Schritt, denn wir kommen so zwar von einem niedrigeren Haben und Können zu einem höheren, aber nicht von uns selbst als den Niedrigeren zu uns selbst als den Höheren.

Diese Möglichkeit der Diskrepanz zwischen Sachbedeutung und Kulturbedeutung eines und desselben Objektes habe ich nur hervorgehoben, um die prinzipielle Zweiheit der Elemente, in deren Verwebung allein Kultur besteht, nachdrücklicher zu veranschaulichen. Diese Verwebung ist eine schlechthin einzigartige, indem die kulturbedeutende Entwicklung des personalen Seins ein rein am Subjekt bestehender Zustand ist, aber ein solcher, der absolut nicht anders als durch die Aufnahme und Ausnützung objektiver Inhalte erreicht werden kann. Deshalb ist Kultiviertheit einerseits eine im Unendlichen liegende Aufgabe – da die Verwendung objektiver Momente zur Vollendung des persönlichen Seins niemals als abgeschlossen anzusehen ist –, andererseits folgt die Nuance des Sprachgebrauchs diesem Sachverhalt sehr genau, indem die an ein einzelnes Objektives gebundene Kultur: religiöse Kultur, künstlerische Kultur etc. in der Regel nicht zur Bezeichnung des Zustandes von Individuen, sondern nur vom öffentlichen Geiste gebraucht wird; in dem Sinne, daß in einer Epoche besonders viele oder beeindruckende geistige Inhalte einer bestimmten Art vorliegen, durch die hindurch sich die Kultivierung der Individuen vollzieht. Diese können, genaugenommen, nur mehr oder weniger, aber nicht spezialistisch so oder so kultiviert sein; eine sachlich besonderte Kultur des Individuums kann nur entweder bedeuten, daß die kulturelle und als solche überspezialistische Vollendung des Individuums sich hauptsächlich vermittels dieses einen einseitigen Inhaltes vollzogen hat, oder daß neben seiner eigentlichen Kultiviertheit sich noch ein erhebliches Können oder Wissen in Bezug auf einen Sachgehalt ausgebildet hat. Künstlerische Kultur eines Individuums z. B. – wenn sie noch etwas außer den kunstmäßigen Perfektionen, die sich auch bei sonstiger »Unkultiviertheit« eines Menschen einstellen können, sein soll – kann nur besagen, daß es in diesem Fall gerade *diese* sachlichen Perfektionen sind, die die Vollendung des persönlichen Gesamtseins bewirkt haben.

Nun aber entsteht innerhalb dieses Gefüges der Kultur ein Spalt, der freilich schon in ihrem Fundament angelegt ist und der aus der Subjekt-Objekt-Synthese, der metaphysischen Bedeutung ihres Begriffes, eine Paradoxie, ja, eine Tragödie werden läßt. Der Dualismus von Subjekt und Objekt, den ihre Synthese voraussetzt, ist doch nicht nur ein sozusagen substanzieller, das Sein beider betreffender. Sondern die innere Logik, nach der jedes von beiden sich entfaltet, fällt mit der des anderen keineswegs selbstverständlich zusammen. Die Erkenntnis z. B., in ihren Formen noch so sehr durch die Aprioritäten unseres Geistes bestimmt, ist doch ununterbrochen von nur Hinzunehmendem und nicht Vorherzusehendem erfüllt, und daß diese Inhalte ihrer nun einer Vollendung der Seele, die durch deren innere Angelegtheit vorgezeichnet ist, dienen könnten, scheint nicht gewährleistet. Ebenso steht es mit unserem praktisch-technischen Verhältnis zu den Dingen. Gewiß gestalten wir sie nur nach unseren Zwecken; allein sie sind diesen doch nicht absolut nachgiebig, sondern haben Inhalte und eine eigene Logik, durch deren Macht es zweifelhaft wird, ob unser Verfahren mit ihnen, durch einseitiges Interesse, Not oder Abwehr hervorgerufen, irgendwie in die Eigenrichtung unserer zentralen Entwicklung mündet. Und solche eigene Logik besitzt auch aller objektive Geist im engeren Sinne. Wenn gewisse erste Motive des Rechtes, der Kunst, der Sitte geschaffen sind – vielleicht nach unserer eigensten und innerlichsten Spontaneität –, so haben wir es gar nicht mehr in der Hand, zu welchen einzelnen Gebilden sie sich entfalten; diese erzeugend oder rezipierend gehen wir vielmehr am Leitfaden einer ideellen Notwendigkeit entlang, die völlig sachlich und um die Forderungen unserer Individualität, so zentral sie seien, nicht weniger unbekümmert ist, als die physischen Mächte und ihre Gesetze es sind. Es ist freilich im allgemeinen richtig, daß die Sprache für uns dichtet und denkt, d. h. daß sie die fragmentarischen oder gebundenen Impulse unseres eigenen Wesens aufnimmt und zu einer Vollkommenheit führt, zu dem diese, auch rein für uns selbst, sonst nicht gelangt wären. Allein dieser Parallelismus der objektiven und der subjektiven Entwicklungen hat dennoch keine prinzipielle Notwendigkeit. Sogar die Sprache empfinden wir gelegentlich wie eine fremde Naturmacht, die nicht nur unsere Äußerungen, sondern auch unsere innersten Gerichtetheiten verbiegt und verstümmelt. Und die Religion, die gewiß aus dem Suchen der Seele nach sich selbst entsprungen ist, der Flügel, den die eigenen Kräfte der Seele hervortreiben, um sie auf ihre eigene Höhe zu tragen – selbst sie hat, einmal aufgekommen, gewisse Bildungsgesetze, die ihre, aber nicht immer unsere Notwendigkeit entfalten. Was der Religion oft als ihr antikultureller Geist vorgeworfen wird, sind nicht nur ihre gelegentlichen Feindseligkeiten gegen intellektuelle, ästhetische, sittliche Werte, sondern auch dieses Tiefere: daß sie ihren eigenen, durch ihre immanente Logik bestimmten Weg geht, in den sie zwar die Seelen hineinreißt; aber, welche transzendenten Güter auch immer die Seele auf diesem Wege findet, er führt sie oft genug nicht zu der Vollendung ihrer Totalität, auf die ihre eigenen Möglichkeiten sie weisen und die, die Bedeutsamkeit der objektiven Gebilde in sich aufnehmend, eben Kultur heißt.

Indem die Logik der unpersönlichen Gebilde und Zusammenhänge mit Dynamik geladen ist, entstehen zwischen diesen und den inneren Trieben und Normen der Persönlichkeit harte Reibungen, die in der Form der Kultur als solcher eine einzigartige Zusammendrängung erfahren. Seit der Mensch zu sich Ich sagt, sich zum Objekt, über und gegenüber sich selbst, geworden ist, seit durch solche Form unserer Seele ihre Inhalte in einem Zentrum zusammengehören – seitdem mußte ihr aus dieser Form das Ideal wachsen, daß dies so mit dem Mittelpunkt Verbundene auch eine Einheit sei, die in sich geschlossen und deshalb ein selbstgenugsames Ganzes sei. Allein die Inhalte, an denen das Ich diese Organisierung zu einer eigenen, einheitlichen Welt vollziehen soll, gehören nicht ihm allein an; sie sind ihm *gegeben*, von irgendeinem räumlichen, zeitlichen, ideellen Außerhalb her, sie sind zugleich die Inhalte irgendwelcher anderen Welten, gesellschaftlichen und metaphysischen, begrifflichen und ethischen, und in diesen besitzen sie Formen und Zusammenhänge unter sich, die mit denen des Ich nicht zusammenfallen wollen. An diesen Inhalten, die das Ich in besonderer Weise gestaltet – Gedanken, Leistungen, Tendenzen, die ganze Lebensführung – ergreifen die äußeren Welten das Ich, um es in sich einzuziehen; sie wollen die Zentrierung der Inhalte um das Ich zerbrechen, um sie vielmehr nach *ihren* Ansprüchen zu formen.

In dem religiösen Konflikt zwischen der Selbstgenugsamkeit oder Freiheit des Menschen und seiner Einfügung in die göttlichen Ordnungen mag dies seine weiteste und tiefste Offenbarung finden; aber sie ist, nicht anders als der soziale Konflikt zwischen dem Menschen als abgerundeter Individualität und dem bloßen Gliede des gesellschaftlichen Organismus, doch nur *ein* Fall jenes rein formalen Dualismus, in den uns die Zugehörigkeit unserer Lebensinhalte zu noch anderen Kreisen als dem unseres Ich unvermeidlich verstrickt. Der Mensch steht nicht nur unzählige Male im Schnittpunkt je zweier Kreise von objektiven Mächten und Werten, deren jeder ihn mit sich reißen möchte; sondern er fühlt sich selbst als Zentrum, das all seine Lebensinhalte harmonisch und gemäß der Logik der Persönlichkeit um sich herum ordnet – und fühlt sich zugleich mit jedem dieser peripherischen Inhalte solidarisch, der doch auch einem anderen Kreise angehört und hier von einem anderen Bewegungsgesetz beansprucht wird; so daß unser Wesen sozusagen den Schnittpunkt seiner selbst und eines fremden Forderungskreises bildet. Die Kulturtatsache nun drückt die Parteien dieser Kollision aufs engste aneinander, indem sie die Entwicklung der einen geradezu daran bindet (d. h. sie nur so zur Kultiviertheit werden läßt), daß sie die andere in sich einbezieht, also einen Parallelismus oder eine gegenseitige Angepaßtheit beider voraussetzt. Der metaphysische Dualismus von Subjekt und Objekt, den dieses Gefüge der Kultur prinzipiell überwunden hatte, lebt als Diskordanz der einzelnen empirischen Inhalte subjektiver und objektiver Entwicklungen wieder auf.

Vielleicht aber noch weiter klafft der Riß, wenn auf seinen Seiten gar nicht entgegengesetzt gerichtete Inhalte stehen, sondern wenn das Objektive durch seine formalen Bestimmungen: der Selbständigkeit und der Massenhaftigkeit – sich seiner Bedeutung für das Subjekt entzieht. Es war doch die Formel der Kultur, daß subjektiv-seelische Energien eine objektive, von dem schöpferischen Lebensprozeß förderhin unabhängige Gestalt gewinnen und diese ihrerseits wieder in subjektive Lebensprozesse in einer Weise hineingezogen wird, die dessen Träger zur abgerundeten Vollendung seines zentralen Seins bringt. Diese Strömung von Subjekten durch Objekte zu Subjekten, in der ein metaphysisches Verhältnis zwischen Subjekt und Objekt historische Wirklichkeit annimmt, kann nun aber ihre Kontinuität verlieren; das Objekt kann in prinzipiellerer Weise, als es bisher angedeutet war, aus seiner vermittelnden Bedeutung heraustreten und damit die Brücken abbrechen, über die hin sein kultivierender Weg ging.

Solche Isolierung und Entfremdung ergreift es zunächst gegenüber den schaffenden Subjekten auf Grund der Arbeitsteilung. Die Gegenstände, die durch die Kooperation vieler Personen hergestellt sind, bilden eine Skala, je nach dem Maße, in dem ihre Einheit auf die einheitliche, gedankenmäßige Intention eines Individuums zurückgeht oder sich ohne solchen bewußten Ursprung von selbst aus den Teilbeiträgen der Kooperierenden hergestellt hat. An dem durch das letztere bezeichneten Pol steht etwa eine Stadt, die nach keinem zuvor bestehenden Plane, sondern nach den zufälligen Bedürfnissen und Neigungen der Einzelnen gebaut ist und nun doch ein als Ganzes sinnvolles, anschaulich geschlossenes, organisch in sich verbundenes Gebilde ist. Den andern Pol exemplifiziert vielleicht das Produkt einer Fabrik, an dem zwanzig Arbeiter, jeder ohne Kenntnis der andern Teilarbeiten und ihrer Zusammenfügung und ohne Interesse für sie, zusammengewirkt haben – während das Ganze allerdings von einem persönlichen zentralen Willen und Intellekt geleitet ist. Zwischen diesen Erscheinungen mag etwa die Zeitung stehen, deren mindestens äußerliche Einheit in Aspekt und Bedeutung zwar irgendwie auf eine führende Persönlichkeit zurückgeht, aber doch in erheblichem Maße aus gegeneinander zufälligen Beiträgen verschiedenster Art von den verschiedensten, einander ganz fremden Persönlichkeiten erwächst. Der Typus dieser Erscheinungen ist, absolut ausgedrückt, der: durch die Wirksamkeit differenter Personen entsteht ein Kulturobjekt, das als Ganzes, als dastehende und spezifisch wirksame Einheit, *keinen Produzenten hat*, nicht aus einer entsprechenden Einheit eines seelischen Subjektes hervorgegangen ist. Die Elemente haben sich zusammengetan wie nach einer ihnen selbst, als objektiven Wirklichkeiten, innewohnenden Logik und Formungsintention, mit denen ihre Schöpfer sie nicht geladen haben. Die Objektivität des geistigen Inhaltes, die ihn von allem Aufgenommen- oder Nicht-Aufgenommenwerden unabhängig macht, fällt hier auf die Seite seiner Produktion: gleichviel was die Einzelnen gewollt oder nicht gewollt haben, das fertige Gebilde, rein körperlich realisiert, von keinem Geiste mit seiner jetzt wirksamen Bedeutung gespeist, besitzt sie dennoch und kann sie in den Kulturprozeß weitergeben – nur graduell anders, als wenn ein kleines Kind Buchstaben, mit denen es spielt, zufällig zu einem guten Sinn anordnet; dieser Sinn ist in geistiger Objektivität und Konkretheit in ihnen da, aus so völliger Ahnungslosigkeit heraus er auch produziert sei.

Genau angesehen aber ist das doch nur ein sehr radikaler Fall eines ganz allgemeinen, auch jene Fälle von Arbeitsteilung übergreifenden menschlich-geistigen Schicksals. Die allermeisten Produkte unseres geistigen Schaffens enthalten innerhalb ihrer Bedeutung eine gewisse Quote, die wir nicht geschaffen haben. Ich meine damit nicht Unoriginalität, vererbte Werte, Abhängigkeit von Vorbildern; denn mit alledem könnte das Werk doch seinem ganzen Inhalt nach aus unserem Bewußtsein geboren sein, wenngleich dies Bewußtsein damit nur weitergäbe, was es tale quale empfangen hat. Vielmehr, in den weitaus meisten unserer objektiv sich darbietenden Leistungen ist etwas von Bedeutung enthalten, das von andern Subjekten herausgezogen werden kann, das wir selbst aber nicht hineingelegt haben. Nirgends natürlich gilt im absoluten Sinne, überall aber im relativen: Was er webt, das weiß kein Weber. Die fertige Leistung enthält Akzente, Relationen, Werte, rein ihrem Sachbestande nach und gleichgültig dagegen, ob der Schaffende gewußt hat, daß dies der Erfolg seines Schaffens sein wird. Es ist ein ebenso geheimnisvolles wie unbezweifelbares Faktum, daß an ein materielles Gebilde ein geistiger Sinn, objektiv und für jedes Bewußtsein reproduzierbar, gebunden sein kann, den kein Bewußtsein hineingelegt hat, sondern der an der reinen, eigensten Tatsächlichkeit dieser Form haftet. Der Natur gegenüber bietet der analoge Fall kein Problem: kein künstlerischer Wille hat südlichen Gebirgen die Stilreinheit ihres Umrisses oder dem stürmischen Meer seine erschütternde Symbolik verliehen. An allen Geisteswerken aber hat das rein Naturhafte, insofern es mit solchen Bedeutungsmöglichkeiten ausgestattet ist, einen Anteil oder kann ihn haben. Die Möglichkeit, einen subjektiven geistigen Inhalt herauszugewinnen, ist eben als eine nicht weiter beschreibliche objektive Formung, die ihren Ursprung völlig hinter sich gelassen hat, in ihnen investiert. In extremem Beispiel: ein Dichter habe ein Rätsel auf eine bestimmte Lösung hin verfaßt; wird ein anderes Lösungswort dafür gefunden, das genau so passend, so sinnvoll, so überraschend ist, wie jenes, so ist es eben auch genau so »richtig«, und obgleich es seinem Schöpfungsprozeß absolut fernlag, liegt es in dem Geschaffenen genau so als ideelle Objektivität, wie jenes erste Wort, auf das hin das Rätsel geschaffen wurde.

Diese Möglichkeiten und Maße der Selbständigkeit des objektiven Geistes sollen nur deutlich machen, daß er auch da, wo er aus dem Bewußtsein eines subjektiven Geistes erzeugt ist, nach erfolgter Objektivation eine nun von diesem gelöste Gültigkeit und unabhängige Chance der Re-subjektivierung besitzt; ebensowenig freilich braucht diese Chance realisiert zu werden – da ja, in dem obigen Beispiel, das zweite Lösungswort des Rätsels in seiner objektiven Geistigkeit zu Recht besteht, auch bevor es aufgefunden wurde und auch wenn dies nie geschähe. Diese eigentümliche Beschaffenheit der Kulturinhalte – die bisher für die einzelnen, gleichsam isolierten gilt – ist das metaphysische Fundament für die verhängnisvolle Selbständigkeit, mit der das Reich der Kulturprodukte wächst und wächst, als triebe eine innere logische Notwendigkeit ein Glied nach dem andern hervor, oft fast beziehungslos zu dem Willen und der Persönlichkeit der Produzenten und wie unberührt von der Frage, von wie vielen Subjekten überhaupt und in welchem Maße von Tiefe und Vollständigkeit es aufgenommen und seiner Kulturbedeutung zugeführt wird. Der »Fetischcharakter«, den Marx den wirtschaftlichen Objekten in der Epoche der Warenproduktion zuspricht, ist nur ein besonders modifizierter Fall dieses allgemeinen Schicksals unserer Kulturinhalte. Diese Inhalte stehen – und mit steigender »Kultur« immer mehr – unter der Paradoxie, daß sie zwar von Subjekten geschaffen und für Subjekte bestimmt sind, aber in der Zwischenform der Objektivität, die sie diesseits und jenseits dieser Instanzen annehmen, einer immanenten Entwicklungslogik folgen und sich damit ihrem Ursprung wie ihrem Zweck entfremden. Es sind nicht etwa physische Notwendigkeiten, die hierbei in Frage kämen, sondern wirklich nur kulturelle, die freilich die physischen Bedingtheiten nicht überspringen können. Aber was die Produkte, als solche des Geistes, hervortreibt, eines scheinbar aus dem andern, ist die kulturelle Logik der Objekte, nicht die naturwissenschaftliche.

Hier liegt der verhängnisvolle innere Zwangstrieb aller »Technik«, sobald ihre Ausbildung sie aus der Reichweite des unmittelbaren Verbrauches herausgerückt hat. So kann etwa die industrielle Herstellung mancher Fabrikate die von Nebenprodukten nahelegen, für die eigentlich kein Bedürfnis vorliegt; allein der Zwang, jene einmal geschaffenen Einrichtungen voll auszunutzen, drängt darauf; die technische Reihe fordert von sich aus, sich durch Glieder zu komplettieren, deren die seelische, eigentlich definitive Reihe nicht bedarf – und so entstehen Angebote von Waren, die erst ihrerseits künstliche und, von der Kultur der Subjekte her gesehen, sinnlose Bedürfnisse wachrufen.

In manchen Wissenschaftszweigen ist es nicht anders. Die philologische Technik etwa ist einerseits zu einer unübertrefflichen Feinheit und methodischen Vollkommenheit entwickelt, anderseits wachsen die Gegenstände, die so zu bearbeiten ein wirkliches Interesse der geistigen Kultur ist, nicht sehr schnell nach, und so wird die philologische Bemühung vielfach zu einer Mikrologie, einem Pedantismus und einer Bearbeitung des Unwesentlichen – gleichsam ein Leergang der Methode, ein Weitergehen der sachlichen Norm, deren selbständiger Weg nicht mehr mit dem der Kultur als einer Lebensvollendung zusammenfällt.

Es ist das gleiche letzte Formmotiv, wenn in der Kunstentwicklung das technische Können groß genug wird, um sich von dem Dienst an dem kulturellen Gesamtzweck der Kunst zu emanzipieren. Jetzt nur noch der eigenen Sachlogik gehorsam, entfaltet die Technik Verfeinerung auf Verfeinerung, die indes nur noch *ihre* Vervollkommnungen sind, aber nicht mehr solche des kulturellen Sinnes der Kunst.

Die ganze übermäßige Spezialisierung, die heute auf allen Arbeitsgebieten beklagt wird und doch deren Fortentwicklung wie mit dämonischer Unerbittlichkeit unter ihr Gesetz zwingt, ist nur eine Sondergestaltung jenes allgemeinen Verhängnisses der Kulturelemente: daß die Objekte eine eigene Logik ihrer Entwicklung haben – keine begriffliche, keine naturhafte, sondern nur ihrer Entwicklung als kultureller Menschenwerke – und in deren Konsequenz von der Richtung abbiegen, mit der sie sich der personalen Entwicklung menschlicher Seelen einfügen könnten. Darum ist diese Diskrepanz keineswegs mit der oft hervorgehobenen identisch: mit dem Auswachsen der Mittel zu dem Wert von Endzwecken, wie vorgeschrittene Kulturen es auf Schritt und Tritt zeigen. Denn dies ist etwas rein Psychologisches, eine Akzentuierung aus seelischen Zufälligkeiten oder Notwendigkeiten heraus und ohne jede feste Beziehung zu dem sachlichen Zusammenhang der Dinge. Hier aber handelt es sich gerade um diesen, um die immanente Logik der Kulturformungen der Dinge; der Mensch wird jetzt der bloße Träger des Zwanges, mit dem diese Logik die Entwicklungen beherrscht und sie wie in der *Tangente* der Bahn weiterführt, in der sie wieder in die Kulturentwicklung des lebendigen Menschen zurückkehren würden – nicht anders als die Logik der Begriffe unser Denken oft zu theoretischen Konsequenzen führt, die von der ursprünglich bestimmenden Absicht eben dieses Denkens weit abliegen.

Dies ist die eigentliche Tragödie der Kultur. Denn als ein tragisches Verhängnis – im Unterschied gegen ein trauriges oder von außen her zerstörendes – bezeichnen wir doch wohl dies: daß die gegen ein Wesen gerichteten vernichtenden Kräfte aus den tiefsten Schichten eben dieses Wesens selbst entspringen; daß sich mit seiner Zerstörung ein Schicksal vollzieht, das in ihm selbst angelegt und sozusagen die logische Entwicklung eben der Struktur ist, mit der das Wesen seine eigene Positivität aufgebaut hat. Es ist der Begriff aller Kultur, daß der Geist ein selbständig Objektives schaffe, durch das hin die Entwicklung des Subjektes von sich selbst zu sich selbst ihren Weg nehme; aber eben damit ist jenes integrierende, kulturbedingende Element zu einer Eigenentwicklung prädeterminiert, die noch immer Kräfte der Subjekte verbraucht, noch immer Subjekte in ihre Bahn reißt, ohne doch diese damit zu der Höhe ihrer selbst zu führen: die Entwicklung der Subjekte kann jetzt nicht mehr den Weg gehen, den die der Objekte nimmt; diesem letzteren dennoch folgend, verläuft sie sich in einer Sackgasse oder in einer Entleertheit von innerstem und eigenstem Leben.

In noch positiverer Weise aber setzt die Kulturentwicklung das Subjekt außerhalb ihrer selbst durch die schon angedeutete Form- und Grenzenlosigkeit, die dem objektiven Geist durch die numerische Unbeschränktheit seiner Produzenten kommt. Zu dem Vorrat der objektivierten Kulturinhalte kann ein jeder ohne irgendwelche Rücksicht auf die anderen Kontribuenten beisteuern; dieser Vorrat hat in den einzelnen Kulturepochen wohl eine bestimmte Färbung, also von innen her eine Qualitätsgrenze, aber nicht ebenso eine Quantitätsgrenze, er hat gar keinen Grund, sich nicht ins Unendliche zu vermehren, nicht Buch an Buch, Kunstwerk an Kunstwerk, Erfindung an Erfindung zu reihen: die Form der Objektivität als solcher besitzt eine schrankenlose Erfüllungskapazität. Mit dieser sozusagen unorganischen Anhäufbarkeit aber wird sie der Form des persönlichen Lebens im Tiefsten inkommensurabel. Denn dessen Aufnahmefähigkeit ist nicht nur nach Kraft und Lebensdauer begrenzt, sondern durch eine gewisse Einheit und relative Geschlossenheit seiner Form, und es trifft deshalb eine Auswahl mit determiniertem Spielraum unter den Inhalten, die sich ihm als Mittel seiner individuellen Entwicklung anbieten.

Nun brauchte scheinbar für das Individuum diese Inkommensurabilität nicht praktisch zu werden, indem es beiseite liegen läßt, was seine Eigenentwicklung sich nicht assimilieren kann. Allein so einfach gelingt das nicht. Der ins Unabsehbare wachsende Vorrat des objektivierten Geistes stellt Ansprüche an das Subjekt, weckt Velleitäten in ihm, schlägt es mit Gefühlen von eigener Unzulänglichkeit und Hilflosigkeit, spinnt es in Gesamtverhältnisse, deren Ganzheit es sich nicht entziehen kann, ohne doch ihre Einzelinhalte bewältigen zu können. So entsteht die typische problematische Lage des modernen Menschen: das Gefühl, von einer Unzahl von Kulturelementen umgeben zu sein, die für ihn nicht bedeutungslos sind, aber im tiefsten Grunde auch nicht bedeutungsvoll; die als Masse etwas Erdrückendes haben, weil er nicht alles einzelne innerlich assimilieren, es aber auch nicht einfach ablehnen kann, da es sozusagen potentiell in die Sphäre seiner kulturellen Entwicklung gehört. Man könnte dies mit der genauen Umkehrung des Wortes charakterisieren, das die ersten Franziskaner in ihrer seligen Armut bezeichnete, in ihrer absoluten Befreitheit von allen Dingen, die irgendwie noch den Weg der Seele durch sich hindurchleiten und zu einem indirekten machen wollten: Nihil habentes, omnia possidentes – statt dessen sind die Menschen sehr reicher und überladener Kulturen omnia habentes, nihil possidentes. –

Diese Erfahrungen mögen schon in vielerlei Formen ausgesprochen sein[1]; worauf es hier ankommt, ist ihre tiefe Verwurzeltheit in dem Zentrum des Kulturbegriffes. Der ganze Reichtum, den dieser Begriff realisiert, beruht darin: daß objektive Gebilde, ohne ihre Objektivität zu verlieren, in den Vollendungsprozeß von Subjekten als dessen Weg oder Mittel einbezogen werden. Ob, vom Subjekt aus gesehen, die höchste Art seiner Vollendung so erreicht wird, bleibe dahingestellt; für die metaphysische Absicht aber, die das Prinzip des Subjekts und das des Objekts als solches in Eines zu bringen sucht, liegt hier eine der äußersten Garantien dagegen, sich nicht selbst als Illusion erkennen zu müssen. Die metaphysische Frage findet damit eine historische Antwort. In den Kulturgebilden hat der Geist eine Objektivität erlangt, die ihn von allem Zufall subjektiver Reproduktion unabhängig und zugleich dem zentralen Zweck subjektiver Vollendung dienstbar macht. Während die metaphysischen Antworten auf jene Frage sie eigentlich abzuschnei-

1 Ich habe sie in meiner »Philosophie des Geldes« für eine größere Anzahl historisch konkreter Gebiete ausgeführt.

den pflegen, indem sie den Subjekt-Objekt-Gegensatz irgendwie als nichtig zeigen, hält die Kultur gerade an dem vollen Gegenüber der Parteien fest, an der übersubjektiven Logik der geistgeformten Dinge, an der entlang das Subjekt sich über sich selbst zu sich selbst erhebt. Die Grundfähigkeit des Geistes: sich von sich selbst lösen zu können, sich gegenüberzutreten wie einem Dritten, gestaltend, erkennend, wertend, und erst in dieser Form das Bewußtsein seiner selbst zu gewinnen – hat mit der Tatsache der Kultur gleichsam ihren weitesten Radius erreicht, hat das Objekt am energischsten gegen das Subjekt gespannt, um es wieder in dieses zurückzuführen.

Aber eben an dieser eigenen Logik des Objektes, von der das Subjekt sich als ein in sich selbst und sich selbst gemäß vollkommeneres zurückgewinnt, bricht dieses Ineinander der Parteien entzwei. Was diese Blätter schon früh hervorhoben: daß der Schaffende nicht an den Kulturwert, sondern nur an die Sachbedeutung des Werkes, die von dessen eigener Idee umschrieben ist, zu denken pflege – dies gleitet mit den unmerklichen Übergängen einer rein sachlichen Entwicklungslogik in die Karikatur: in ein vom Leben abgeschnürtes Spezialistentum über, in den Selbstgenuß einer Technik, die den Weg zu den Subjekten nicht mehr zurückfindet. Eben diese Objektivität ermöglicht die Arbeitsteilung, die in dem einzelnen Produkte die Energien eines ganzen Komplexes von Persönlichkeiten sammelt, unbekümmert darum, ob ein Subjekt das darin investierte Quantum von Geist oder Leben zu seiner eigenen Förderung wieder herausentwickeln kann oder ob nur ein äußerlich peripherisches Bedürfnis damit befriedigt wird. Hier liegt der tiefe Grund des Ruskinschen Ideales, alle Fabrikarbeit durch kunstmäßige Arbeit der Individuen zu ersetzen. Die Arbeitsteilung löst das Produkt als solches von jedem einzelnen der Kontribuenten los, es steht in einer selbständigen Objektivität da, die es zwar geeignet macht, sich einer Ordnung der Sachen einzufügen oder einem sachlich bestimmten Einzelzweck zu dienen; aber damit entgeht ihm jene innere Durchseeltheit, die nur der ganze Mensch dem ganzen Werk geben kann und die seine Einfügung in die seelische Zentralität anderer Subjekte trägt. Deshalb ist das Kunstwerk ein so unermeßlicher Kulturwert, weil es aller Arbeitsteilung unzugängig ist, d. h. weil hier (mindestens in dem jetzt wesentlichen Sinne und von metaästhetischen Deutungen abgesehen) das Geschaffene den Schöpfer aufs innigste bewahrt. Was bei Ruskin als Kulturhaß erscheinen könnte, ist in Wirklichkeit Kulturleidenschaft: sie geht auf Rückgängigmachung der Arbeitsteilung, die den Kulturinhalt subjektlos macht, ihm eine entseelte Objektivität gibt, mit der er sich aus dem eigentlichen Kulturprozeß herausreißt.

Und dann offenbarte sich die tragische Entwicklung, die die Kultur an die Objektivität von Inhalten bindet, die Inhalte aber gerade durch ihre Objektivität schließlich einer Eigenlogik überantwortet und der kulturellen Assimilation durch Subjekte entzieht – diese offenbarte sich endlich an der beliebigen Vermehrbarkeit der Inhalte des objektiven Geistes. Da die Kultur für ihre Inhalte keine konkrete Formeinheit besitzt, jeder Schaffende vielmehr sein Produkt neben das des andern wie in den grenzenlosen Raum stellt, so erwächst jene Massenhaftigkeit von Dingen, deren jedes mit einem gewissen Recht Anspruch auf Kulturwert macht und auch einen Wunsch, es so zu verwerten, in uns anklingen läßt. Die Formlosigkeit des objektivierten Geistes als Ganzheit gestattet ihm ein Entwicklungstempo, hinter dem das des subjektiven Geistes in einem rapid wachsenden Abstand zurückbleiben muß. Aber der subjektive Geist weiß eben die Geschlossenheit seiner Form nicht völlig gegen die Berührungen, Versuchungen, Verbiegungen durch all jene »Dinge« zu bewahren; die Übermacht des Objekts über das Subjekt, im allgemeinen durch den Weltlauf realisiert, in der Kultur zu glücklichem Gleichgewicht aufgehoben, wird nun innerhalb ihrer durch die Grenzenlosigkeit des objektiven Geistes wieder spürbar. Was man als die Behangenheit und Überladung unseres Lebens mit tausend Überflüssigkeiten beklagt, von denen wir uns doch nicht befreien können, als das fortwährende »Angeregtsein« des Kulturmenschen, den all dies doch nicht zu eigenem Schöpfertum anregt, als das bloße Kennen oder Genießen von tausend Dingen, die unsere Entwicklung nicht in sich einbeziehen kann und die als Ballast in ihr liegenbleiben – all diese oft formulierten spezifischen Kulturleiden sind nichts anderes als die Phänomene jener Emanzipation des objektivierten Geistes. Daß diese besteht, bedeutet eben, daß die Kulturinhalte schließlich einer von ihrem *Kultur*zweck unabhängigen und von ihm immer weiter abführenden Logik folgen, ohne daß doch der Weg des Subjektes von all diesem, qualitativ und quantitativ unangemessen gewordenen, entlastet wäre. Vielmehr, da dieser Weg, als kultureller, durch das Selbständig- und Objektivwerden der seelischen Inhalte bedingt ist, so entsteht die tragische Situation, daß die Kultur eigentlich schon in ihrem ersten Daseinsmomente diejenige Form ihrer Inhalte in sich birgt, die ihr inneres Wesen: den Weg der Seele von sich als der unvollendeten zu sich selbst als der vollendeten – wie durch eine immanente Unvermeidlichkeit abzulenken, zu belasten, ratlos und zwiespältig zu machen bestimmt ist.

Das große Unternehmen des Geistes, das Objekt als solches dadurch zu überwinden, daß er sich selbst als Objekt schafft und mit der Bereicherung durch diese Schöpfung zu sich selbst zurückzukehren, gelingt unzählige Male; aber er muß diese Selbstvollendung mit der tragischen Chance bezahlen, in der sie bedingenden Eigengesetzlichkeit der von ihm selbst geschaffenen Welt eine Logik und Dynamik sich erzeugen zu sehen, die die Inhalte der Kultur mit immer wachsender Beschleunigung und immer wachsendem Abstand von dem Zwecke der Kultur abführt. Der Widerspruch, den ihre Hand versöhnt, wird, mindestens als Möglichkeit und Drohung, in ihrem Herzen wiedergeboren.

Der Konflikt der modernen Kultur

Sobald das Leben über das bloß Animalische hinaus zur Stufe des Geistes vorgeschritten ist und der Geist seinerseits zur Stufe der Kultur, wird in ihm ein innerer Gegensatz offenbar, dessen Entwicklung, Austrag, Neuentstehung den ganzen Weg der Kultur ausmacht. Offenbar nämlich sprechen wir von Kultur, wenn die schöpferische Bewegung des Lebens gewisse Gebilde hervorgebracht hat, an denen sie ihre Äußerung, die Formen ihrer Verwirklichung findet, und die ihrerseits die Flutungen des nachkommenden Lebens in sich aufnehmen und ihnen Inhalt und Form, Spielraum und Ordnung geben: so die sozialen Verfassungen und die Kunstwerke, die Religionen und die wissenschaftlichen Erkenntnisse, die Techniken und die bürgerlichen Gesetze und unzähliges andere. Aber diese Erzeugnisse von Lebensprozessen haben das Eigentümliche, daß sie im Augenblick ihres Entstehens schon einen eigenen festen Bestand haben, der mit dem ruhelosen Rhythmus des Lebens selbst, seinem Auf- und Niedergang, seiner steten Erneuerung, seinen unaufhörlichen Spaltungen und Wiedervereinigungen nichts mehr zu tun hat. Sie sind Gehäuse des schöpferischen Lebens, das sie aber wieder verläßt, und des nachströmenden, das aber schließlich in ihnen nicht mehr unterkommt. Sie zeigen eine eigene Logik und Gesetzlichkeit, einen eigenen Sinn und Widerstandskraft, in einer gewissen Abgelöstheit und Selbständigkeit gegenüber der seelischen Dynamik, die sie schuf; im Augenblick dieses Schaffens entsprechen sie vielleicht dem Leben, aber im Maße seiner Weiterentfaltung pflegen sie in starre Fremdheit, ja Gegensätzlichkeit zu ihm zu geraten.

Hier nun liegt der letzte Grund davon, daß die Kultur eine *Geschichte* hat. Wenn das geistgewordene Leben fortwährend solche Gebilde schafft, die eine Geschlossenheit in sich selbst und einen Anspruch auf Dauer, ja auf Zeitlosigkeit tragen, so

mag man sie als die *Formen* bezeichnen, in die dieses Leben sich kleidet, als die notwendige Art, ohne die es nicht in die Erscheinung treten, ohne die es nicht geistiges Leben sein kann. Es selbst aber strömt unablässig weiter, seine ruhelose Rhythmik tritt an jedem neuen Gehalt, in dem es sich eine neue Daseinsform schafft, in Widerspruch gegen dessen feste Dauer oder zeitlose Gültigkeit. In rascherem oder langsamerem Tempo nagen die Kräfte des Lebens an jedem einmal entstandenen Kulturgebilde; sowie es zu seiner vollen Ausbildung gelangt ist, beginnt darunter schon das nächste sich zu formen, das es nach kürzerem oder längerem Kampfe zu ersetzen bestimmt ist.
Als Gegenstand der Geschichte in ihrem größten Sinn erscheint der Wandel der Kulturformen. Dies ist die äußere Erscheinung, mit der die Geschichte als empirische Wissenschaft sich begnügt, indem sie in jedem einzelnen Fall die konkreten Träger und Ursachen jenes Wandels herausstellt. Der Tiefenvorgang dürfte aber der sein, daß das Leben vermöge seines Wesens als Unruhe, Entwicklung, Weiterströmen, gegen seine eigenen festgewordenen Erzeugnisse, die mit ihm nicht mitkommen, dauernd ankämpft; da es aber seine eigene Außenexistenz nicht anders finden kann als eben in irgendwelchen Formen, so stellt sich dieser Prozeß sichtbar und benennbar als Verdrängung der alten Form durch eine neue dar. Der fortwährende Wandel der Kulturinhalte, schließlich der ganzen Kulturstile, ist das Zeichen oder vielmehr der Erfolg der unendlichen Fruchtbarkeit des Lebens, aber auch des tiefen Widerspruchs, in dem sein ewiges Werden und Sich-Wandeln gegen die objektive Gültigkeit und Selbstbehauptung seiner Darbietungen und Formen steht, an denen oder in denen es lebt. Es bewegt sich zwischen Stirb und Werde – Werde und Stirb.
Dieser Charakter des geschichtlichen Kulturprozesses ist zuerst an wirtschaftlichen Entwicklungen festgestellt worden. Die wirtschaftlichen Kräfte jeder Epoche erzeugen eine ihnen gemäße Produktionsform. Sklavenwirtschaft und Zunftver-

fassung, bäuerliche Schollenpflichtigkeit und freies Lohnarbeitertum oder welche Arbeitsorganisationen immer – als sie sich bildeten, waren sie der adäquate Ausdruck dessen, was die Zeit konnte und wollte. Aber innerhalb ihrer Normierungen und Schranken wuchsen jeweils wirtschaftliche Kräfte auf, deren Maß und Art sich in ihnen nicht ausleben konnten und die den immer drückenderen Zwang der jeweiligen Form in langsameren oder akuteren Revolutionen sprengten, um eine andere, diesen jetzigen Kräften angemessene Produktionsart an ihre Stelle zu setzen. Aber diese letztere hat doch in sich, als Form, keine Energie, die eine andere verdrängen könnte. Es ist das Leben selbst – hier in seiner wirtschaftlichen Auszweigung – mit seinem Drängen und Überholen-Wollen, seinem Sich-Wandeln und Differenzieren, das die Dynamik zu der ganzen Bewegung hergibt, das aber, an sich formlos, doch nur als Geformtes zum Phänomen werden kann. Dennoch beansprucht diese Form, ihrem Wesen als Form nach, und auf reiner geistigen Gebieten noch sichtbarer als auf wirtschaftlichem, im Augenblick ihres Aufkommens eine übermomentane, von der Pulsierung des Lebens selbst emanzipierte Gültigkeit; und darum setzt sich gegen diese das Leben eigentlich von vornherein in latente Opposition, die bald in dieser, bald in jener Provinz unseres Seins und Tuns zum Ausbruch kommt.

Und dies kann sich schließlich zu einer Gesamtnot der Kultur akkumulieren, in der das Leben *die Form als solche* wie etwas ihm Aufgedrungenes empfindet, die Form überhaupt, nicht nur diese und jene durchbrechen und in seine Unmittelbarkeit aufsaugen will, um sich selbst an ihre Stelle zu setzen, seine eigene Kraft und Fülle so und nur so strömen zu lassen, wie sie eben aus seiner Quelle bricht, bis alle Erkenntnisse, Werte und Gebilde nur noch als seine umweglosen Offenbarungen gelten können. Jetzt erleben wir diese neue Phase des alten Kampfes, der nicht mehr Kampf der heute vom Leben gefüllten Form gegen die alte, leblos gewordene ist, sondern Kampf des Lebens gegen die Form überhaupt, gegen das Prinzip der Form. Der Tatsache nach haben die Moralisten, die Lobredner der alten Zeit, die Menschen des strengen Stilgefühles recht, wenn sie über die allenthalben sich steigernde »Formlosigkeit« des modernen Lebens klagen. Nur pflegen sie zu übersehen, daß nicht nur etwas Negatives, das Absterben der überlieferten Formen geschieht, sondern ein durchaus positiver Lebensdrang diese Formen abstößt. Weil aber die Breite dieses Geschehens ihn zu der Konzentrierung zu neuem Formschaffen noch nicht kommen läßt, macht er sozusagen aus dieser Not ein Prinzip und glaubt gegen die Form, bloß weil sie Form ist, kämpfen zu sollen.

Vielleicht ist dies nur in einer Epoche möglich, in der die Kulturformen überhaupt als erschöpfter Boden empfunden werden, der hergegeben hat, was er hergeben konnte, während er doch noch ganz und gar von den Erzeugnissen seiner früheren Fruchtbarkeit bedeckt ist. Gewiß, im 18. Jahrhundert geschah ähnliches, aber einmal geschah es durch einen viel längeren Zeitraum hindurch, von der englischen Aufklärung des 17. Jahrhunderts bis zur Französischen Revolution, und dann stand hinter jedem Umsturz das ganz feste neue Ideal: die Befreiung des Individuums, das Vernünftigwerden des Lebens, der sichere Fortschritt der Menschheit zu Glück und Vollkommenheit. Und aus ihm stieg, die Menschen innerlich sichernd, das Bild neuer, irgendwie schon vorbereiteter Kulturformen auf. So kam es nicht zu der Kulturnot, die wir kennen, die wir Älteren allmählich wachsen sahen, bis zu dem Grade, daß überhaupt nicht mehr eine neue Form den Kampf gegen eine alte aufnahm, sondern auf allen möglichen Gebieten das Leben sich dagegen empört, in irgendwie festen Formen verlaufen zu sollen. –

Es ist wie ein Vorstadium dieser nun deutlich gewordenen Lage, daß in der philosophischen Deutung der Welt schon vor Jahrzehnten der Begriff des Lebens herrschend zu werden begonnen hat. Um dieser Erscheinung ihren richtigen Platz innerhalb des geistesgeschichtlichen Gesamtraumes anzuweisen, muß ich ein wenig weiter ausholen.

In jeder großen, entschieden charakterisierten Kulturepoche kann man je einen Zentralbegriff wahrnehmen, aus dem die geistigen Bewegungen hervorgehen, und auf den sie zugleich hinzugehen scheinen; mag nun die Zeit selbst über ihn ein abstraktes Bewußtsein haben, oder mag er nur der ideelle Brennpunkt für jene Bewegungen sein, den erst der spätere Beobachter in seinem Sinn und seiner Bedeutung für sie erkennt. Jeder solche Zentralbegriff findet natürlich unzählige Abwandlungen, Verhüllungen, Gegnerschaften, aber mit alledem bleibt er der »heimliche König« der Geistesepoche. Für jede solche liegt er da – und das macht seinen Ort auffindbar –, wo das höchste Sein, das Absolute und Metaphysische der Wirklichkeit mit dem höchsten Wert, mit der absoluten Forderung an uns selbst und an die Welt zusammentrifft. Gewiß liegt hierin ein logischer Widerspruch: was unbedingteste Realität ist, braucht nicht erst realisiert zu werden, von dem unbezweifeltsten Sein kann man ersichtlich nicht sagen, daß es erst sein soll. Aber um diese begriffliche Schwierigkeit kümmern sich die Weltanschauungen in ihren letzten Aufgipfelungen nicht, und gerade wo sie ihn begehen, wo die sonst gegeneinander fremden Reihen des Seins und des Sollens sich begegnen, kann man sicher sein, an einem wirklichen Zentralpunkt des jeweiligen Weltbildes zu stehen.
Nur in größter Kürze deute ich hier an, was mir für weite Epochen als ein solcher Zentralbegriff erscheint. In der griechischen Klassik war es die Idee des *Seins,* des einheitlichen, substantiellen, göttlichen, das aber nicht pantheistisch gestaltlos war, sondern in sinnvollen plastischen Formen gegeben und zu ihnen zu gestalten. An seine Stelle setzte das christliche Mittelalter den Gottesbegriff, Quell zugleich und Ziel aller Wirklichkeit, unbedingter Herr unserer Existenz und doch von ihr freien Gehorsam und Hingabe erst fordernd. Diesen obersten Platz nahm seit der Renaissance allmählich der Begriff der Natur ein. Sie erschien als das Unbedingte, das allein Seiende und Wahre, zugleich aber als das Ideal, als ein erst Darzustellendes und Durchzusetzendes; zuerst im Künstlertum, für das ja von

vornherein die Einheit des letzten Kernes der Wirklichkeit und des wertmäßig Höchsten unerläßliche Lebensbedingung ist. Dann hat das 17. Jahrhundert die Weltanschauung um den Begriff des Naturgesetzes als des allein wesenhaft Gültigen zentriert, und das Jahrhundert Rousseaus hat die »Natur« als Ideal, als den absoluten Wert, Sehnsucht und Forderung darüber gebaut. Daneben arbeitet sich am Ende der Epoche das *Ich*, die seelische Persönlichkeit, als Zentralbegriff auf, indem einerseits das ganze Dasein als schöpferische Vorstellung des bewußten Ich auftritt, anderseits die Persönlichkeit doch erst zur Aufgabe wird, das Durchsetzen des reinen Ich oder auch der Individualität als der absolute sittliche Anspruch, ja als das metaphysische Weltziel erscheint. Das 19. Jahrhundert hat in der bunten Vielheit seiner geistigen Bewegungen keinen gleich umfassenden Leitgedanken aufgebracht. In der Beschränkung auf das Menschliche könnte man hier an den Begriff der Gesellschaft denken, die im 19. Jahrhundert zuerst als unsere eigentliche Lebensrealität verkündet wurde, das Individuum ein bloßer Kreuzungspunkt sozialer Reihen oder gar eine Fiktion wie das Atom; anderseits aber wird doch gerade ein Aufgehen in der Gesellschaft erst *gefordert*, die absolute Hingabe an sie sei das absolute Sollen, das das sittliche und jegliches andere in sich schlösse.

Erst um die Wende des 20. Jahrhunderts schienen weitere Schichten des geistigen Europa gleichsam die Hand nach einem neuen Grundmotiv für den Aufbau einer Weltanschauung auszustrecken: der Begriff des *Lebens* strebt zu der zentralen Stelle auf, in der Wirklichkeit und Werte – metaphysische wie psychologische, sittliche wie künstlerische – ihren Ausgangspunkt und ihren Treffpunkt haben.

Welche Einzelerscheinungen nun, die zuvor geschilderte Allgemeintendenz der jüngsten Kultur tragend, in der vielgestaltigen »Metaphysik des Lebens« den Boden für ihr Wachstum, die Rechtfertigung für ihre Richtungen und ihre Konflikte und Tragödien finden – wird nachher zu verfolgen sein. Aber es muß noch gesagt werden, wie merkwürdig die aufkommende weltanschauliche Bedeutung des Lebensbegriffes sich vorwegnehmend damit bestätigt hat, daß die großen Antagonisten der modernen Wertgefühle, Schopenhauer und Nietzsche, sich gerade in ihr zusammenfinden.

Schopenhauer ist der erste neuzeitliche Philosoph, der innerhalb der tiefsten und entscheidenden Schicht nicht nach irgendwelchen *Inhalten* des Lebens, nach Ideen oder Seinsbeständen fragt, sondern ausschließlich: Was ist das Leben, was ist seine Bedeutung rein als Leben? Daß er den Ausdruck nicht braucht, sondern nur vom Willen zum Leben oder vom Willen überhaupt spricht, darf an dieser Grundeinstellung nicht irremachen. Jenseits all seines spekulativen Hinausgreifens über das Leben ist »Wille« eben seine Antwort auf die Frage nach der Bedeutung des Lebens als solchen. Und diese besagt, daß das Leben keinen Sinn und Zweck außerhalb seiner selbst erreichen kann, weil es immer seinen eigenen, in tausend Formen verkleideten Willen ergreift; gerade indem es seiner metaphysischen Wirklichkeit nach nur in sich selbst bleiben kann, kann es an jedem scheinbaren Ziel nur Enttäuschung und endlos weitertreibende Illusionen finden.

Nietzsche aber, ganz ebenso von dem Leben als der alleinigen Bestimmung seiner selbst, als der alleinigen Substanz aller seiner Inhalte ausgehend, hat den dem Leben von außen versagten sinngebenden Zweck im Leben selbst gefunden, das seinem Wesen nach Steigerung, Mehrwerden, Entwicklung zu Fülle und Macht, zu Kraft und Schönheit aus sich selbst heraus ist, – nicht an einem angebbaren Ziele, sondern an der Entwicklung seiner selbst, dadurch, daß es *mehr* Leben wird, einen Wert gewinnend, der sich ins Unendliche erhöht.

Aus wie tiefen Wesensgegensätzen heraus, jeder verstandesmäßigen Vermittlung oder Entscheidung spottend, hier auch die Verzweiflung am Leben und der Jubel über das Leben einander entgegenstehen – die Grundfrage ist ihnen gemeinsam und scheidet sie von allen früheren Philosophen – die Grundfrage: Was bedeutet das Leben, was ist sein Wert bloß als Leben? Nach dem Erkennen und der Moral, nach dem Ich und der Vernunft, nach der Kunst und Gott, nach Glück und Leiden können sie erst fragen, nachdem sie sich jenes erste Rätsel gelöst haben, und seine Lösung entscheidet über all solches; erst die Urtatsache des Lebens gibt allem Sinn und Maß, positiven oder negativen Wert. Der Begriff des Lebens ist der Schnittpunkt der beiden entgegengesetzt laufenden Gedankenlinien, die den Grundentscheidungen des modernen Lebens den Rahmen gegeben haben. –

Ich versuche nun an einigen Erscheinungen der neuesten, das heißt bis 1914 entwickelten Kultur die entscheidende Abweichung von allem bisherigen Kulturwandel darzustellen, in welchem immer die Sehnsucht nach einer neuen Form die alte gestürzt hat; während wir jetzt als das letzte Motiv der Entwicklungen auf diesem Gebiete, auch wo das Bewußtsein scheinbar oder wirklich zu neuen Gebilden vorschreitet, dennoch als ihre letzte Triebfeder die Gegnerschaft gegen das Prinzip der Form überhaupt heraushören können.

Es ist vielleicht – um dies noch vorauszuschicken – nur ein anderer Ausdruck für das, der benennbaren Erscheinung nach Negative dieser Geistesbewegung, daß wir mindestens seit einer Reihe von Jahrzehnten nicht mehr unter einer irgendwie gemeinsamen Idee leben, ja in weitem Ausmaß überhaupt nicht unter einer Idee – wie das Mittelalter seine kirchlich christliche Idee hatte, und die Renaissance den Wiedergewinn der irdischen Natur als eines Wertes, der nicht erst durch Legitimation von transzendenten Mächten her galt, wie die Aufklärung des 18. Jahrhunderts, die für die Idee des allgemeinen Menschenglücks durch die Herrschaft der Vernunft lebte, und die große Zeit des deutschen Idealismus, die die Wissenschaft durch künstlerische Phantasie verklärte und der Kunst durch wissenschaftliche Erkenntnis ein Fundament von kosmischer Breite geben wollte. Würde man aber heute die Menschen der gebildeten Schichten fragen, unter welcher Idee sie eigentlich leben, so würden die meisten eine spezialistische Antwort aus ihrem Beruf heraus geben; aber von einer Kulturidee, die sie als ganze Menschen und die alle Sonderbetätigungen beherrschte, würde man selten hören. Ist das eigentümliche Stadium des geschichtlichen Wandels schon innerhalb der einzelnen Kulturprovinz jetzt dies, daß die reine Unmittelbarkeit des Lebens in die Erscheinung treten will und, soweit sie dies doch nur in irgendeiner Form kann, durch deren Unzulänglichkeit gerade jenes eigentlich entscheidende Motiv verrät – so fehlt nicht nur sozusagen das Material für eine zusammenfassende Kulturidee, sondern die Gebiete, deren Neubildungen von ihr zu umgreifen wären, sind viel zu mannigfaltig, ja heterogen, um eine solche ideelle Vereinheitlichung zuzulassen.

Auf das Einzelne übergehend, spreche ich nun zuerst von künstlerischen Erscheinungen.

Aus den durcheinanderlaufenden Bestrebungen, deren Ganzheit als Futurismus bezeichnet wird, scheint sich nur die als Expressionismus charakterisierte Richtung mit einer einigermaßen bezeichenbaren Einheit und Deutlichkeit herauszuheben. Täusche ich mich nicht, so ist es der Sinn des Expressionismus, daß die innere Bewegtheit des Künstlers sich ganz unmittelbar so, wie sie erlebt wird, in das Werk oder genauer noch als das Werk fortsetze. Sie soll das nicht an einer Form tun oder sich in eine Form gießen, die ihr von einer Existenz außerhalb ihrer, einer realen oder auch einer ideellen, aufgedrungen würde. Darum hat sie nichts mit der Nachbildung eines Seins oder Geschehens zu tun, weder in dessen objektiver naturgesetzlicher Gestalt, noch, wie es der Impressionismus wollte, in der unseres momentanen sinnlichen Eindrucks von ihm; denn auch dieser ist schließlich nicht die rein eigene, ausschließlich von innen bestimmte Produktion des Künstlers, sondern die Impression selbst ist etwas Passives, Abhängiges und das sie widerspiegelnde Werk eine Art Mischung des künstlerischen Selbstlebens mit der Fremdheit eines Gegebenen. Und wie dieses dem Inhalt nach Außersubjektive abgewiesen wird, ebenso diejenige Formgebung im engeren Sinne, die an den Künstler erst von irgendwoher herantritt, von der Tradition und der Methode, von einem Vorbild und einem festgestellten Prinzip. Alles dies sind Hemmungen des Lebens, das sich aus sich selbst heraus schöpferisch ergießen will und deshalb, wenn es sich solchen Formen fügte, sich nur als ein abgebogenes, starr gewordenes, unechtes in dem Werk fände. Ich möchte mir das Schaffen des expressionistischen Malers (und entsprechend, nur nicht so einfach ausdrückbar, in allen anderen Künsten) bei absoluter Reinheit so vorstellen, daß seine seelische Bewegtheit sich ohne weiteres in die Hand, die den Pinsel hält, fortsetzt – wie die Geste die innere Bewegtheit, der Schrei den Schmerz ausdrückt –, daß deren Bewegungen ihr widerstandslos gehorchen, so daß das auf der Leinwand schließlich dastehende Gebilde der unmittelbare Niederschlag des inneren Lebens ist, das nichts Äußerliches und Fremdes in seine Entfaltung hineingelassen hat.

Daß auch expressionistische Bilder nach einem Objekt tituliert werden, mit dem sie gar keine »Ähnlichkeit« haben, ist zwar befremdend genug und vielleicht überflüssig, aber doch nicht so sinnlos, wie es nach den bisherigen artistischen Voraussetzungen scheinen muß. Denn jene innere Bewegtheit des Künstlers, die als expressionistisches Werk nur ausströmt, kann freilich aus unauffindbaren oder namenlosen Quellflüssen der Seele kommen. Sie kann aber natürlich auch dem Reiz durch ein äußeres Objekt entstammen. Und während man bisher meinte, daß der künstlerisch produktive Erfolg solcher Anregung eine morphologische Ähnlichkeit mit dem, wovon sie ausging, zeigen müßte (auf dieser Voraussetzung ruhte der ganze Impressionismus), hat der Expressionismus diese Voraussetzung aufgelöst; er macht Ernst damit, daß eine Ursache und ihre Wirkung keinerlei Gleichheit ihrer äußeren Erscheinungsform zu haben, daß die nur innerlichen dynamischen Beziehungen beider sich in keine anschauliche Verwandtschaft fortzusetzen brauchen. So kann der Anblick einer Geige oder eines menschlichen Gesichts in dem Maler Affekte auslösen, die, in Umsetzungen durch seine künstlerischen Energien, schließlich ein völlig anders aussehendes Gebilde aus sich entlassen. Man könnte sagen, der expressionistische Künstler setze an die Stelle des »Modells« die »Veranlassung«, die sein inhaltlich nur sich selbst gehorsames Leben zu einer Bewegung anregt.

Auf den abstrakten Ausdruck gebracht, der doch die ganz reale Willenslinie zeichnet, ist es der Kampf des Lebens um sein Selbst-Sein; es will, wo es sich ausspricht, eben nur sich selbst aussprechen und durchbricht deshalb jede Form, die ihm von einer anderen Wirklichkeit, die um ihrer Wirklichkeit willen, oder von einem Gesetz, das um des Gesetzes willen gilt, auferlegt werden soll. Gewiß, begrifflich angesehen, hat auch das schließlich dastehende Gebilde eine Form. Allein sie ist hier der künstlerischen Intention nach nur eine sozusagen unvermeidliche Äußerlichkeit, sie hat nicht, wie die Formen aller anderen Kunstideale, eine Bedeutung an sich selbst, die von dem schaffenden Leben nur getragen, nur verwirklicht würde. Deshalb ist diese Kunst auch gegen Schönheit oder Häßlichkeit gleichgültig, die sich an die Erscheinung solcher Formen heftet, während das Leben in seinem nicht von einem Ziel bestimmten, sondern von einer Kraft getriebenen Ausströmen, seine Bedeutung jenseits von Schönheit und Häßlichkeit hat. Wenn die Werke, die dabei herauskommen, uns nicht befriedigen, so bestätigt dies nur, daß eine neue Form eben nicht gefunden ist und sozusagen nicht in Frage steht. Nachdem die Gestaltung dasteht, der zeugende Lebensprozeß sie verlassen hat, zeigt sich, daß sie den eigenen Sinn und Wert nicht besitzt, den man von dem objektiv Dastehenden, von seinem Schöpfer Gelösten fordert, den aber dieses, nur sich selbst ausdrückende Leben, gleichsam eifersüchtig, dem Gebilde nicht gegönnt hat.

Vielleicht liegt in dieser prinzipiellen Richtung schon die eigentümliche Vorliebe, die sich seit einiger Zeit für die Alterskunst der großen Künstler bemerkbar macht. Hier ist das schöpferische Leben so souverän es selbst, so reich an sich selbst geworden, daß es jede Form, die irgendwie traditionell oder mit anderen geteilt ist, abstößt, daß seine Äußerung im Kunstwerk nichts anderes ist, als sein jeweiliges eigenstes Verhängnis. So zusammenhängend und sinnvoll das Werk von diesem her sei, so erscheint es vom Standpunkt der hergebrachten Formen aus oft zersplittert, ungleichmäßig, wie aus Fragmenten bestehend. Dies ist nicht senile Unfähigkeit zur Gestaltung, keine Altersschwäche, sondern Altersstärke. Der große Künstler ist in dieser Epoche seiner Vollendung so rein er selbst, daß sein Werk nur das an Form noch zeigt, was die Strömung seines Lebens von selbst erzeugt: ihr Eigenrecht hat die Form ihm gegenüber verloren.

Nun wäre es zwar prinzipiell durchaus möglich, daß eine Form, die rein als Form vollkommen und in sich bedeutsam ist, der völlig adäquate Ausdruck jenes unmittelbaren Lebens wäre und ihm anläge wie eine organisch gewachsene Haut; und bei den großen, eigentlich klassisch zu nennenden Werken ist dies zweifellos der Fall. Allein von diesen abgesehen, offenbart sich hier ein eigentümliches Strukturverhältnis der geistigen Welt, das weit über seine Folgen für die Kunst hinwegreicht. Man wird behaupten dürfen, daß sich in der Kunst etwas ausspricht, was jenseits der – in Vollendung zu Gebote stehenden – Form der Kunst lebt. In jedem großen Künstler und jedem großen Kunstwerk ist ein Tieferes, Breiteres, aus verborgeneren Quellen Fließendes enthalten, als die Kunst in ihrem rein artistischen Sinne hergibt, das aber von ihr aufgenommen und zu Darstellung und Merkbarkeit gebracht wird. Während dieses Etwas nun in jenen klassischen Fällen gänzlich mit ihr verschmilzt, wird sein Gefühltwerden, sein Bewußtsein, in *den* Fällen etwas mehr Gesondertes, von sich aus Sprechendes, in denen es der Form der Kunst geradezu widerstreitet, ja sogar sie zerstört.

So das innere Schicksal, das Beethoven in den letzten Werken aussprechen will. Hier ist nicht eine bestimmte Kunstform zerbrochen, sondern die Kunstform überhaupt ist von etwas anderem, Weiterem, aus einer anderen Dimension Kommendem überwältigt. So in der Metaphysik. Ihre Absicht ist doch Erkenntnis der Wahrheit. Aber es will sich in ihr etwas aussprechen, was jenseits von Erkenntnis liegt und dieses Mehr oder Tiefer oder nur Anderes dadurch unverkennbar macht, daß es die Wahrheit als solche vergewaltigt, das Widerspruchsvolle, zweifellos Widerlegbare behauptet. Es gehört zu den typischen Paradoxien des Geistes – die freilich der bequeme Optimismus der Flachheit zu verleugnen pflegt –, daß manche Metaphysik als Lebenssymbol oder als ausgedrücktes Verhältnis eines Typus Mensch zum Seinsganzen nicht so wahr wäre, wenn sie als »Erkenntnis« wahr wäre. Vielleicht ist auch in der Religion etwas, was nicht Religion ist, ein tieferes Jenseitsihrer, das es bewirkt, daß jede ihrer konkreten Formen, in denen sie doch wirklich Religion ist, gesprengt wird, und das sich als Ketzertum und Abfall offenbart. Daß in einem Menschenwerk, vielleicht in jedem, das ganz aus der Schöpferkraft der Seele stammt, mehr ist, als in seine Form hineingeht – wodurch es sich von allem bloß mechanisch Entstandenen unterscheidet –, sehen wir erst unzweideutig, wenn es sich in Gegensatz zu dieser Form begibt.

Vielleicht nicht in solcher Zuspitzung, aber der allgemeinen Struktur nach, liegt hier das Motiv für das Interesse, das die Kunst van Goghs jetzt findet. Denn mehr wohl als bei allen anderen Malern empfindet man, daß hier ein leidenschaftlich und weit über die Grenzen der Malerei hinausschwingendes Leben, hervorbrechend aus einer ganz singulären Breite und Tiefe, in dem malerischen Talent gleichsam nur den Kanal für sein Ausströmen gefunden hat, sozusagen zufällig, als hätte es sich ebensogut in praktische oder religiöse, dichterische oder musikalische Betätigung hinausleben können. Es scheint mir vor allem dieses glühende, in seiner Unmittelbarkeit fühlbare Leben zu sein – das freilich nur hier und da zu seiner anschaulichen Ausformung in einen sie zerstörenden Kontrast tritt –, was ganz im Sinne der hier gemeinten allgemeinen Geistesrichtung weite Kreise an van Gogh fesselt.

Daß anderseits in einem Teil der heutigen Jugend die Sehnsucht nach einer völlig abstrakten Kunst besteht, wird wohl aus dem Gefühl stammen, daß das Leben sich mit der Leidenschaft des unmittelbaren, nackten Selbstausdrucks in einen

Widerspruch und eine Unmöglichkeit begibt, gleichviel, wie unbesorgt es diese auf sich nimmt. Gerade die ungeheure Bewegtheit des Lebens in dieser Jugend treibt auch jene Tendenz in das absolute Extrem. – Übrigens ist es überhaupt begreiflich, daß vor allem die Jugend die hier charakterisierte Bewegung vertritt. Denn wenn im allgemeinen schon geschichtliche Wandlungen von äußerem oder innerem Revolutionarismus durch die Jugend getragen werden, so liegt hier noch in dem besonderen Wesen der jetzigen eine besondere Hinweisung darauf. Denn während das Alter, bei ermattender Vitalität, sich mehr und mehr auf die objektiven *Inhalte* des Lebens (die in dem jetzigen Sinne ebenso als seine Formen zu bezeichnen sind) konzentriert, kommt es der Jugend vor allem auf den *Prozeß* des Lebens an, sie will nur dessen Kräfte und Kraftüberschuß ausleben, relativ gleichgültig, an welchen Gegenständen und deshalb oft genug treulos gegen sie. In einer Kulturrichtung, die nur das Leben selbst und seine gegen alle Form beinahe verächtliche Äußerung inthronisiert, objektiviert sich gewissermaßen der Sinn des jugendlichen Lebens als solchen.

Endlich begegnet im Umkreis dieser Erwägungen noch ein bestätigendes Fundament innerhalb und in weitem Maße auch außerhalb des Kunstbetriebes. Die *Originalitätssucht* bei so vielen jungen Leuten der Gegenwart ist vielfach, keineswegs aber ausschließlich, Eitelkeit und ein Bemühen, sich für sich selbst und andere zu einer Sensation zu machen. In den besseren Fällen wirkt darin doch die Leidenschaft, das wirkliche eigene Leben zur Äußerung zu bringen, und die Sicherheit, daß es wirklich *seine* Äußerung ist, scheint nur gegeben, wenn nichts sonst Bestehendes, Überliefertes in sie aufgenommen ist. Denn dies ist eine schon festgewordene, jenseits des unmittelbaren Schöpfertums objektivierte Art und Form, in die man das eigene Leben gießt, und in der es nicht nur seine Eigenheit verliert, sondern in Gefahr ist, gerade seine *Lebendigkeit* in ein nicht mehr Lebendiges zu verströmen. Was in diesen Fällen gerettet werden soll, ist nicht sowohl die Individualität des Lebens, sondern das Leben der Individualität. Die Originalität ist sozusagen nur die ratio cognoscendi, die uns vergewissert, daß das Leben rein bei sich selbst ist und nicht Formen, die ihm äußerlich, objektiviert und starr sind, in seinen Strom oder seinen Strom in sie aufgenommen hat. Dies ist vielleicht überhaupt, worauf ich hier nur hindeuten kann, eine tiefere Intention, die dem modernen Individualismus zugrunde liegt. –

Ich versuche nun den gleichen Grundwillen an einer der jüngsten philosophischen Bewegungen nachzuweisen, die sich am entschiedensten von den historisch gefesteten Gestaltungen der Philosophie abwendet. Ich will sie als Pragmatismus bezeichnen, weil auf diesen Namen die bekannteste Auszweigung der Theorie, die amerikanische, getauft ist, die ich im übrigen für ihre oberflächlichste und beschränkteste halte. In Unabhängigkeit von dieser wie von jeder anderen bisher bestehenden Fixierung erscheint mir für unser jetziges Interesse die folgende Motivation als die entscheidende. Von allen Sondergebieten der Kultur ist keines dem Leben gegenüber selbständiger, keines so autonom, in solcher Entferntheit von den Bewegtheiten und Nöten, den Individualisierungen und Schicksalen des Lebens ruhend, wie das Erkennen. Nicht nur daß zweimal zwei vier ist, oder daß die Materienmassen sich im umgekehrten Entfernungsquadrat anziehen, *gilt*, gleichviel, ob lebendige Geister es wissen oder nicht, und gleichgültig dagegen, welche Wandlungen während seines beharrenden Erkanntseins das Menschengeschlecht erlebe, sondern auch die unmittelbarer in das Leben verflochtenen Erkenntnisse spielen ihre Rolle in diesem, gerade weil sie in allem Auf und Nieder seiner Strömungen etwas diesem Unberührbares sind. Auch das sogenannte praktische Wissen ist natürlich ein theoretisches, das nur nachträglich zu praktischen Zwecken verwendet wird, als Wissen aber einer selbstgesetzlichen Ordnung, einem idealen Reich des Wahren zugehörig bleibt.

Diese, der Wahrheit von je zuerkannte Unabhängigkeit wird vom Pragmatismus bestritten. Jeder Schritt und Tritt des

Lebens, äußeren wie inneren, – so argumentiert er – beruht auf irgendwelchen Erkenntnisvorstellungen, deren Wahrheit unser Leben erhält und fördert, deren Irrigkeit uns ins Verderben führt. Da aber unsere Vorstellungen von unserer psychischen Artung abhängig und keineswegs mechanische Abspiegelungen der Realität sind, in die unser praktisches Leben sich verflicht, so wäre es der merkwürdigste Zufall, wenn Vorstellungen, ausschließlich in der Konsequenz subjektiver Denkweise entwickelt, zu erwünschten und berechenbaren Folgen innerhalb jener Realität führen sollten. Das Wahrscheinliche ist vielmehr, daß unter den zahllosen, unser handelndes Leben bestimmenden Vorstellungen gewisse, auf Grund ihrer fördernden dynamischen Beeinflussung dieses Lebens, den Titel der wahren erhalten, während andere von entgegengesetzten Folgen die irrigen heißen. Es besteht also nicht jene von vornherein unabhängige Wahrheit, die nur wie nachträglich in den Lebensstrom hinabgezogen wird, um ihn richtig zu leiten, sondern umgekehrt: unter den unabsehlichen theoretischen Elementen, die dieser Lebensstrom gebiert und die rückwirkend wieder seine Richtung beeinflussen, sind solche, deren Einfluß unserem Lebenswillen gemäß ist – zufällig, könnte man sagen: aber ohne diesen Zufall würden wir nicht existieren können – und eben diese heißen uns die wahren, die richtig erkennenden. Nicht die Objekte für sich und nicht ein souveräner Verstand in uns bestimmen den Wahrheitsgehalt unseres Vorstellens: sondern das Leben selbst, bald nach seinen groben Nützlichkeiten, bald nach seinen tiefsten seelischen Bedürfnissen erzeugt jene Wertrangierung unter unseren Vorstellungen, deren einen Pol wir als die volle Wahrheit, den anderen als den vollen Irrtum bezeichnen.

Ich kann diese Lehre hier weder ausführen noch kritisieren. Auch kommt es mir ja nicht auf ihr Recht oder Unrecht, sondern darauf an, daß sie eben jetzt entwickelt worden ist, daß sie dem Erkennen seinen alten Anspruch nimmt, ein freischwebendes Reich zu sein, nach selbständigen ideellen Gesetzen verwaltet; nun ist es ein in das Leben verwebtes Element, aus dessen Quelle gespeist, von der Gesamtheit und Einheit seiner Richtungen und Zwecke gelenkt und von seinen fundierenden Werten her legitimiert. Das Leben hat damit über eine bisher scheinbar von ihm abgetrennte und autonome Provinz seine Souveränität reklamiert; und mit tieferer weltanschaulicher Wendung ist dies so auszudrücken, daß die Formen des Erkennens, durch ihre innere Konsistenz, ihren selbstgenugsamen Sinn einen festen Rahmen oder ein unzerreißbares Canevas für unsere ganze Vorstellungswelt bildend, von und in der Flutung des Lebens aufgelöst werden, sich deren werdenden und sich wandelnden Kräften und Richtungen bildsam zeigen, ohne ihnen aus einem eigenen Recht und einer zeitlosen Gültigkeit Widerstand entgegenzusetzen.

Zu reinster Ausprägung gelangt das Leben als Zentralbegriff der Weltanschauung da, wo weit über diese Umgestaltung des Erkenntnisproblems hinaus das Leben zur metaphysischen Urtatsache, zum Wesen alles Seins überhaupt wird, so daß jede gegebene Erscheinung ein Pulsschlag oder eine Darstellungsweise oder ein Entwicklungsstadium des absoluten Lebens ist: es steigt, in der Gesamtentfaltung der Welt zum Geiste, als Geist, auf, es sinkt als Materie herab. Und wenn diese Theorie die Erkenntnisfrage durch die »Intuition« beantwortet, die jenseits alles Logischen, verstandesmäßig Vermittelten die wahre Innerlichkeit der Dinge unmittelbar erfasse – so bedeutet dies, daß nur das Leben imstande ist, das Leben zu verstehen. Darum mußte, von dieser Seite gesehen, auch alle Objektivität, der *Gegenstand* der Erkenntnis, in Leben verwandelt werden, damit der Prozeß des Erkennens, durchaus als eine Funktion des Lebens selbst gedeutet, auch sicher sei, ein ihm ganz durchdringbares, weil ihm wesensgleiches Objekt sich gegenüber zu haben. Während also der ursprüngliche Pragmatismus das Weltbild nur von der Seite des Subjekts her in Leben auflöste, ist dies nun hier auch von der Seite des Objekts her geschehen. Von der Form als einem Weltprinzip außerhalb des Lebens, als einer Daseinsbestimmung eigenen Sinnes und eigener Macht ist nichts mehr übrig geblieben.

Was in diesem Bilde noch als Form bezeichnet werden könnte, würde nur von Gnaden des Lebens selbst bestehen.

Es akkumuliert sich die Wendung vom Formprinzip weg in der Abneigung nicht nur des Pragmatismus, sondern aller von dem modernen Gefühl für das Leben erfüllten Denker gegen das geschlossene System, in dem die frühere, noch von dem klassischen Formgedanken beherrschte Epoche das ganze philosophische Heil gesehen hatte. Das System will alle Erkenntnisse, mindestens in ihren allgemeinsten Begriffen, von einem Grundmotiv aus gewissermaßen symmetrisch zu einem nach allen Seiten gleichmäßig ausgebildeten Bau über- und untergeordneter Glieder vereinigen. In der architektonisch-ästhetischen Vollendung, in der gelungenen Abrundung und Lückenlosigkeit dieses Baues sieht es – und dies ist der entscheidende Punkt – den Beweis für seine sachliche Richtigkeit und dafür, daß nun wirklich die Ganzheit des Daseins erfaßt und begriffen wäre. Es ist die äußerste Aufgipfelung des Formprinzips überhaupt, indem es die innere Befriedigtheit und Geschlossenheit der Form zum letzten Prüfstein der Wahrheit macht; und das ist es, wogegen sich das zwar immer formgestaltende, aber auch immer formdurchbrechende Leben zur Wehre setzt.

Die weltanschauliche Position, die diese Theorien für das Leben gewinnen, ist in zwei Richtungen festgelegt: es wird von ihm her einerseits der Mechanismus als kosmisches Grundprinzip verworfen; er ist vielleicht eine Technik des Lebens, vielleicht eine Verfallserscheinung seiner. Anderseits ebenso die Idee als metaphysische Selbständigkeit, als oberste und unbedingte Leitung oder Substanz alles Daseins. Das Leben will nicht von dem beherrscht sein, was unter ihm ist, aber es will überhaupt nicht beherrscht sein, also auch nicht von der Idealität, die sich den Rang oberhalb seiner zuspricht. Wenn sich dennoch kein höheres Leben dem entziehen kann, sich unter der Führung der Idee – sei es als transzendenter Macht, sei es als sittlicher oder sonst wertmäßiger Forderung – zu wissen, so scheint dies jetzt nur dadurch möglich oder dadurch mit einer Chance des Gelingens ausgestattet, daß die Ideen selbst aus dem Leben kommen. Es ist das Wesen des Lebens, sein Führendes und Erlösendes, sein Gegensätzliches und Siegend-Besiegtes aus sich selbst zu erzeugen; es erhält und erhebt sich gleichsam auf dem Umwege über sein eigenes Erzeugnis, und daß dieses ihm gegenübersteht, selbständig und richtend – das ist eben seine eigene Urtatsache, ist die Art, wie es selbst lebt. Die Gegnerschaft, in die es so mit dem Höheren-seiner-selbst gerät, ist der tragische Konflikt des Lebens als Geist, der natürlich jetzt in dem Maße fühlbarer wird, in dem das Leben sich bewußt wird, ihn wirklich aus sich selbst zu erzeugen und deshalb organisch, unausweichlich mit ihm behaftet zu sein.

In allgemeinster kultureller Hinsicht angesehen, bedeutet diese ganze Bewegung die Abwendung von der Klassik als dem absoluten Menschheits- und Erziehungsideal. Denn die Klassik steht durchaus im Zeichen der Form, der gerundeten, in sich befriedigten Gestaltung, die sich durch ihre ruhige Geschlossenheit als die Norm für Leben und Schaffen weiß. Auch hier ist gewiß noch nichts positiv Genügendes und Geklärtes an die Stelle des alten Ideals gesetzt. Gerade deshalb zeigt der Kampf gegen die Klassik, daß es sich zunächst gar nicht um das Aufbringen einer neuen Kulturform handelt, sondern daß das seiner selbst gewisse Leben sich nur von dem Zwang der Form überhaupt befreien will, dessen historischer Repräsentant die Klassik ist. –

Ganz kurz kann ich mich mit dem Hinweis auf die gleiche Grundtendenz in einer Sondererscheinung der ethischen Kultur fassen. Mit dem Namen der »Neuen Ethik« bezeichnet sich eine Kritik der bestehenden Sexualverhältnisse, deren Propaganda von einer kleineren Gruppe betrieben, deren Bestrebungen aber von einer großen geteilt werden. Diese Kritik richtet sich hauptsächlich gegen zwei Elemente der bestehenden Zustände, die Ehe und die Prostitution. Will man ihr Motiv ganz prinzipiell ausdrücken , so ist es dies: daß das erotische Leben seine eigenste, innerste Kraft und sinngemäße

Richtung den Formen gegenüber durchsetzen will, in die unsere Kultur es im allgemeinen eingefangen und damit in Erstarrung und Widersprüche versetzt hat. Die Ehe, tausendfach aus anderen als den eigentlich erotischen Gründen geschlossen, die lebendige Flutung dieser tausendfach entweder zur Versumpfung führend oder ihre Individualisiertheit an unbiegsamen Traditionen und legalen Grausamkeiten zerschellend; die Prostitution, zu einer fast legalen Einrichtung geworden, die das Liebesleben des jungen Menschen in einen entadelten, karikierten, seiner tiefsten Natur widersprechenden Verlauf zwingt – das sind die Formen, gegen die das unmittelbare und echte Leben hier revoltiert, Formen, die diesem vielleicht in anderen Kulturverhältnissen nicht ebenso unangemessen waren, jetzt aber die aus seiner letzten Quelle hervorbrechenden Kräfte gegen sich aufrufen.

Unvergleichlich entschiedener als auf den anderen Kulturgebieten ist hier festzustellen, wie wenig dem durchaus positiven Grundantrieb zur Vernichtung der Formen bisher die positive Neuformung korrespondiert. Kein Vorschlag jener Reformatoren wird irgendwie allgemein als ausreichender Ersatz der von ihnen verurteilten Formen empfunden. Der typische Kulturwandel: Bekämpfung und Ersatz der veralteten Form durch eine neuaufstrebende, steht hier ganz besonders weit zurück. Die Kraft, die sich in die letztere zu kleiden bestimmt ist, richtet sich vorläufig, sozusagen hüllenlos, unmittelbar gegen die von dem echten erotischen Leben verlassenen Formen, steht aber damit, den nun oft betonten Widerspruch begehend, im Leeren, da das erotische Leben, sobald es irgendwie im Kulturzusammenhange steht, schlechterdings einer Geformtheit bedarf. Dennoch sieht, den früheren Erwägungen entsprechend, nur der oberflächliche Blick hier bloße Zügellosigkeit und anarchische Gelüste – da auf diesem Gebiet allerdings die bloße Formlosigkeit schon diese Aspekte bietet. In der Tiefe aber, wo solche überhaupt vorhanden ist, liegt es anders. Das echte Leben der Erotik fließt in ganz individuellen Kanälen, und die Opposition richtet sich gegen jene Formen, weil sie dieses Leben in allgemeine Schemata einfangen und damit seine jeweilige Besonderheit vergewaltigen. Hier wie in vielen der anderen Fälle ist es der Kampf zwischen Leben und Form, der, weniger abstrakt, weniger metaphysisch, als Kampf zwischen Individualisierung und Verallgemeinerung ausgefochten wird. –

Eine Stimmung innerhalb der gegenwärtigen Religiosität fordert, wie mir scheint, die ganz entsprechende Deutung. Ich knüpfe diese an die seit ein oder zwei Jahrzehnten beobachtete Tatsache, daß nicht wenige geistig vorgeschrittene Persönlichkeiten ihre religiösen Bedürfnisse mit der Mystik befriedigen. Im ganzen kann man wohl annehmen, daß all diese in den Vorstellungskreisen einer der bestehenden Kirchen aufgewachsen sind. Indem sie sich nun der Mystik zuwenden, ist eine doppelte Motivierung unverkennlich. Einmal, daß die Formen, die das religiöse Leben an objektiven, inhaltlich bestimmten Bildreihen ablaufen lassen, eben diesem Leben nicht mehr genügen; anderseits, daß dessen Sehnsucht damit nicht etwa abgetötet ist, sondern sich andere Ziele und Wege sucht. Für die Verlegung dieser in die Richtung der Mystik erscheint vor allem entscheidend, daß damit die Festumrissenheit, die Grenzbestimmtheit der religiösen Form aufgehoben ist. Hier ist eine Gottheit, die über jede personale, also schließlich doch als partikular empfundene Gestaltung hinausreicht, hier eine unbestimmte Weite des religiösen Gefühls, das sich an keine dogmatische Schranke stößt, und seine Vertiefung in eine formlose Unendlichkeit, hier seine Entwicklung aus der Kraftgewordenen Sehnsucht der Seele allein. Die Mystik scheint die letzte Zuflucht der religiösen Naturen zu sein, die sich noch nicht von jeder transzendenten Formung lösen können, sondern – sozusagen vorläufig – nur von jeder bestimmten, inhaltlich festgelegten.

Die tiefste Entwicklungsrichtung aber – mag sie in sich widerspruchsvoll und ihrem Ziele ewig fern sein oder nicht – scheint mir dahin zu drängen, die Glaubensgebilde in das religiöse *Leben*, in die Religiosität als eine rein funktionelle Gestimmtheit des inneren Lebensprozesses aufzulösen, aus der jene emporgestiegen sind und noch immer emporsteigen. Bisher hat der Wandel der religiösen Kultur sich in der hier immer aufgezeigten Art vollzogen: daß eine bestimmte Ausformung des religiösen Lebens, bei ihrer Entstehung seinen Kräften und Wesenszügen völlig angemessen, allmählich in Veräußerlichung und Verengerung erstarrt und von einer neu aufkommenden Form verdrängt wird, in der die Dynamik und jetzige Gerichtetheit des religiösen Impulses wieder unmittelbar lebt; das heißt, es ist noch immer eine religiöse Gestaltung, eine Reihe von Glaubensinhalten, an die Stelle der überlebten getreten. Jetzt aber sind, für eine jedenfalls sehr große Zahl von Menschen, die jenseitig-realen Gegenstände des religiösen Glaubens radikal ausgeschaltet – ohne daß darum ihr religiöses Wollen wegfiele. Aber das in diesem wirksame Leben, das sich sonst in jenem Aufbringen neuer adäquater Dogmengehalte offenbarte, fühlt sich in dem ganzen Gegenüber eines glaubenden Subjektes und eines geglaubten Objektes nicht mehr zutreffend ausgedrückt.

In dem Endzustand, auf den diese ganze innere Umstimmung hinaussieht, würde Religion sich als eine Art der unmittelbaren Lebensgestaltung vollziehen, gleichsam nicht als eine einzelne Melodie innerhalb der Lebenssymphonie, sondern als die Tonart, in der diese sich als ganze abspielt; der Raum des Lebens, ausgefüllt von allen weltmäßigen Inhalten, von Handeln und Schicksal, Denken und Fühlen, würde mit all diesem durchdrungen sein von jener einzigartigen inneren Einheit der Demut und der Erhebung, der Spannung und des Friedens, der Gefährdung und der Weihe, die wir eben nur religiös nennen können; und an dem so verbrachten Leben selbst würde der absolute Wert empfunden werden, der diesem Leben sonst von den einzelnen Formungen, in die es sich faßte, den einzelnen Glaubensinhalten, zu denen es kristallisierte, zu kommen schien. Einen Vorklang hiervon, transponiert freilich in die der Mystik noch letztverbliebene Form, läßt Angelus Silesius hören, wenn er den religiösen Wert von aller Fixierung an irgend etwas Spezifisches löst und als seinen Ort das überhaupt gelebte Leben erkennt:

»Der Heil'ge, wenn er trinkt,
Gefallet Gott so wohl
Wie wenn er bet' und singt.«

Es handelt sich nicht etwa um die sogenannte »diesseitige Religion«. Denn auch diese heftet sich noch immer an bestimmte Inhalte, nur daß sie empirisch statt transzendent sind, auch sie kanalisiert das religiöse Leben in gewisse Formen von Schönheit und Größe, von Erhabenem und lyrischer Bewegtheit – im Grunde genommen lebt sie von den verhüllt weiterwirkenden Resten der transzendenten Religiosität, ein unklares Zwischending. Hier aber steht Religiosität als ein unmittelbarer, jeden Pulsschlag einschließender Lebensprozeß in Frage, ein Sein, nicht ein Haben, ein Frommsein, das, wenn es Gegenstände hat, Glauben heißt, nun aber eine Art ist, wie das Leben selbst sich vollzieht, nicht eine Stillung der Bedürfnisse von einem Außen her – wie der expressionistische Maler sein künstlerisches Bedürfnis nicht durch Anschmiegen an einen Außengegenstand befriedigt –, sondern es wird ein kontinuierliches Leben aus einer Tiefe heraus gesucht, in der es sich noch nicht in Bedürfnis und Erfüllung zerlegt hat und also keinen »Gegenstand« braucht, der ihm eine bestimmte Form vorschriebe. Das Leben will sich unmittelbar als religiöses aussprechen, nicht in einer Sprache mit gegebenem Wortschatz und vorgeschriebener Syntax. Mit einem nur anscheinend paradoxen Ausdruck könnte man sagen: die Seele will ihre Gläubigkeit bewahren, während sie den Glauben an alle bestimmten, vorbestimmten Inhalte verloren hat.

Diese Gerichtetheit religiöser Seelen, die oft in Ansätzen, wunderlicher Unklarheit, sich selbst mißverstehender, rein negativer Kritik fühlbar ist, begegnet nun freilich jener tiefsten Schwierigkeit: daß das Leben in dem Augenblick, in dem es als geistiges zu Worte kommt, dies eben doch nur in *Formen* kann, in denen allein auch seine *Freiheit* wirklich zu werden vermag, obgleich sie in demselben Akt auch die Freiheit beschränken. Gewiß ist Frömmigkeit oder Gläubigkeit eine Verfassung der Seele, die mit ihrem Leben selbst gegeben ist und es auch dann in bestimmter Weise färben würde, wenn ihr nie ein religiöser Gegenstand gegeben würde – wie eine erotische Natur ihren Charakter als eine solche immer bewahren und bewähren müßte, sollte sie auch nie ein für sie liebenswertes Individuum treffen. Dennoch ist es mir zweifelhaft, ob nicht der Grundwille eines religiösen Lebens unvermeidlich eines Objektes bedarf, ob jener rein funktionelle Charakter, seine an sich formlose, nur das Auf und Nieder des Lebens überhaupt färbende, weihende Dynamik, die jetzt den definitiven Sinn so vieler religiöser Bewegtheiten zu bilden scheint, nicht ein bloßes, eigentlich ideell bleibendes Zwischenspiel ist, der Ausdruck einer Lage, in der die bestehenden religiösen Formen von dem religiösen Innenleben durchbrochen und verworfen werden, ohne daß es neue an deren Stelle setzen könnte; wobei denn hier wie anderswo die Vorstellung entsteht, dieses Leben könne überhaupt ohne Formen von eigenen objektiven Bedeutungen und Forderungsrechten, und mit dem bloßen Ausströmenlassen seiner von innen vorbrechenden Kraft auskommen. Jene Unmöglichkeit, die kirchlich überlieferten Religionen noch länger zu bewahren, während der religiöse Antrieb aller »Aufklärung« zum Trotz weiterbesteht (da diese der Religion nur ihr Kleid, aber nicht ihr Leben rauben kann) – gehört zu den tiefsten inneren Schwierigkeiten unzähliger moderner Menschen; die Steigerung dieses Lebens zu einem völligen Selbst-Genügen, die Verwandlung gleichsam des Transitivums Glauben in ein Intransitivum ist ein bestechender Ausweg, der aber vielleicht auf die Dauer in keinen geringeren Widerspruch verwickelt. –

So offenbart sich an all diesen und noch mehreren Erscheinungen der Konflikt, in den sich das Leben nach seiner Wesensnotwendigkeit begibt, sobald es im weitesten Sinne kulturell ist, das heißt entweder schöpferisch oder Geschaffenes sich aneignend. Dieses Leben muß entweder Formen erzeugen oder sich in Formen bewegen. Wir *sind* zwar das Leben unmittelbar und damit ist ebenso unmittelbar ein nicht weiter beschreibliches Gefühl von Dasein, Kraft, Richtung verbunden; aber wir *haben* es nur an einer jeweiligen Form, die, wie ich schon betonte, im Augenblick ihres Auftretens sich einer ganz anderen Ordnung angehörig zeigt, mit Recht und Bedeutung eigener Provenienz ausgestattet, einen übervitalen Bestand behauptend und beanspruchend. Damit aber entsteht ein Widerspruch gegen das Wesen des Lebens selbst, seine wogende Dynamik, seine zeitlichen Schicksale, die unaufhaltsame Differenzierung jedes seiner Momente. Das Leben ist unlöslich damit behaftet, nur in der Form seines Widerspiels, das heißt in einer *Form* in die Wirklichkeit zu treten. Dieser Widerspruch wird krasser und scheint unversöhnlicher in dem Maße, in dem jene Innerlichkeit, die wir nur Leben schlechthin nennen können[1], sich in ihrer ungeformten Stärke geltend macht, in dem anderseits die Formen sich in ihrem starren Eigenbestand, ihrer Forderung unverjährbarer Rechte als der eigentliche Sinn oder Wert unserer Existenz anbieten, vielleicht also in dem Maße, in dem die Kultur gewachsen ist.

Hier will also das Leben etwas, was es gar nicht erreichen kann, es will sich über alle Formen hinweg in seiner nackten Unmittelbarkeit bestimmen und erscheinen – allein das durchaus von ihm bestimmte Erkennen, Wollen, Gestalten kann nur die eine Form durch die andere, niemals aber die Form überhaupt durch das Leben selbst, als das der Form Jenseitige, ersetzen. Alle jene leidenschaftlich stürmenden oder sich langsam vorarbeitenden Angriffe gegen die Formen unserer Kultur, die

1 Weil das Leben das Gegenspiel der Form ist, ersichtlich aber nur das irgendwie Geformte mit Begriffen beschreiblich ist, so ist der Ausdruck Leben in dem hier gemeinten, ganz fundamentalen Sinne von einer gewissen Unschärfe, logischen Undeutlichkeit nicht zu befreien. Denn das Wesen des vor oder jenseits aller Form gelegenen Lebens wäre verleugnet, wollte und könnte man eine begriffliche Definition davon bilden. Es ist ihm als bewußtem Leben nur gegeben, in seiner Bewegtheit sich seiner selbst bewußt zu werden, ohne den vermittelnden Umweg über die Schicht der Begrifflichkeit, die mit dem Reich der Formen zusammenfällt. Daß das Wesen der Sache so die Ausdrucksmöglichkeit begrenzt, setzt die Klarheit jenes prinzipiellen weltanschaulichen Antagonismus nicht herab.

klarer oder verhüllter gegen diese die Kraft des Lebens eben nur als Leben und weil es Leben ist, einsetzen, sind Offenbarungen des tiefsten inneren Selbstwiderspruches des Geistes, sobald er sich zur Kultur entwickelt, das heißt sich in Formen dartut. Und es will mir allerdings scheinen, als ob von allen geschichtlichen Epochen, in denen dieser chronische Konflikt sich zum akuten gesteigert hat und die ganze Breite der Existenz zu erfassen suchte, noch keine ihn so deutlich wie die unsere als ihr Grundmotiv enthüllt hätte.

Aber es ist auch ein ganz philiströses Vorurteil, daß alle Konflikte und Probleme dazu da sind, gelöst zu werden. Beide haben in Haushalt und Geschichte des Lebens noch andere Aufgaben, die sie, unabhängig von ihrer eigenen Lösung, erfüllen, und sie sind deshalb keineswegs umsonst gewesen, auch wenn die Zukunft nicht den Konflikt durch seine Schlichtung, sondern nur seine Formen und Inhalte durch andere ablöst. Denn freilich machen all jene erörterten problematischen Erscheinungen uns bewußt, um wie vieles zu widerspruchsvoll das Gegenwärtige ist, um bei ihm stehen zu bleiben – dem Maße nach zweifellos auf einen fundamentaleren Wandel hinweisend, als wenn dieser nur die Umbildung einer bestehenden Form in eine neu empordrängende beträfe. Denn kaum je erscheint in dem letzteren Falle die Brücke zwischen dem Vorher und dem Nachher der Kulturformen so ganz abgerissen wie jetzt, so daß nur noch das an sich formlose Leben zu bleiben scheint, um sich in die Lücke zu stellen. Ebenso zweifellos aber treibt es auf jenen typischen Kulturwandel hin, auf die Schöpfung neuer, den jetzigen Kräften angepaßter Formen, mit denen aber nur – vielleicht langsamer bewußt werdend, den offenen Kampf länger hinausschiebend – ein Problem durch ein neues, ein Konflikt durch einen anderen verdrängt wird. Damit aber erfüllt sich die echte Vorzeichnung des Lebens, das ein Kampf in dem absoluten Sinne ist, der den relativen Gegensatz von Kampf und Frieden umgreift, während der absolute Frieden, der vielleicht diesen Gegensatz ebenso einschließt, das göttliche Geheimnis bleibt.

Das individuelle Gesetz

Ein Versuch über das Prinzip der Ethik

1. Gesetz und Allgemeinheit: Sollen

Die Kantische Deutung des sittlichen Phänomens ruht darauf, daß für ihn der Begriff des Gesetzes und der der Allgemeinheit in einer selbstverständlichen, logisch notwendigen Verbundenheit stehen. Ein Gesetz soll für das jeweilige konkrete Individuum ja gerade erst *gelten*, dieses ja gerade erst *bestimmen*, kann also nicht seinerseits von diesem her erst bestimmt werden, sondern muß ihm gerade als das Nichtindividuelle, das Allgemeingültige, gegenübertreten. Die innere Struktur dieses Gedankentypus ist etwa die folgende.

Zugrunde liegt ihm der individuelle Charakter aller seelischen Wirklichkeit, die der konkrete Träger der Praxis ist. Wie jedes Stück der Materie seinem *Sein* nach schlechthin einzig ist (denn der Raum, den es mit Existenz erfüllt, ist nur dieses eine Mal da, und nur seine Form kann allgemein, d.h. mit anderen geteilt sein), so kann auch jede seelische Existenz als solche nur einmal da sein, obgleich ihre Bestimmungen sich an anderen Existenzen wiederholen mögen; daß die Totalität der Welt, ihrem Begriffe nach, nur einmal existiert, wiederholt sich unvermeidlich an jedem ihrer Stücke. Die – mehr oder weniger deutliche – Einsicht, daß alles Wirkliche in diesem Sinne individuell ist, verführt zu der Umkehrung: alles Individuelle ist nur wirklich; d.h. das Nichtwirkliche, das Geforderte, das Ideale kann nichts Individuelles, muß also ein Allgemeines sein. Dies könnte wahr sein, wenngleich jene Umkehrung, logisch ersichtlich nicht bündig, es nicht beweist. Das Motiv: »Man gebietet niemals jemandem das, was er schon unausbleiblich von selbst will«, bezieht sich bei Kant zwar unmittelbar nur auf das Streben nach Glück, begründet tatsächlich aber seine ganze Ethik. Die gegebene Wirklichkeit, nicht nur als formale Tatsache der Existenz, sondern auch als qualitativer Inhalt, kann nicht zugleich das »Gebotene« sein, weil dies nicht nur eine sinnlose Verdoppelung wäre, ähnlich der, die Aristoteles den Platonischen Ideen vorwirft, sondern auch eine sinnwidrige Ineinssetzung des Wirklichen und des Idealen, das doch erst wirklich werden *soll*. Ist alles Wirkliche individuell, so muß das Ideale allgemein sein, ist alles Individuelle nur wirklich, so kann es nicht zugleich überwirklich, die ideale Forderung eines Gesetzes sein.

Die Beziehung zwischen dem Gesetz und der Allgemeinheit verwirklicht sich noch von der anderen Seite her, hier freilich zunächst in einem theoretischen und für die ethische Beziehung nur symbolischen Sinne. Der Inhalt des Allgemeinbegriffs, der ein konkretes Ding bezeichnet, schließt nur gewisse Teile, Aspekte, Bestimmtheiten des Dinges ein, sehr viele andere aber, die ganze individuelle Konfiguration, all das an dem Ding, was entweder unter andere Begriffe gehört oder überhaupt nicht begrifflich ausdrückbar ist, läßt der Begriff gänzlich außerhalb seines Inhalts. Nun aber ist das Eigentümliche, daß dieser Begriff dennoch für die Totalität des Dinges gilt, für dessen Einheit, einschließlich aller, von dem Begriff nicht mitgetroffenen Bestimmtheiten. Dies ist nur so zu denken, daß der Begriff gleichsam ein Gerippe, ein ideelles Schema ist, an das jene individuellen Teile oder Qualifizierungen anwachsen, eine innere Form, die alle im Umfang des Dinges gelegenen Elemente zusammenhält. Der Begriff ist nicht nur das logische Minimum des Dinges, diejenigen Merkmale enthaltend, die das Ding mindestens zeigen muß, um auf eine bestimmte Bedeutung festgelegt zu werden; sondern er hat jenen funktionellen Sinn, auch allen übrigen, oder richtiger: den gesamten realen Elementen des Wesens eine Form aufzuerlegen – eine Form, durch die sehr mannigfaltige Daseinsstücke zirkulieren können. Die Ganzen (die individuellen Dinge, die unter je einem Begriffe stehen) mögen deshalb als solche höchst verschieden aussehen, aber sie stehen nun alle unter einer bestimmten Notwendigkeit von Zusammengehören und Anordnung, von Begrenzung und Entwicklung. Es mag also jedes der konkreten, einzelnen Elemente für sich dynamisch oder äußerlich irgendwie bestimmt oder bewegt sein: indem sie ein Ding, das einem bestimmten Begriff zugehört, bilden, ist ihnen durch eben diesen ein *Gesetz* auferlegt, das die gemeinsame Form beliebig vieler, durch jene Individualität ihrer Bestandstücke verschiedene Totalitäten bildender Dinge ausspricht. Und mit Rücksicht auf den Inhalt angesehen: nur jene Teile oder Bestimmtheiten des Dinges, die sein logisches Minimum ausmachen, d. h. die Merkmale seines Allgemeinbegriffes bilden, haben eine unmittelbare, eine Seinsbeziehung zu dem Begriff; zu allen andern hat dieser Begriff keine konstitutive, sondern nur eine normative Beziehung; hinsichtlich ihrer, und deshalb auch hinsichtlich der Totalität der Elemente, *ist* das Ding nicht wie der Begriff, sondern jene haben sich nur der ideellen Form, die er angibt (bzw. einer der vielen Formen, denen, als Begriffen, ein Ding unterstehen kann), zu fügen, wenn sie überhaupt »ein Ding« bilden sollen. Der Begriff ist also ein allgemeiner, indem er das Formgesetz oder das Dingbildungsgesetz ist, das jede einzelne seiner, im übrigen beliebig differenzierten Verwirklichungen durchwaltet.

Vielleicht unterbaut das Gefühl für einen ganz generellen Zusammenhang zwischen dem Allgemeinheitsbegriff und dem Gesetzesbegriff gewisse ethische Typen, die das schwere Problem: wie es denn überhaupt zu einem Sollen käme – durch die Relation zwischen individuellen und Allgemeinheitsfaktoren lösen wollen. Erklärt man das Sollen nicht für eine primäre Kategorie, dem Sein koordiniert, hält man das letztere vielmehr für den letzten und einzigen Wurzelboden auch aller idealen Gestaltungen, so kann man vielleicht das Sollen als solches, seiner Form nach, zum Erfolge oder richtiger: zum Ausdruck gewisser Seinsverhältnisse, empirischer oder metaphysischer Art, machen.

So steht etwa über dem Dunkeln und Unzulänglichen der empirischen Einzelheiten das Reich der Ideen, der metaphysischen Realisiertheiten des Begrifflich-Allgemeinen, die das *eigentliche* Sein enthalten und ausströmen; und dies reale Verhältnis bedeutete unmittelbar ein Sollen, eine Forderung an das individuelle Leben, die allgemeine Idee in sich zum Ausdruck zu bringen. Oder: es besteht eine göttliche Macht, die das umfassende Allgemeine über allem Einzelnen ist, sei es als ens perfectissimum oder substantia, als Schöpfungsprinzip oder coincidentia oppositorum. Indem diese Ort und Quell aller Werte ist, der Mensch aber die Fähigkeit besitzt, sich ihr zu nähern oder von ihr abzufallen, folgen aus diesem metaphysischen Grundverhältnis nicht nur bestimmte Gebote, sondern mit ihm ist sozusagen formal ausgesprochen, daß das Individuum sich gegenüber dem schlechthin Allgemeinen überhaupt in der Lage des Sollens befindet. Oder: der Einzelne ist von einer Gesellschaft umgeben, in deren Einheit alles Individuelle paralysiert ist, während ihr Leben doch jedes Individuum durchströmt und ihm nur die Selbständigkeit eines für sich beweglichen organischen Gliedes gegenüber dem einheitlichen Ganzen des Körpers läßt. Damit ist nicht nur diese und jene einzelne Pflicht gegeben, sondern Sollen ist nur der Name für den praktischen Aspekt, den dies Verhältnis für das Individuum besitzt.

Allenthalben also, wo eine konkrete Einheit das Allgemeine zu einem konkreten Individuum ist, wo dieses von jener überragt, umschlossen, genährt ist und dabei doch noch einen spezifischen Charakter, eine Fähigkeit zur Spontaneität und einem relativen Ganz-Sein besitzt – da drückt das Sollen gleichsam die Spannung zwischen diesen beiden Seinsfaktoren aus; ob dies oder jenes gesollt wird, ist damit noch nicht festgelegt, sondern nur die Beschaffenheit und Lage eines Wesens, das unter der Doppelbedingung steht: ein Individuum zu sein und zugleich einem Allgemeinen zu unterstehen; einer solchen individuellen Existenz ist es immanent, daß ein Gesetz (welchen Inhaltes auch immer) für sie besteht.

2. *Allgemeines und individuelles Gesetz*

Mit alledem scheint ein innerer Zusammenhang zwischen der Allgemeinheit als solcher und dem Sollensgesetze zu existieren, den Kant zu jener logischen Notwendigkeit gesteigert hat: daß das Individuelle als ein bloß Wirkliches in der idealen Forderung keinen Platz findet und diese deshalb nur die Form eines *allgemeinen* Gesetzes haben könne. Allein diese Ordnung der Begriffe wird ganz fraglich, sobald man sich klarmacht, daß der Gegensatz des Wirklichen und Geforderten, so radikal er auch ist, dennoch, als Gegensatz, immer nur gewisse *Seiten* des ganzen wirklichen und des ganzen idealen Menschen ergreift; die *Totalität* des einen und die des andern können sehr wohl gemeinsame Elemente enthalten. Andernfalls müßte man schließen: der wirkliche Mensch atmet, also dürfe sein Gegensatz, der ideale Mensch, nicht atmen. Nicht also die allgemeine Tatsache jenes Gegensatzes, sondern immer erst eine besondere Untersuchung hat zu entscheiden, welche Bestimmung des wirklichen Menschen der idealen Forderung zu weichen hat und welche durch diese Forderung nicht alteriert wird.

Von vornherein wenigstens wäre es also nicht ausgeschlossen, daß die Individualität zu denjenigen Bestimmungen des Menschen gehörte, die seiner Wirklichkeit und seiner Idealität, unbeschadet alles sonstigen prinzipiellen Gegensatzes dieser beiden, gemeinsam sein dürfen. Für Kant scheidet diese Möglichkeit aus, weil für das Gesetz die Allgemeinheit nicht nur als Gegensatz zu der Individualität des Wirklichen gefordert wird, sondern als die *logische* Qualität jenes. *Seinem Begriffe nach* müsse jedes Gesetz als solches unbedingt allgemeine Geltung haben, es könne sich niemals nur auf ein Subjekt oder eine Situation beziehen, die an eine bestimmte, andere ausschließende Stelle des qualitativen, gattungshaften, zeitlich-räumlichen Kosmos gebunden sei. Die Individualität, nicht nur als Unterschiedenheit, sondern überhaupt als für sich seiende, in sich zentrierende Existenz ist hier ebenso ausgeschaltet, wie an dem Träger der Erkenntnis. Das Gesetz ist *deshalb* ein seinem

Begriffe nach allgemeines, weil sich alles ethische Geboten- oder Verbotensein aus den einzelnen, in einer losgelösten Logizität für sich bestehenden *Inhalten* ergeben soll.

Dennoch scheint mir mit dieser Allgemeinheit des Gesetzes, dieser prinzipiellen Abweisung seiner ausschließlichen Geltung für ein Individuum und aus diesem heraus – gerade die *Allgemeinheit* des Gesetzes nicht genügend gewahrt. Denn, so paradox es klingt, auch Allgemeinheit ist etwas Singuläres, insoweit ihr noch die Individualität gegenübergestellt ist. Wenn überhaupt die Möglichkeit eines individuellen Gesetzes besteht, ist die Behauptung des allein gültigen allgemeinen nichts Allübergreifendes, sondern eine parteimäßige Vergewaltigung. Der Gesetzesbegriff aber sollte diesen relativistischen Gegensatz überwinden und das absolut Allgemeine sein, das sowohl an dem einen wie dem anderen Pole wohnen kann. Seine Fesselung an die antiindividualistische Allgemeinheit zeigt, daß es die völlige Idealität, die Gelöstheit von *jeder* noch in Gegensätzen stehenden Einzelheit noch nicht gewonnen hat.

Man könnte nun freilich versuchen, die Adäquatheit des allgemeinen Gesetzes zu der individuellen Tat dadurch herzustellen, daß man für die ganze Fülle ihrer Teilinhalte, für all ihre Bestimmtheiten aus ihrem individuellen Lebenszusammenhange heraus – je ein allgemeines Gesetz aufsucht; aus dem Zusammenwirken oder der Ausgleichung all dieser Gesetze ergäbe sich dann die jeweilige definitive Normierung. Gerade von der Formel des kategorischen Imperativs aus wäre eine solche Umfassung, die kein Element der Tat außer sich ließe, wohl denkbar. Dies wäre eine genaue Analogie zu der theoretischen Wissenschaft, die das tatsächliche Verhalten eines Objekts als die Summierung oder die Resultante der Wirkungen aller der Gesetze gewinnt, die für jede einzelne seiner Bestimmungen gelten.

Nun hat man darauf hingewiesen, daß eine allseitig vollständige Determination auch des einfachsten realen Objekts auf diese Weise gar nicht möglich sei; denn ein jedes solches enthalte eine solche Unabsehlichkeit von Eigenschaften und Beziehungen,

daß keine von uns aufstellbare Reihe von Begriffen und also von Gesetzen sie erschöpfen könne; wir müßten uns mit einseitigen, partikularen, Unzähliges weglassenden Bestimmungen der Dinge begnügen. Zunächst gilt schon dies auch gegenüber dem Versuch, die sittliche Forderung an einen Moment des Lebens aus den allgemeinen Gesetzen zusammenzusetzen, die für jeden einzelnen seiner Faktoren gelten. Denn auch in der relativ unkompliziertesten Lebenssituation sind dieser Faktoren so unermeßlich viele, daß es ganz aussichtslos ist, sie nebeneinander ordnen und jeden einzelnen einer allgemeinen Norm seiner Gestaltung unterstellen zu wollen.
Dabei aber scheint mir jener erkenntniskritische Gedanke noch nicht weit genug zu gehen. Das *Quantum* der Bestimmungen einer Realität mag *tatsächlich* ausreichen, den Versuch einer begrifflich-gesetzlichen Festlegung ihrer restlosen Ganzheit zu vereiteln; *prinzipiell* könnte immerhin der Anzahl dieser Ganzheitsfaktoren eine ebensolche von Begriffen und Gesetzen entsprechen. Vielmehr, zwischen der *Art* der Wirklichkeit und der unserer Begriffe besteht eine Diskrepanz, infolge deren diese sozusagen jene nie einholen können. Die Bestimmungen eines realen Dinges haben untereinander eine Kontinuität, eine fließende Allmählichkeit des Ineinander-Übergehens, die sie für unsere festumschriebenen Begriffe und deren Erweiterung zu Naturgesetzen ganz ungreifbar macht. Das künstliche Verfahren, das dennoch die Brücke zwischen beiden bildet, ist nicht nur ein Weglassen dem Maße nach, sondern ein Verändern der Art und Form nach. Wir müssen (auf ein hier nicht untersuchtes Recht hin) das Gleiten und die ununterbrochenen Korrelativitäten in und zwischen den Dingen zu scharf geschiedenen Pluralitäten gerinnen lassen, das Kontinuierliche diskontinuierlich machen, den unendlichen Fluß der Beziehungen zum Nächsten bis zum Fernsten allenthalben stauen, wenn wir das Wirkliche mit Begriffen meistern wollen.
Und ersichtlich treibt diese Transposition ihre Faktoren am weitesten auseinander, wenn es sich um die Verbegrifflichung und Gesetzeserkenntnis des Lebendigen handelt. Denn indem

dieses als ein Subjekt vorgestellt wird, das unter den mit ihm vorgehenden Veränderungen irgendwie beharrt, bekommen diese Veränderungen eine ganz besonders vollkommene Kontinuität, und zeigen die Bestimmungen des in diesem Sinne einheitlichen Wesens eine Fülle und eine Nähe ihrer Relationen, wie sie an bloßen Mechanismen nicht stattzufinden scheinen. Dadurch wird das Herausgreifen und Fixieren einzelner Determinationen der Form des realen organischen Seins und Geschehens im höchsten Maße inadäquat.

Nun mag die Naturwissenschaft diese Inadäquatheit für sich verantworten, vielleicht damit, daß ihre Absicht und ihre Aprioritäten auf ein selbstgenugsames Reich von Begriffen und Gesetzen gehen, das zur Realität nur eines symbolischen Verhältnisses bedarf. Indem die Ethik aber sehr viel näher an dem Leben in seiner Unmittelbarkeit steht, zeigt sich nun auch durch das Medium dieser theoretischen Analogie, wie fremd die Wesensform des »allgemeinen Gesetzes«, das einen Einzelinhalt postuliert, der Wesensform des Lebens ist, das doch seine Wirklichkeit ihm anschmiegen *soll;* wie wenig eine noch so große Häufung solcher Gesetze der Bewegtheit und Mannigfaltigkeit des Lebens nachkommen kann – nicht aus quantitativer Unzulänglichkeit, sondern aus der Diskrepanz der prinzipiellen Form beider.

Der hier kritisierte Standpunkt verschlingt sich in einen Knotenpunkt des Rationalismus überhaupt. Die rationalistischen Irrungen, die sich an den Satz des Widerspruchs knüpfen, haben die Form: daß die Prädikate möglicher Subjekte von diesen gelöst und als selbständig-logische Inhalte hingestellt werden. Zwischen je zweien dieser Prädikate konstatiert man einen Widerspruch, ein Sichausschließen – und glaubt daraufhin nun, daß ein Subjekt, an dem einen teilhabend, das andere nicht besitzen könne, oder, nach dem Satz des ausgeschlossenen Dritten, eines von ihnen besitzen müsse. Allein das gilt bekanntlich nur, wo es sich um den ganz sterilen Gegensatz des reinen P und Nicht-P handelt. Sobald jede der beiden Seiten einen positiven Sinn hat, ist aus ihrem logischen Verhältnis durchaus nicht zu entscheiden, ob sie sich an einem Subjekt ausschließen oder vertragen – sondern nur aus der konkreten Kenntnis des Subjekts. Gewiß sind Sterblich und Unsterblich Gegensätze; allein der Ausschluß des einen macht noch das andere nicht gültig, wenn etwa von einem Stein die Rede ist, der ja weder das eine noch das andere ist. Gewiß sind Lebend und Tot Gegensätze; allein wir wären in Verlegenheit, zwischen beiden zu wählen, sobald es sich um den Zustand der Starrheit handelt, in dem manche niedrigere Organismen absolut kein Lebenssymptom mehr zeigen, aus dem sie aber dennoch wieder ins Leben zurückzurufen sind. Gewiß sind Blau und Bewölkt sich ausschließende Gegensätze – nämlich am Himmel, nicht aber an einer Zimmerdecke, die von bläulichen Rauchwolken bedeckt ist.

Den entsprechenden Fehler aber: nach der Bedeutung eines von seinem Träger gelösten Tuns zu fragen und von der Antwort darauf die Beziehung des letzteren zu seinem Träger als recht oder unrecht zu beurteilen, begeht der kategorische Imperativ. Er trennt die Handlung: Lüge oder Aufrichtigkeit, Wohltat oder Hartherzigkeit usw. von ihrem Subjekt, behandelt sie als logischen, freischwebenden Inhalt und fragt nun nach ihrer Zulässigkeit; diese bestimmt er nach dem, was sie an und für sich, nicht nach dem, was sie an dem Subjekt, an dem sie haftet, bedeutet. Die hiermit angedeutete, der Kantischen entgegengesetzte Attitüde braucht keineswegs etwa eine andere Wertung, inhaltlich abweichende Normen zu erzeugen; der Antagonismus betrifft zunächst oder prinzipiell nur die Grundlage, von der aus die einzelne Forderung sich legitimiert.

Die Gleichgültigkeit des Gesetzes gegen das Individuum, für das es gilt, stammt bei Kant daher, daß er das Prototyp des Gesetzesbegriffes überhaupt aus der Naturwissenschaft und dem Rechte bezieht. In diesen beiden gilt das »Gesetz« schlechthin, ohne daß die individuelle Gestaltung, auf die es sich richtet, sich irgendwie als ein von dem Allgemeinen gesonderter Quell von Bestimmungen auftun könnte. In der Naturwissenschaft, weil das Gesetz hier nur die Formulierung des tatsächlichen (gleichviel wo und wie oft realisierten) Verlaufes der einzelnen

Vorkommnisse bedeutet; im bürgerlichen Recht, weil dieses von sich aus und um einer sozialen Ordnung willen befiehlt, wie das einzelne Tun verlaufen soll. Der kategorische Imperativ hat einerseits die logische Struktur eines Naturgesetzes mechanistischer Provenienz (was Kant selbst andeutet), andererseits die eines Rechtssatzes. Darum scheint der Zirkel nicht für ihn zu bestehen, der jedem apriorisch-allgemeinen Moralgesetz droht: ein Gesetz soll mich deshalb verpflichten, weil es allgemein gilt oder gelten kann – wie aber kann ich seine allgemeine Geltung behaupten, bevor ich weiß, daß es auch für mich gilt, auf mich paßt? Dies ist ersichtlich die bekannte Schwierigkeit des Syllogismus mit allgemeinem Obersatz. Wie darf ich aus der Sterblichkeit aller Menschen und dem Menschsein des Cajus schließen, daß auch dieser sterben wird, da doch jener Obersatz nur gilt, wenn ich von vornherein der Sterblichkeit auch des Cajus sicher bin?

In der Natur ist das Gesetz der einzelnen Tatsache immanent, es besteht hier kein Gegenüber von beiden, das die Frage des Passens oder Nichtpassens aufkommen ließe. Das bürgerliche Gesetz seinerseits befiehlt dem Individuum von außen her, es stellt nur eine sachlich partielle Forderung, unter grundsätzlicher Indifferenz gegen die Totalität des Subjekts; die Frage des Passens für dieses wird also gar nicht erhoben, womit freilich das Nichtpassen in unbegrenztem Maße möglich ist. Hier aber scheint sich doch schon die Unzulänglichkeit zu zeigen, die dem »allgemeinen Gesetz« von jenen beiden Quellflüssen seiner her zukommt. Denn das ethische Gesetz hat weder die prinzipielle Adäquatheit zum Einzelfall wie das Naturgesetz noch das absolute Gegenüber, wie der von Menschen ausgehende Befehl, sondern indem hier das Gegenüber zugleich das innigste Verbundensein bedeutet, entsteht jetzt allerdings das Problem des Passens; wenn es nicht paßt, gilt es auch nicht – und damit wohnt seiner »Allgemeinheit« der oben berührte Zirkel ein.

Nun scheint mir aber die Allgemeinheitsforderung in der rationalistischen Ethik doch noch eine tiefere Begründung zu offenbaren. Wie, in dem theoretischen Falle, die Allgemeinheit einer

Erkenntnis nur besagt, daß sie *sachlich* wahr ist, so geht doch auch wohl die moralische Allgemeinheit der Gültigkeit und Anerkennung auf die *sachliche* Bedeutung und Konfiguration der Lebensinhalte zurück. Unter ›Sachlich‹ verstehe ich natürlich nicht den Bezug auf irgend etwas Äußeres, sondern, daß die Faktoren des ethischen Verhaltens: Impulse und Maximen, innere Bewegtheiten und fühlbare Folgen – als objektive, einen Sachgehalt darstellende Elemente figurieren, aus denen dann rein logisch die für das Subjekt verbindliche Norm folgt. Die Bedeutung und Relation der praktischen Inhalte, ideell gelöst von dem Individuum, an dem sie realisiert sind, entlassen aus sich die sittliche Notwendigkeit bestimmter Verhaltungsweisen. Da dies also mit begrifflicher Notwendigkeit für jeden gilt, bei dem die Bedingungen zutreffen, so scheint der Schluß gerechtfertigt: wo die Allgemeingültigkeit eines Gesetzes unmittelbar empfunden oder als logisch möglich oder tatsächlich vorgestellt wird, ist dies das Zeichen dafür, daß es jene Notwendigkeit aus den Sachgehalten der praktischen Welt gezogen hat. Während die Bindung des praktischen Gesetzes an mögliche oder wirkliche Allgemeinheit auf den ersten Blick eine Vergewaltigung des Einen durch die Vielen, eine Nivellierung des Besonderen durch das Typische verkündet, scheint mir in der Schicht der tiefsten Zusammenhänge keinerlei soziale – oder, wie Schleiermacher dies bei Kant bezeichnete: politische – Motivierung zu bestehen, sondern nur Bedingungen und Inhalte der Praxis werden in eine ideelle, begrifflich auszudrückende Selbständigkeit jenseits ihrer individuellen Träger erhoben, und die Logik der Moral entwickelt aus ihnen diejenigen Formungen, in denen diese Inhalte vor sich gehen *sollen*.

3. Erlebensform und selbständige Begrifflichkeit

Hier, wo die Normierung durch Allgemeinheit ihre eigentliche Bedeutung offenbart: als ratio cognoscendi oder als Symbol der sachlichen Relationen und Legitimierungen unserer Handlungsinhalte – hier liegt der Punkt, an dem eine moralphilosophische Grundrichtung gänzlich von der Kantischen abbiegt. Das Gesetz ist allgemein, weil es aus den Sachgehalten der praktischen Situation folgt; dazu aber müssen diese Sachgehalte aus der *Erlebensform* in eine selbständige Begrifflichkeit übertragen werden, mit der sie erst als Faktoren einer logischen Deduktion behandelbar werden.

Es bedarf der Auseinandersetzung, daß die hiermit angedeutete Differenz über das Ethische hinaus die Prinzipien der Lebensanschauung überhaupt durchdringt. Alle Psychologie z. B., die auf einen Mechanismus der Vorstellungen ausgeht, hebt aus dem rastlosen, kontinuierlichen Verlauf des Vorstellens die logisch ausdrückbaren Inhalte heraus, läßt diese zu einer Art selbständiger Wesen, den »Vorstellungen« kristallisieren und will nun aus den Bewegungen, Gegenbewegungen, Steigen und Fallen, Verbindungen und Trennungen dieser, wie von sich aus, mit eigener Sonderkraft agierenden Elemente den lebendig flutenden psychischen Prozeß wieder zusammensetzen. Für eine entgegengesetzte Überzeugung ist das seelische Leben die Kontinuität eines Prozesses, der die scharfen begrifflichen Abgrenzungen zu gesonderten singulären »Vorstellungen« überhaupt nicht gestattet – als wollte man eine stetige Linie aus Punkten zusammensetzen oder einen Organismus als lebendigen aus den Stücken, in die man ihn zerschnitten hat.

Aber auch diese Gleichnisse bezeichnen nicht hinreichend den Abstand jener beiden Auffassungen. Denn die mechanistische operiert mit ganz neugeschaffenen, in der Realität der psychischen Bewegtheiten überhaupt nicht aufzufindenden Gebilden, mit den festumschriebenen, ideell beharrenden Begriffen, die sie als Einzelvorstellungen bezeichnet. Dies ist nur dadurch möglich, daß sie den seelischen Prozeß unter die ihm gar nicht einwohnende Kategorie der nach logischen Unterscheidungen trennbaren, singularisierbaren Inhalte stellt. Auch erreicht sie keine wirkliche Adäquatheit zu jenem Prozeß, wenn sie von dem kontinuierlichen, grenzverlöschenden Ineinanderübergehen der Vorstellungen spricht. Denn auch diesem liegt irgendein selbständiges Vorherbestehen der einzelnen Vorstellungen zugrunde, das nur nachträglich, indem sie in eine Bewegtheit hineingenommen werden, gewissermaßen abgemildert und in die Gemeinsamkeit einer sie durchströmenden Dynamik übergeführt wird. Dies bleibt etwas anderes als das Aufquellen der individuellen Vorstellungswelt aus einem irgendwie einheitlichen Schöpfungsgrunde, aus der für die Wissenschaft noch geheimnisvollen, aber mit voller Klarheit gefühlten produktiven Instanz, die wir das Ich nennen. Wird das Gleiten und absatzlose Strömen des seelischen Prozesses durch das Spiel von »Vorstellungen« ersetzt, so soll das Geschehen sich aus dem, was doch erst sein abstrahierbares Produkt ist, ergeben, ungefähr als wollte man innerhalb einer im Spiegel reflektierten Folge von Szenen das Erscheinen der späteren aus den vorangegangenen *Spiegel*bildern erklären, statt aus dem Prozesse der Realität, der jedes dieser Bilder für sich erzeugte. Der jeweilige Bewußtseinsinhalt wird so nur aus den früheren Inhalten hergeleitet, sozusagen aus der Horizontalebene, in der die Vorstellungen sich bewegen, statt aus der Tiefendimension, aus der das Vorstellen als ein stetiger Vitalprozeß quillt.

Der Versuch, das der Lebensdynamik folgende Vorstellen aus dem Mechanismus von Vorstellungen, die von ihrem Begriffsinhalt umschrieben sind, zu begreifen, ist die methodisch gleiche Vergewaltigung des Lebens durch die Logik – wie die durch Physik und Chemie, als man die Lebensvorgänge aus der Mechanik der Elemente synthetisieren wollte, die die partikularen Gesichtspunkte dieser Wissenschaften aus der organischen Materie herausformten. Wir haben die Logik jetzt von den Verfälschungen befreit, mit denen die Einmengung der Psychologie sie bedrohte. Auf die Gefahren aber, die umgekehrt der Psychologie von Usurpationen der Logik herkommen, ist man noch nicht genügend aufmerksam geworden. Die Herleitung des seelischen Lebens aus der Mechanik von »Vorstellungen«, aus denen die Bewußtseinsinhalte zu einem Reiche relativ selbständiger Wesen, mit eigenen Kräften geladen und mit begrifflicher Bedeutung ausdrückbar, hypostasiert sind – erscheint mir als der Einbruch der *logischen* Tendenz in das ihr prinzipiell fremde Reich des psychologischen Lebens. –

Ich lasse nun dahingestellt, inwieweit das in die rein theoretische Ebene eingezeichnete Bild der seelischen Wirklichkeit dieser Umformung bedarf. Indem man sich aber über sie als eine Umformung klar wird, zeigt sich an ihr die methodische Differenzierung, die mir die ethische Fragestellung zu bestimmen scheint. Man kann aus dem sittlich zu bewertenden Lebensprozeß die bezeichenbaren Elemente herausheben, die die Materialien oder die Voraussetzungen für die sittliche Forderung an unser jeweiliges Verhalten bilden. Es liegt z.B. der Kantische Fall des gefahrlos zu unterschlagenden Depositums vor, oder die Situationen, aus denen die Gebote des Dekalogs sich ergeben, oder die Verwebung sozialer Tatsachen mit Beschaffenheiten und Ansprüchen des Individuums, oder konfliktvolle Beziehungen des Berufes, der Ehe, der Religion untereinander oder mit Kräften und Wünschen, die einem Ideal persönlicher Kultivierung zudrängen. Man kann nun das durch dieses Material jeweils erforderte Verhalten gemäß dem kategorischen Imperativ oder den göttlichen Geboten oder dem Aristotelischen »Mittleren« oder dem Optimum der gesellschaftlichen Entwicklung ausrechnen; aber damit ist das Reich dieser Forderungen, seine Inhalte durch eine ihm eigentümliche Logik verbindend, der Erlebnisform entrückt und ihr gegenübergestellt. Nur auf diese Weise aber ist ein »allgemeines« Gesetz herstellbar.

Solange die einzelnen Lebensmomente, Antriebe, Entschlüsse in die Einheit einer stetigen Existenz verwebt sind, haben sie nur in Beziehung zu deren Zentrum und Ablauf eine Bedeutung, bestehen überhaupt nur als die Atemzüge solchen individuellen Lebens. Aus diesem Zusammenhang, der sie für sich monopolisiert, müssen sie erst gelöst sein, wenn sie der Stoff einer über das Individuum hinausreichenden Gesetzlichkeit sein sollen. Denn nur in der Verselbständigung diesem Individuum gegenüber, von seinem Blutkreislauf nicht mehr ihre Nahrung ziehend, können sie in andere Kombinationen eingefügt werden und die normierende Form für andre und beliebig viele Individuen abgeben. Daß ein Mensch lügt oder sich für seine Überzeugung opfert, daß er hartherzig oder wohltätig ist, daß er sich ausschweifend oder asketisch benimmt – das ist als jeweilige Wirklichkeit absolut in die Kontinuität seines Lebens verflochten; ja, der Ausdruck des Verflochtenseins ist noch unzutreffend, denn er scheint eine irgendwie selbständige Existenz oder Genesis dieses Tuns, als eines von einem Begriffe fest umschriebenen, vorauszusetzen, und als stellte es sich erst mit dieser eigenen Charakterisiertheit gleichsam nachträglich oder wie von sich aus in den Lebensverlauf ein. Tatsächlich ist es doch aber umgekehrt ein erst durch einen herangebrachten Begriff aus diesem Verlauf herausgelöstes Stück, der Kontinuität eben dieses genau so zugehörig wie jeder andere, zwischen zwei beliebig gesetzten Zeitmomenten ablaufende Teil. Mögen die Äußerlichkeiten unseres Verhaltens relativ scharfe Grenzen gegeneinander zeigen, innerlich ist das Leben doch nicht aus einer Lüge, dann einem mutigen Entschlusse, dann einer Ausschweifung, dann einer Wohltätigkeit usw. zusammengesetzt, sondern es ist ein stetiges Gleiten, in dem jeder Augenblick das sich fortwährend gestaltende, umgestaltende Ganze darstellt, kein Teil scharfe Grenzen gegen den andern besitzt und ein jeder nur innerhalb jenes Ganzen und von ihm aus gesehen, seinen Sinn zeigt. Daß die Tat in diesem Augenblick geschieht, das bedeutet, daß das Leben in seinem kontinuierlichen Verlauf momentan gerade diese Form angenommen hat, sie ist sozusagen nicht daher bestimmt, daß es eine Lüge oder daß es eine Wohltat ist, sondern sie ist die jetzige Realität dieses Lebensverlaufes; gerade wie die Form eines in fortwährender Umrißänderung befindlichen Gallerttieres nicht jetzt von der Idee des Kreises, jetzt der Ellipse, jetzt des annähernden Vierecks determiniert ist, sondern nur von dem inneren Lebensprozeß des Tieres (im Verein mit äußerlichen Bedingtheiten) her – obgleich der Kreis oder die Ellipse in sich, als objektive Formen, Gesetze oder Notwendigkeiten haben, die gegen den vitalen, sie als Form dieses Wesens hervortreibenden Prozeß ganz gleichgültig sind.

Wenn nun eine allgemeine Norm über die Lüge oder die Wohltätigkeit besteht, so findet sie an dem kontinuierlich-einreihigen Lebensprozeß noch nicht ohne weiteres einen Angriffspunkt, sondern dazu müssen dessen Inhalte in einer ihm selbst fremden Weise aus ihm herausgehoben und zunächst einem sonst schon bestehenden Begriffe, von außen, wenn auch von einem ideellen Außen, her unterstellt werden. Haftet das Sollen an derartigen allgemeinen Begriffen von Lüge, Wohltat usw., so kann es also die Tat gar nicht von ihrer inneren Quelle her ergreifen, sondern nur, nachdem das aus dieser Quelle stetig fließende Leben in die Form der Diskontinuität gebracht ist, oder nicht eigentlich das Leben selbst, sondern seine von einem Begriffssystem her ausdrückbaren und isolierbaren Inhalte. Die Lüge oder die Wohltat, als die jeweilige Lebendigkeit ihrer Subjekte, hat die Einmaligkeit alles Wirklichen und ist von dieser Richtung her keineswegs eine Darstellung der allgemeinen Lüge oder der allgemeinen Wohltat, von der das allgemeine Gesetz spricht; diesem ist sie vielmehr erst untertan, nachdem sie ihrem organischen Zusammenhang enthoben und in einen begrifflichen eingestellt ist, der sie nur als singularisierte, ihrer vitalen Dynamik entkleidete, als Summe ideell vorher feststehender Merkmale gebrauchen kann. Die Allgemeinheit des Gesetzes ist dadurch bedingt, daß die Ganzheit des lebendigen Individuums aufgehoben ist, da sie die Handlung, insofern sie durch einen einzelnen Begriff bestimmt ist, nicht insofern sie in der Lebenskontinuität aufsteigt, zum Gegenstand des Sollens macht.

Der Kantische Imperativ ist prinzipiell ebenso gerichtet, da er nur die allgemeinste formale Abstraktion aus allen möglichen einzelnen allgemeinen Gesetzen ausspricht. Als Regulativ des Handelns muß er sich sogleich in eine inhaltliche, also singuläre Norm umsetzen, die nach seiner reinen Konsequenz allerdings jeweilig nur eine empirisch gültige, für einen nächsten Fall vielleicht zu widerrufende sein kann. Allein in die mögliche Summe dieser relativen Allgemeinheiten zerlegt sich eben der kategorische Imperativ, sobald er praktisch werden will.

Freilich scheint seine Formel weit genug zu sein, um die Sittlichkeit eines Tuns auch dann an seiner »möglichen Verallgemeinerung« zu bestimmen, wenn unser Tun so gefaßt wird, wie es *wirklich* im Leben steht: mit dessen Ganzheit absatzlos verwebt, nur die gerade beobachtete Welle in seiner kontinuierlichen Strömung. Tatsächlich aber ist das so erfaßte Tun gar nicht zu verallgemeinern, denn dies hieße nichts anderes, als das ganze Leben dieses Individuums als allgemeines Gesetz zu denken; die Frage lautete dann: Kannst du wollen, daß alle Menschen, von ihrer ersten bis zu ihrer letzten Minute sich so benehmen wie du? – denn, wie immer wiederholt werden muß, ihren inneren, wirklich zuverlässigen Sinn zeigt die einzelne Tat nur in der Totalität des Lebenszusammenhanges. Aber abgesehen von der Unausdenkbarkeit oder dem Widersinn dieser Konsequenz, kann es zweifellos auch gemäß den höchsten Kriterien, nach denen der kategorische Imperativ die Wünschbarkeit einer Tat bestimmt, unter Umständen wertvoll sein, daß *ein* Mensch dieser bestimmten Art existiere, aber nicht, daß auch nur einige solcher existieren. Es ist gar nicht abzusehen, wieso aus dieser letzteren Konstellation sich die sittliche Verwerflichkeit jenes einen ergeben sollte.

Die letzte Konsequenz also, in die der kategorische Imperativ ausläuft, wenn die mit dem einzelnen Tun gesetzten Zusammenhänge nicht willkürlich abgeschnitten werden sollen, hieße: kannst du wünschen, daß du überhaupt da bist, oder: daß eine Welt, in der du da bist (denn diese, wie sie besteht, ist die unnachlaßliche Bedingung deines Gesamtlebens und damit deines einzelnen Tuns), unendlich oft da sei? So würde die Kantische Formel, konsequent bis zu ihrer vollständigen Bedeutung entfaltet, in der Ewigen Wiederkunft münden, und damit würde ersichtlich die Verallgemeinerungsfrage nicht mehr eine nur logische Antwort, wie sie selbst sie beansprucht, finden können, sondern einer aus willens- oder gefühlsmäßigen Entscheidungen heraus bedürfen. Soll dies alles vermieden werden, soll die einzelne Tat als verallgemeinert gedacht sein, um die Legitimierungsfrage zu beantworten, so bleibt nichts übrig, als sie eben doch aus dem Gesamtzusammenhange des Lebens zu isolieren, sie in äußerliche Umgrenztheit zu setzen; die Verallgemeinerung ihrer vollen Realität innerhalb unserer Existenz hebt sich selbst, hebt mindestens den Anspruch auf eine objektiv-logische Entscheidung nach der Kantischen Formel auf: gerade die Verallgemeinerung setzt eine künstliche Individualisierung der einzelnen Tat voraus. Diese Formel bestimmt höchstens von Fall zu Fall; das *Ganze* kann sie nicht bestimmen, da dieses Ganze – als lebendiges so wenig aus einzelnen Fällen zusammensetzbar, wie die Wirklichkeit eines Organismus aus einzelnen Stücken –, als »allgemeines« gedacht all jenen Widersinn ergibt. Diese Individualisierung der einzelnen Tat widerstrebt gerade der persönlichen Individualität, d. h. der Einheit und Ganzheit, die sich durch alle Mannigfaltigkeit der einzelnen Taten hindurchlebt, oder genauer: die *als* diese Mannigfaltigkeit lebt. Jedes von beiden gehört je einer von zwei sich gegenseitig aufhebenden Arten der Individualität an, die man die passive und die aktive nennen könnte.

Jene entsteht, indem der Geist aus der Kontinuität des Seins und Werdens etwas herausschneidet, es als ein Exemplar eines Begriffes isoliert und ihm dadurch Einheit verleiht, Geschlossenheit um ein Zentrum herum, die es von sich aus, innerhalb seiner kosmischen Existenz, nicht besitzt. Die aktive Individualität ist gegeben, wo diese Einheit in objektiver Existenz besteht, wo ihr inneres Wesen von sich aus der stetigen Verflochtenheit in das kosmische Dasein enthoben ist. Um nun einen solchen Begriff von Individualität zu realisieren, pflegen wir die Zeitform des Lebensverlaufes in eine Nebeneinander-Dauer umzuformen und reden von Charakter, dem Ich, Wesenszügen usw. Dies begünstigt die verhängnisvolle Tendenz, die einzelne aktuelle Tat von der Lebensganzheit abzuschnüren, sie dieser als nur mehr oder weniger mit ihr verbundene gegenüberzustellen. Dann ist jenes Überzeitlich-Substanzielle die Individualität, die einzelne Tat ist nicht ihr vollkommener Repräsentant, sondern ist ein irgendwie für sich Stehendes. Es kommt aber darauf an, einzusehen, daß das Leben, auch völlig in der Form des Fließens begriffen, d. h. seine Totalexistenz in jedem Gegenwartsmoment findend – dies kann erst später deutlich werden – Individualität ist. Die Individualisierung der einzelnen Tat, die nur eine passive Individualität für diese gewinnt, ist der Gegensatz und das Hemmnis der Individualität des ganzen Menschen; welche, wie wiederum vorweggenommen werden muß, nichts weniger als Besonderssein, Ausnahmehaftigkeit, qualitatives Anderssein bedeutet, sondern nur die selbständig-einheitliche Totalität jeder Lebensverwirklichung.

Hier liegt nun auch ein Zusammenhang zwischen Individualität und Freiheit. Wie es die Freiheit der Menschen prinzipiell (wenn auch nicht in den relativen Konstellationen des historischen Lebens) beengt, wenn er als bloßer Teil eines Ganzen besteht, so auch, wenn seine Elemente sich, nach Wirksamkeit und Eindruck, einer gewissen Selbständigkeit nähern. Wir fühlen uns unfrei, wenn in der jeweiligen Gesamtverfassung unseres Wesens einzelne Momente: sinnliche Triebe, autoritative Suggestionen, Erinnerungen, logische Theoreme usw. sich der Ausgleichung mit unseren anderen Wesenselementen zu entziehen und sich als Selbständigkeiten, nur ihrem eigenen Gesetz folgend, aufzutun scheinen. Der kategorische Imperativ hebt entsprechend die Freiheit auf, weil er die einheitliche Totalität des Lebens aufhebt, zugunsten der atomisierten Taten, die und deren Wertung nach einem begrifflichen System das Leben unter sich beugen, ihm seine, d. h. ihre Bedeutung bestimmen.

Die häufige Zuweisung der Kantischen Moral an das Prinzip des Protestantismus hat, neben mancher Schiefheit, natürlich das Richtige, daß ihm die sittliche Handlung in der metaphysischen Autonomie des Individuums, statt, wie im Katholizismus, in dem Gehorsam gegen eine historische Autorität wurzelt. Allein, differenziert man noch etwas weiter, so zeigt sich in jener Gerichtetheit des Imperativs auf die einzelne, inhaltlich fest umschriebene Handlung dennoch eher eine Verwandtschaft mit dem katholischen Prinzip. Es ist höchst charakteristisch, daß bei Dante die Sünder in der Hauptsache wegen einzelner Taten ihre definitive Verwerfung erleiden. Mag man hier auch die tiefere Bedeutung herauslesen: daß der Mensch einmal in seinem

Leben etwas tut, das den gesamten Sinn, die gesamte Tendenz dieses Lebens in sich sammelt – so bestimmt sich der ethische Wert solcher repräsentativen Tat eben doch von ihrer inhaltlichen Einzelheit her, wie sie sich an einem System vorbestehender Normen mißt; mag sie wirklich der entscheidende Wertpunkt der Existenz sein, wie sie bei Kant die Erscheinung des intelligiblen Charakters ist, – hier wie dort wird sie nicht gemäß ihrem organisch-kontinuierlichen Verwachsensein in das Leben beurteilt, sondern gemäß ihrem für sich angebbaren Inhalt, bzw., für Kant, gemäß der bloßen *Absicht* dieses Inhalts. In beiden Fällen aber bedarf es dieser, wie auch immer mit Innerlichkeit geladenen, Vereinzelung der Tat, weil sie an einer dem Gesamtleben des Individuums *gegenüber*stehenden, gegen dieses prinzipiell gleichgültigen Norm ihre Wertung finden soll.

Auch die Begründung des Gesollten in der »Vernunft« läßt es nicht aus einer hinreichend breiten Quelle fließen. Denn zunächst kann man nicht etwa sagen, daß wir ethisch sollen, insoweit wir Vernunftwesen sind. Gerade als solche würden wir kein Sollen erzeugen, da wir dann ja schon von selbst normgemäß leben würden; gilt selbst die Formulierung: ein Vernunftwesen zu werden, sei unsere *Aufgabe* – so kann das also nicht die Aufgabe für das Vernunftwesen, sondern nur für die Totalität unsres Wesens sein; nur diese, aber nicht die Vernunft, die dessen nicht bedarf, ist der Ort des Sollens. Aber davon noch abgesehen, ist die Kantische »Vernunft«, obgleich sie ein »Seelenvermögen« heißt, dem Leben als einem realen, mit einem eignen Sinn ablaufenden Prozesse ganz entfremdet und nichts anderes als der Träger jener zu gesonderten Begriffen und ihren logischen Konsequenzen geformten *Inhalte* des Lebens. Und nun leben wir doch niemals als solche »Vernunftwesen«, sondern als eine irgendwie einheitliche Totalität, die wir *nachträglich*, nach wissenschaftlichen, praktischen, teleologischen Gesichtspunkten in Vernunft, Sinnlichkeit usw. erst zerlegen. Hier macht sich eben die mechanistische Tendenz in Kants Denken geltend: daß diese im Tiefsten unverbundenen Elemente – da sie Zerspaltungen oder heterogene Betrachtungsmöglichkeiten des Lebens sind – das Leben *zusammensetzen*, dessen Einheit ersichtlich niemals auf diese Weise gewonnen werden kann.

Wie aber auch die Relation von Einheit und Vielheit unter den »Seelenvermögen« angesetzt werde – mit welchem Rechte sperren wir die andern unzähligen Elemente unseres Wesens davon aus, für sich oder aus sich ein Sollensideal zu bilden? Darf z. B. das Sinnliche in unserer Existenz wirklich nur in seiner reinen Tatsächlichkeit verbleiben, gibt es nicht auch dafür eine Art, auf die es, rein als Sinnliches, verlaufen *soll*, ein ihm immanentes Ideal, dem es sich nähern und von dem es sich entfernen kann? Und steht es nicht ebenso mit der Phantasie, mit der Gestaltung der ethisch indifferenten Lebenselemente, mit dem religiösen Glauben, wirklich nur als Glauben angesehen? Damit klingt schon ein später noch wichtig werdendes Motiv vor: daß die rationale Moral als ihre Kehrseite einen Anarchismus unzähliger Lebensgebiete ergibt.

Ist die Vernunft also die überindividuelle Instanz in uns, insoweit sie der reine Träger der durch Begriffe ausgesonderten, unter Begriffe gestellten *Inhalte* des Lebens ist; ist sie zugleich, als seelische Energie, ein Lebendiges, dynamisch und aus dem Lebenszentrum heraus Wirksames – so gelingt es ihr doch auch durch diese Vereinigung nicht, die ihr auf Grund ihrer ersteren Bedeutung entfließenden allgemeinen Normen zu Funktionen des wirklichen Lebens, das eine Einheit ist, oder zu idealen Ausstrahlungen seiner Gesamtheit zu machen. Denn sie ist und bleibt ein *Teil* dieser Gesamtheit, andere stehen neben ihr und können die Regulative, die sie mit gleichem Rechte für ihre besonderen Bedeutungen fordern dürfen, nur aus ihrem eigenen Wesen, nicht aus dem ihnen ja gerade fremden der Vernunft entwickeln. Will man unsern seelischen Energien überhaupt in ihrer Sonderung eine Bedeutsamkeit zuschreiben, so bildet doch höchstens ihre Totalität ein Symbol der Lebenseinheit, zu deren Vertretung also die Vernunft für sich gar keine Legitimation besitzt. Werden die »allgemeinen Gesetze« als ihre Domäne angesehen, so läßt auch jene Vermittlung sie mit der einheit-

lichen Wurzel des Lebensganzen genau so unverbunden, wie sie es ohne dies, in ihrer Unmittelbarkeit, waren.
Die Betrachtung hat also bis zu diesem Punkte ergeben, daß alle allgemeinen Gesetze, die als solche im kategorischen Imperativ ihre abstrakte Formulierung erfahren haben, unser Handeln nicht mit Rücksicht darauf formen können, wie es wirklich im Leben steht – womit nicht etwa ein Naturalismus ihnen gegenübergestellt wird, sondern die aus einem etwaigen anderen Prinzip heraus geforderte Handlung eine nicht weniger reine Idealität, gleichgültig gegen Verwirklichung oder Nicht-Verwirklichung, bewahrt. Als allgemeines kann das Gesetz ein Sollen nur aus den einzelnen *Inhalten* des Lebens entwickeln, die aus dessen Quellung und zusammenhängender Bewegtheit entrückt, zu festumgrenzten, logisch, aber nicht vital verbundenen Begriffen verfestigt sind. An diesen Begriffen, die nun freilich gänzlich überindividuell sind, entzündet sich, nicht recht herleitbar, das Sollen; es steht also in einer Ordnung, die nicht nur der Wirklichkeit des Lebens gegenüber indifferent ist (dies ist Rechtens), sondern auch dem Prinzip des Lebens. Denn es beurteilt und fordert die Handlung nicht, wie sie als Welle des einheitlichen Lebens entsteht, sondern wie der Begriff ihres individuellen Vollzuges von dem allgemeinen Begriff der Handlung bestimmt wird. Dem allgemeinen Gesetze gelingt es nicht, die Kategorie des Sollens über die Tat als Lebensäußerung zu erstrecken oder beide innerlich zu verbinden.
Und dazu sei als Letztes nur angedeutet (da es mehr eine psychologische Tatsache als ein eigentliches Prinzip enthält): der Versuch, unsere sittlichen Handlungen aus ihrer Allgemeingültigkeit herzuleiten, ist schon darum bedenklich, weil gerade unsere *Sünden* viel mehr allgemeinen, typischen Charakter tragen als unser Tiefstes und Bestes.

4. Wirklichkeit und Sollen

Das Sollen also, das als allgemeines Gesetz auftritt, kommt weder aus dem Leben, noch geht es auf das Leben: jenes nicht, weil es der logisch-idealen Bedeutung einzelner, aus der Lebensverflochtenheit in die Begriffssphäre versetzter Inhalte entspringt, dieses nicht, weil es auf einzelne Handlungen geht – die keineswegs äußerliche zu sein brauchen, vielmehr nur in dem guten Willen zu ihnen bestehen mögen – und deren Beziehung zu der Totalität des Lebens, die immer nur eine individuelle sein *kann*, gar nicht in sich aufnimmt. Statt dessen drückt sich die tatsächliche Bedeutung des Sollens vielleicht zutreffender damit aus: daß es eine Art ist, auf die die Totalität des Lebens – Inhalte, Verhaltungsweisen, Absichten – ebenso erlebt wird, wie sie andererseits auf die Art oder in der Form der psychologischen Wirklichkeit erlebt wird. Das Leben vollzieht sich nicht nur in der einreihigen Form der Wirklichkeit, sondern, von einer gewissen Ausbildungsstufe ab, zugleich in der Form des Sollens, beide Male aber als Leben, in dessen unvergleichlichem Wesen und Rhythmus und nicht zusammensetzbar aus den Stücken, in deren Begriffe der Verstand es zerlegt, genausowenig wie das psychologisch angesehene Leben aus den einzelnen »Vorstellungen«. Dies verhält sich etwa wie Religion als ein religiöses *Leben*, eine von dem Lebensprozeß selbst erzeugte Weihe, Rhythmik, Gestimmtheit seiner, zu der Religion als einer Summe transzendenter Vorstellungen, die als feste, für sich bestehende, auf die Seele zurückwirkende Gebilde aus jenem kontinuierlichen religiösen Lebensprozeß auskristallisiert sind.

Das Bewußtsein, in dem oder als das unser Leben sich darstellt, hat doch diese beiden Kategorien zur Verfügung: wir wissen uns, wie wir sind und wissen uns, wie wir sein sollen. Die prinzipielle Koordination beider, die bei völliger Verschiedenheit, ja Entgegengesetztheit ihres Gehaltes besteht, wird auch dadurch nicht gestört, daß die zweite Kategorie uns ihre Inhalte als Gebote gegenüberstellt. Denn diese Dualistik, sich selbst sich gegenüberzustellen, sich selbst zum Objekt aller möglichen Funktionen zu machen, gehört zu den Fundamentalbestimmungen des geistigen Lebens überhaupt. Der Aktus des Selbstbewußtseins, in dem wir ein Sein, dessen Inhalt wir selbst sind, uns gegenüber wissen, wie er auch gedeutet werden möge, ist jedenfalls der Art nach nichts anderes als der Aktus des Sollens, in dem wir ein Gebotenes, dessen Inhalt wir selbst sind, uns gegenüber wissen. Das Transzendieren des Geistes, das doch nur ihn selbst zum Ziel hat (man könnte es unsere immanente Transzendenz nennen), ist eine seiner elementaren Fähigkeiten und so ausgedrückt nur der Allgemeinbegriff, der sich in sehr verschiedenen Aktionen des Wissens, des Fühlens, des Gebietens verwirklicht – nichts anderes, wie daß das Bewußtsein als Subjekt ein Objekt weiß, das ihm doch gegenübersteht, oder Wahrheitsgehalte vorstellt, die ganz unabhängig von diesem Bewußtsein gelten. Das so verstandene Sollen ist ein Modus, auf den die irgendwie einheitliche Totalität des Lebens verläuft, nicht weniger, als der Modus der seelischen Wirklichkeit ein solcher ist.

Eben damit wird begreiflich, wieso der moralphilosophische Versuch, aus der Tatsache des Sollens herauszupressen, *was* wir denn, inhaltlich, sollen, mißlingen muß – denn auch aus der Tatsache der Wirklichkeit kann man in keiner Weise deduzieren, *was* wirklich ist. Und ebenso begreifen wir die gegenseitige Unabhängigkeit zwischen Sein und Sollen, die Unberührsamkeit der Gebote von ihrer Verwirklichung oder Nichtverwirklichung, die unendlich mannigfaltigen Näherungen oder Entfernungen des Seins zum Sollen: denn jedes von beiden enthält ja schon das ganze Leben, wie bei Spinoza das Denken und die Ausdehnung je die *ganze* Substanz enthalten. Indem das Leben als Wirklichkeit und als Sollen verläuft, ist die Zufälligkeit beider gegeneinander aufgehoben, ohne daß diese Einheit innerhalb oder unterhalb ihres Wesens die inhaltliche Divergenz ihres jeweiligen Verlaufes aufzuheben braucht.

Daraus, daß das Sollen als eine, unserer Wirklichkeit gegenüber souveräne Idealsetzung verläuft, hat man das Recht hergeleitet,

Leben und Sollen als zwei einander wesensfremde (wenn auch im Inhalt gelegentlich übereinkommende) Prinzipien zu konstituieren. Aber damit hat man Leben mit der psychologischen Wirklichkeit verwechselt, welche zunächst, weiteres vorbehalten, doch nur eine Kategorie ist, unter der das Leben sich selbst erscheint, wenn auch die praktisch wichtigste oder wenigstens am unmittelbarsten sich aufdrängende. Und so konnte das Sollen eben nur an isolierte, aus der Lebenskontinuität entfernte Begriffe angenagelt werden; daß auf die Weise nur starre Gesetze, von nicht durchschaubarer Beziehung zum Leben, gewonnen wurden, verschuldet wohl die Unbefriedigung und die Unzulänglichkeit, die, unter allen Provinzen der Philosophie, am meisten der Ethik anhaften.

Die trennende Linie muß anders geführt werden: nicht Leben und Sollen steht so einander gegenüber, sondern Wirklichkeit und Sollen, beides aber auf der Basis des Lebens, als Arme seines Flusses, Gestaltungsformen seiner Inhalte. Aber weiterhin ist dies nicht nur psychologisch gemeint, als stellte das Subjekt sein Leben einmal so vor, wie es wirklich ist, und ein andermal, wie es sein sollte. Sondern ein ebenso Objektives wie jenem, liegt auch diesem zugrunde; und wenn Pflicht überhaupt etwas Objektives ist, so sehe ich nicht ein, weshalb sie sich eher aus einem Verhältnis begrifflich formulierbarer Inhalte, als aus der Totalität einer Lebensströmung erheben sollte. Die ganze Schwierigkeit beruht nur darauf, daß wir uns gewöhnt haben, die objektive Forderung als etwas dem Leben schlechthin *Gegenüberstehendes* anzusehen; dadurch wurde dies Leben zu etwas bloß Subjektivem, und diesen Charakter scheint deshalb auch jene Forderung anzunehmen, sobald sie als eine Funktion des Lebens gelten soll. Allein dies ist offenbar eine petitio principii, weil der Schlußsatz nur das besagt, was man zuerst als Voraussetzung konstituiert hat.

Diese Deutung des Sollens als einer mit dem Leben selbst gegebenen Ausformung seiner Totalität fällt darum nicht etwa mit dem Kantischen Gesetz zusammen, weil wir uns auch dieses »selbst geben«. Denn keineswegs gibt hier das Individuum als ganzes, lebendes, einheitliches sich das Pflichtgebot, sondern nur der Teil seiner, mit dem es die überindividuelle Vernunft repräsentiert. Das Gegenüber, die unvermeidliche Relationsform des Pflichtgebots, konnte Kant auf diese Weise nur gewinnen, indem er innerhalb des individuellen Gesamtlebens die »Sinnlichkeit« unserem vernünftigen, gesetzgebenden Teile gegenüber- und entgegenstellt. Kant kommt schließlich gar nicht darüber hinweg, daß das, was dem Individuum befiehlt, etwas jenseits des Individuums sein müsse. Und da er nun alle Heteronomie verwirft, so muß er dies durch Zerreißung des Individuums in Sinnlichkeit und Vernunft zu ermöglichen suchen. Dies ist keineswegs die vorhin angedeutete Grundbestimmung, daß der Geist sich selbst gegenübertrete, sich selbst zum Objekt seiner selbst als Subjektes mache. Denn dieses ist eine Funktion des einheitlichen Lebens, nicht, wie jene »Seelenvermögen« – oder wieviel sublimierter man die Kantische Grundposition ausdrücken möge –, zwei Wesenheiten; diese immanente Dualistik, diese Relation als Subjekt und Objekt seiner selbst, ist vielmehr die Form, in der die Einheit eines Geistes sich darlebt. Die Illusion, daß, wenn die Vernunft der Sinnlichkeit befiehlt, damit doch »wir selbst« uns das Pflichtgebot geben, kann Kant nur durch die in keiner Weise erwiesene, naiv dogmatische Behauptung stützen, daß jener vernunftmäßige, allgemeingültige Teil von uns das »eigentliche« Ich, das Wesen unseres Wesens ausmache.

Der Ausdruck ›Gesetz‹ ist für diese Auffassung der ethischen Forderung formal ungünstig und irritierend, so entschieden sie auch seinen *wesentlichen* Sinn festhält. Denn wir denken uns unter Gesetz immer die formulierte Norm für fest umgrenzte Ausschnitte oder Epochen des Lebens. Hier aber ist sozusagen eine vitale Bewegtheit des Gesetzes selbst gemeint. Und eine solche steht unserem wirklichen ethischen Bewußtsein viel näher, als wir, dank der fortwirkenden Gewöhnung an den Dekalog, als das Prototyp aller ethischen Gesetzlichkeit, meinen. Das deutlichere oder dunklere Bewußtsein von dem, was wir sein und was wir tun sollen, begleitet dauernd die Wirklichkeit unseres Lebens, ohne sich freilich aus der Vorstellung dieser Wirklichkeit, sobald die Inhalte beider koinzidieren, besonders herauszuheben; nur äußerst selten geschieht diese Begleitung in Gestalt eines formulierten oder auch nur formulierbaren »Gesetzes«, sondern meistens in einer gleichsam flüssigen, gefühlshaften; auch wo wir im Lauf unserer Praxis durchaus auf das, was wir sollen, hinhören, wenden wir uns in der Regel dabei gar nicht erst an das Pathos eines mehr oder weniger allgemeinen Gesetzes, sondern das Gesollte hat »Bekanntheitsqualität«. Nur der aus reinem Begriffsmaterial konstruierte Moral-Homunkulus Kants appelliert dauernd an die höchste Instanz eines Gesetzes. Tatsächlich ist dies durchaus die Ausnahme, wir wisssen das Sittliche fast stets unmittelbar in seiner Anwendung auf unsern einzelnen Fall, oder richtiger, in einer Weise, die noch undifferenziert jenseits der Trennung, vielleicht jenseits sogar der Möglichkeit der Trennung von Gesetz und Anwendung steht.

Freilich aber ist hier die Frage am Platz, ob denn dieses Sollen, als welches der kontinuierliche Lebensprozeß sich neben seiner Wirklichkeitsform vollzieht, auch wirklich oder auch immer das *sittliche* Sollen ist. Vielleicht sei gerade das so gefaßte Sollen eine viel allgemeinere Form, die nicht nur von ethischen Wertungen gefüllt ist, sondern auch von eudämonistischen, sachlichen, äußerlich praktischen, ja von perversen und antiethischen. Ich will dem nicht widersprechen, auch nicht der Annahme, daß das tatsächliche Sollen, sowohl nach seiner subjektiven Bewußtheit wie nach dem Objektiv-Ideellen, das diese durchzieht, als ein sehr buntes Geflecht all solcher Wertkategorien anzusehen ist. Dies selbst zugegeben, besteht doch das Recht, das Sollen, soweit es eben ethisch ist, für sich zu betrachten und an ihm das Wesen des Sollens zu entwickeln. Was das Ethische seiner Qualität nach sei, versuche ich nicht zu bestimmen, sondern setze seinen Begriff als Allgemeinbesitz voraus, schon um nicht die Streitigkeit über seine Definition in diese Untersuchung zu mischen.

In inhaltlich bildmäßiger Weise kann man nun das hier behauptete funktionelle Wesen des Sollens durch die grundlegende Tatsache bezeichnen, daß eben über jeder menschlich-seelischen Existenz oder in ihr, wie mit unsichtbaren Linien eingezeichnet, ein Ideal ihrer selbst, ein So-Sein-Sollen steht. Ich mag, was ich zu tun habe, noch so genau aus den sachlichen Verhältnissen der Dinge und aus Gesetzen, die außerhalb meiner entsprungen sind, herleiten – zuletzt oder zuerst habe *ich* es zu tun, es gehört zu *meinem* Pflichtenkreis, *mein* Daseinsbild ist durch sein Vollbringen oder Unterlassen ein wertvolleres oder wertloseres. Wird dieser Sinn der Individualität, der nicht etwa eine eigenschaftliche Unvergleichbarkeit bezeichnet, nicht zugegeben: die Erzeugung der Pflicht aus dem unvertretbaren, unverwechselbaren Einheitspunkt oder, was hier dasselbe ist, der Ganzheit des lebendigen Ich – so sehe ich nicht, wie es zu der eigentlichen Verantwortung, also dem Innerlichsten des ethischen Problems, kommen sollte.

Solange die einzelne Handlung von ihrer eigenen inhaltlichen Bedeutung aus gefordert wird (immer selbst vorausgesetzt, daß sie als moralische Intention, nicht als äußerlich gutes Werk gemeint ist), fehlt ihr die völlige, ideell-genetische Verbundenheit mit dem ganzen Leben ihres Vollbringers, die Verantwortung findet kein einheitliches Fundament: denn dazu müßte das Gesetz aus derselben letzten Lebensquelle kommen, der seine Verwirklichung abgefordert wird. Zudem ist mit der Wurzelung der Pflicht in der Totalität des jeweiligen Lebens eine viel radikalere Objektivität gegeben als der rationale Moralismus erreichen kann. Dessen Vorstellung nämlich: daß jeder unbedingt seine Pflicht kennte und daß nichts anderes Pflicht sei, wie was er als solche kennt – hängt damit zusammen, daß er kein anderes Sollen kennt, als das durch den Willen realisierbare. Ihm wäre es undenkbar, daß wir in bestimmter Art *sein* sollen, fühlen sollen usw., kurz, daß irgend etwas sein soll, das nicht zweckmäßig gewollt werden kann. Faßt man das Sollen aber als die ideale Reihe des Lebens, so versteht es sich von selbst, daß jedes Sein und Geschehen dieses Lebens ein Ideal über sich hat, eine Art, wie es innerhalb dieses Lebens sein soll; welch letzterer Ausdruck übrigens ungenau ist, denn derselbe Inhalt kann nicht anders sein sollen, als er ist – denn dann wäre er eben ein anderer, das Dasein eben desselben Inhalts auf zwei Arten ist ein logischer Nonsens. Sondern die ganze Existenz *soll* soundso sein, gleichviel wie ihre Wirklichkeit ist, und nur durch ein, freilich unvermeidliches, Herausreißen einzelner Stücke kann man ein einzelnes der Wirklichkeitsreihe mit einem einzelnen der Idealreihe konfrontieren und sagen, das erstere solle wie das letztere sein. Das *Ganze* soll, wie gesagt, soundso sein, wenn einmal eine bestimmte Individualität gegeben ist. Ersichtlich besitzt die Pflicht eine viel entschiedenere, durch ein viel reicheres Koordinatensystem festgelegte Objektivität, wenn auch ihr rein willensmäßiger Sinn nicht nur innerhalb seines partikularen Gebietes, sondern gemäß dem Zusammenhang mit der Idealsphäre des gesamten personalen Lebens bestimmt ist.

Erst aus einer solchen innerlich einheitlichen, wenn auch sicher nicht mit einem einzigen oder überhaupt einem Begriffe zu formulierenden Normierung einer Lebenstotalität *können* überhaupt auch die Sollungen sich ergeben, die jeder Erfassung nach dem kategorischen Imperativ, geschweige nach den materialeren allgemeinen Gesetzen, spotten: alle die, die sich auf die gleitenden, fluktuierenden, schwebenden Lebensinhalte oder -situationen, für die es gar keine Begriffe gibt, beziehen, die in ihrer Ganzheit oder in ihrer Nuancierung nur erlebt, aber nicht formuliert werden können, und für deren sittliche Entscheidung die Verbreiterung zu einem allgemeinen Gesetz völlig versagt. All solches, was gar nicht zur allgemeinen Maxime geformt werden kann, bleibt außerhalb des Machtbereichs des kategorischen Imperativs und fällt der ganz problematischen Kategorie der ἀδιάφορα oder einer Anarchie anheim. Ich kann nicht leugnen, daß ich als den Revers des Kantischen Moralrigorismus oft gerade eine anarchische Hilflosigkeit gegenüber den logisch nicht zu schematisierenden Lebensmomenten, ja dem Lebensganzen, empfunden habe. Das Gesetz des Individuums aber, das sich aus demselben Wurzelpunkt entfaltet, dem auch seine – vielleicht davon völlig abweichende – Wirklichkeit entwächst, ergreift jegliches, analytisch oder synthetisch herauszugewinnende Stück des Lebens, weil es nichts anderes ist, als die als Sollen sich auftuende Totalität oder Zentralität dieses Lebens selbst. Darum läßt sich das hier gemeinte Prinzip auch nicht etwa so formulieren: was für den einen Sünde oder Tugend ist, sei es noch nicht für den andern. Dies ist nur die Oberfläche oder Folge. Denn schon dieses »Was« ist ja von vornherein, und nicht nur weil es nachträglich als Sünde gewertet ist, in dem einen Fall etwas anderes als in dem andern. Nur der äußere Effekt, nicht das Innerliche, Ethische, ist »dasselbe«. Si duo faciunt idem ist schon an sich eine so falsche Voraussetzung, daß es des Nachsatzes gar nicht bedarf.

Auch mag man, mit allem Rechte, noch so viele Sanktionen rationaler, gegenständlicher, sozialer Art anerkennen: erst mit der Einordnung in die von meinem gesamten Daseinsbild bestimmten Pflichtreihen wird die Handlung *meine* Pflicht. Denn niemand kann ein einziges Handeln, ein einziges allgemeines Gesetz angeben, dem wir nicht unter besonderen Umständen die Anerkennung als *unsere Pflicht* verweigern müßten[1] – also keines, dessen Sachgehalt nicht die Frage als höchste Instanz über sich hätte: ist es denn *meine* Pflicht, gehört es der objektiv-idealen Gestaltung *meines* Lebens zu? Die Entscheidung bleibt auch dann dem Sinn und den Konstellationen meines Gesamtlebens vorbehalten, wenn sie etwa das Opfer dieses Lebens fordert; denn auch den Tod kann nur der Lebende auf sich nehmen.

Das aber heißt, daß, wenn uns auch alle einzelnen Pflichtinhalte aus jenen Bezirken kämen, eben die Entscheidung über sie nicht aus ihnen selbst, nicht aus noch so vielen *einzelnen* Zwecken und Normierungen zusammenzusetzen ist, sondern der Einheit und Kontinuität des Lebens vorbehalten bleibt. Nur daß eben dieser Zusammenhang hier nicht einfach empirische Wirklichkeit ist – denn aus Wirklichkeiten als solchen können immer nur Wirklichkeiten gefolgert werden, niemals aber, ohne μετάβασις εἰς ἄλλο γένος, eine *Forderung*. Die Form dieser muß vielmehr von

1 Vgl. meine ›Vorlesungen über Kant‹[3], 116.

vornherein zugrunde liegen, d.h. das Leben muß schon ursprünglich auch unter der Kategorie des Sollens ablaufen – gleichviel, an welchem Punkte dies in der Chronologie des empirischen Bewußtseins auftritt. Oder anders ausgedrückt: das jeweilige Sollen ist eine Funktion des totalen Lebens der individuellen Persönlichkeit.

Damit wird auch klar – was ich als eine mehr beiläufige Folgerung bemerke –, in welchem Sinne »Konsequenz« des Handelns als Wert gelten kann. Sie wird meistens in einem objektiven Sinn verstanden: als ob die Situation, die Aufgabe, die stattgehabte Entwicklung aus ihrem logischen Gehalt diejenige Verhaltungsweise folgern ließen, die nun die »konsequente« und deshalb als sittlich von dem Subjekte zu fordernde wäre. Aber ob dies immer die Konsequenz für eben dieses Individuum ist, das ist durchaus zweifelhaft. Die Konsequenz *seiner* Natur führt vielleicht (nach der gleichen oder einer ebenfalls individuellen Logik) zu einem ganz andern Handeln; unbeschadet dessen, daß jene sachlichen Reihen Elemente eben dieses Wesens sein und ihre Konsequenz der seinigen infundieren, zu der seinigen machen mögen.

5. Individuelle Lebensgestalt und überindividuelles Gesamtleben

Hier wird ein Grundverhältnis des seelischen Lebens wichtig, das innerhalb der Ethik vielleicht noch nicht hinreichend beachtet ist. In jedem Verhalten von uns ist der ganze Mensch produktiv, und nicht nur, wie die Vernunftmoral meint, das reine Ich oder das sinnliche Ich. Da sie die Tat nur auf ihren Einzelinhalt ansieht, so schließt dieser in seiner logischen Determiniertheit alle anderen aus (für jeden mechanistischen Rationalismus gilt: omnis determinatio est negatio) – und damit die Lebenstotalität. Denn mag auch an die Wertstelle der äußeren Tat die »Gesinnung« treten, gleichsam als die kürzeste Linie zwischen der Tat und dem absoluten Ichpunkt – der ganze

Reichtum der empirischen Persönlichkeit, den diese Linie nicht mitnimmt, ist hier von jeder, ebenso der tatsächlichen wie der ethischen Beziehung zu der Tat ausgeschlossen. Denn hier wird der Mensch nur beurteilt, insofern er gerade diese Tat vollbracht hat, nicht die Tat, insofern sie gerade von diesem Menschen vollbracht ist. Ja, es kann zu der isolierten Normierung der einzelnen Tat (d.h. zu einem allgemeinen Gesetz über ihren Inhalt) nur durch solchen Ausschluß des ganzen Menschen kommen. Und umgekehrt, dieses Herausreißen und Vereinzeln der Tat führt zu der Konstruktion des reinen, absoluten, transzendentalen oder transzendenten Ich, das das Korrelat dazu ist.

In Wirklichkeit aber gilt dies nur für die logisierte und mechanisierte Vorstellung vom Seelischen und fällt ganz dahin, wenn man jedes Einzelverhalten als eine neue, bereichernde Möglichkeit, mit der die Daseinstotalität sich darstellen kann, gelten läßt. Dann wird das in der Vernunftmoral schwer begreifliche Verhältnis zwischen dem absoluten, eigentlich unlebendigen Ich und den wechselnden singulären Handlungen sogleich ein organisch einheitliches. Denn nun schließt das singuläre Tun jene Totalität nicht aus, sondern ein; so wenig unser Wissen ausreicht, es im einzelnen zu erweisen, so ist doch hier das metaphysische Grundgefühl dieses: daß jede besondere Existenz das Ganze des Daseins in ihrer besonderen Sprache restlos ausdrückt.

Hiermit drängt eine ganz tief gelegene Spannung innerhalb des Lebensbegriffes zu Ausdruck und Lösung. Das Leben, als kosmische Tatsache, hat die Form eines absatzlosen Gleitens, es setzt sich von dem Zeugenden in den Erzeugten kontinuierlich fort. Schon der Begriff des Zusammenhanges der organischen Wesen scheint nicht ganz treffend, da er irgendeine Art von Selbständigkeit der Wesen involviert, die nur durch das sie durchflutende Leben balanziert oder überwunden wird. Vielmehr, das Leben ist *ein* Strom, dessen Tropfen die Wesen sind, er geht nicht durch sie hindurch, sondern ihre Existenz *ist* ganz und gar nur sein Fließen. Und nun ist das Rätselhafte, daß unter allen Erscheinungen der Welt gerade nur die Lebewesen *Individuen* sind, sie allein relativ in sich geschlossene Formen und Kreisläufe (neben und in all ihrer Wechselwirkung mit der Umwelt), sie allein Einheiten, die sich unter wechselnden Schicksalen und Umgestaltungen als solche bewahren. Das Leben zeigt also die größte Kontinuität, getragen von oder sich äußernd in der größten Diskontinuität, es ist eine Einheit, in die scheidende, Teileinheiten bildende Abstände zu setzen ganz widerspruchsvoll ist, und dennoch besteht diese Einheit aus lauter Wesen, die um eigene Zentren herum existieren und dies um so entschiedener, auf einer je höheren, reiferen Lebensstufe sie stehen: je mehr das Leben sich zur Seele entwickelt, empfinden wir einerseits seine äußerste Konzentriertheit, sozusagen seine höchste Lebendigkeit – und grade hier die höchste Individualität des Einzelwesens, das entschiedenste, sozusagen bis zur Abschnürung von der allgemeinen Lebensströmung gehende Fürsichsein.

Hier liegt ein Dualismus der Kategorien vor, durch die uns die Tatsache des Lebens überhaupt behandelbar wird – ein Dualismus, der sich durch alle Gestaltungsarten des Lebens erstreckt, von seinen logischen und metaphysischen Vertiefungen bis etwa zu den rein praktischen Problemen, wie sich die Selbständigkeit eines Individuums als eines Ganzen mit seiner Stellung als bloßen Gliedes in einem gesellschaftlichen Leben zusammenbringen lasse. Indem sich hieraus Inhalte der ethischen Aufgabe entwickeln, zeichnet sich am entschiedensten deren Differenz gegen das Kunstwerk. Dieses ist das schlechthin in sich geschlossene Gebilde, zur Selbstgenugsamkeit geformt und der Verflechtung in das Weltgeschehen (in dem nur seine Materie steht) gänzlich enthoben. Das organische Individuum aber, der gleichen abschließenden Beziehung seiner ganzen Peripherie zu seinem Zentrum zustrebend, ist zugleich Teil, Durchgangspunkt, Partei eines Zusammenhanges, der es übergreift. Man kann diese Zweiheit des Nach-Innen- und Nach-Außen-Gerichtetseins, der individuellen Lebensgestalt und des überindividuellen Gesamtlebens, dem sie angehört, die typische Tragödie des Organismus nennen. Es ist das Paradoxon der Ethik, das ihre Inhalte wohl am allgemeinsten zusammenfaßt, daß das Subjekt einheitlich sei, ohne den Zusammenhang aufzugeben, daß es sich dem hingebe, was mehr als es selbst ist, und zugleich es selbst bleibe; und insofern ist ihre Bestrebung, die Tragödie des Organismus zu versöhnen.

Die zusagendste Möglichkeit dazu liegt vielleicht in der Vorstellung, daß jedes Lebendige das ganze Leben überhaupt in sich zur Verwirklichung, zur Darstellung brächte – natürlich nicht seiner Ausdehnung, sondern seiner Bedeutung, seinem inneren Wesen nach, und zwar auf eine besondere, individuelle, unverwechselbare Weise. Mag jeder Mensch seiner Natur und seinem Schicksal nach jedem andern unvergleichlich sein, so sind diese Verschiedenheiten doch nur die verschiedenen Tonarten, in denen sich die Natur, das Schicksal der gesamten Menschheit, und, weitergreifend, des gesamten Lebens gerade an diesem Punkte abspielen. Dann ist dies eben die Art und Form des Lebens, daß es in jedem Individuum *ganz* ist, in jedem aber so eigenartig, daß damit die Geschiedenheit des einen vom andern, die brückenlose Geschlossenheit eines jeden in sich gegeben ist. Es handelt sich nicht einfach um das biogenetische Gesetz der Wiederholung der Gattungsentwicklung in der Entwicklung des Individuums; dieses, nur die Reihenfolge und Gesamtformung der Lebensstadien betreffend, wäre nur ein einzelnes Segment jener viel weiter greifenden Vorstellung, daß in jedem Geschöpf die Totalität des Lebens, sein ganzer Sinn, sein ganzes metaphysisches Sein lebte: denn wo es überhaupt in einem Individuum ist, da ist es auch *ganz*.

In Analogie hiermit nun ist an der einzelnen Seele das Verhältnis ihrer Ganzheit zu dem, was man ein »einzelnes« Tun ihrer nennt, zu denken. Weil einerseits das Leben nur in dem Moment der Gegenwart Wirklichkeit hat, andererseits dieser Moment nichts isoliert Punktuelles ist, sondern in absoluter Kontinuität mit allen andern verbunden – darum ist jeder Lebensaugenblick, jedes Sich-Verhalten und Handeln das ganze Leben; dieses ist nicht eine Totalität für sich, der das einzelne Handeln in ideeller Abgetrenntheit gegenüberstünde. Sondern dies ist die eigen-

tümliche, mit keinem mechanistischen Gleichnis erschöpfbare Form des Lebens, daß es in jedem seiner Augenblicke eben dieses ganze Leben ist, so mannigfaltig und einander entgegengesetzt auch die Inhalte dieser Augenblicke seien. Nicht ein Stück seiner, sondern das Ganze hebt sich zu der jeweiligen Tat.
Vielleicht wird dies am deutlichsten, wo wir unser Verhalten zu durchgehenden Wesenszügen zusammenfassen. Wenn wir einen Menschen geizig nennen, so ist doch nicht sein Geiz geizig, sondern der ganze Mensch, der im übrigen tapfer, sinnlich, klug, melancholisch und noch alles mögliche ist – *der* ist geizig. Darum ist in jeder Handlung, die wir als eine geizige bezeichnen, eben dieser enthalten, gerade wie in jeder andern, die uns als eine kluge oder tapfere oder sinnlich bestimmte erscheint. Wie auch immer das Leben in diesem oder jenem Momente sei, es ist immer seine ganze Realität, und es ist ein völliges Verkennen vom Wesen des Lebens, wenn man seine einheitliche Ganzheit nur insoweit sehen will, als man qualitative Gleichheit in ihm wahrnimmt – die man dann durch eine Art von Mischung aller inhaltlichen Verschiedenheiten seiner Momente, einen Durchschnitt durch sie oder in einem »reinen« Ich, d. h. in einer Abstraktion von inhaltlichen Verschiedenheiten überhaupt zu gewinnen sucht. Die Kategorie vom Ganzen und Stück, die dem Unlebendigen gegenüber zu Recht besteht, ist auf das Leben, zuhöchst auf das individuell seelische, überhaupt nicht anwendbar.
Sie gilt höchstens für die Lebens*zeit*, d. h. für das leere lineare Zeitschema, das man gewinnt, wenn man sozusagen aus dem Leben das Leben wegstreicht. Innerhalb dieses freilich gibt es »Stücke«, Teile, die durch scharfe punktuelle Grenzen ausgeschnitten sind und deshalb für das in absoluter, niemals zerschnittener Kontinuität verlaufende Leben nicht einmal Symbole sein können. Diese innere Verbundenheit des Lebens, der möglichen Zerstückung der Zeit ganz fremd, bedeutet nicht nur das Vorher oder Nachher, indem man von jedem Punkt zu jedem nur durch alle zwischen ihnen liegenden hindurch gelangen kann; sondern außerdem greifen Vergangenheiten gleichsam über den Kopf

alles Dazwischenliegenden hin und wirken auf das Gegenwärtige ein, gehen mit ihm zu stetig sich wandelnder Einheit zusammen – wie in einem Gemälde jeder Farbfleck nicht nur mit den benachbarten in Relation steht, sondern mit jedem andern derselben Leinwand, und dadurch jenes Netzwerk von Gegensätzen, Synthesen, Steigerungen entsteht, das wir als die »Notwendigkeit« im Kunstwerk ausdrücken, d. h. als die Unerläßlichkeit eines jeden Teiles, weil *jeder* andere eben dieser bestimmte ist, und zwar wechselseitig: jeder Teil des Kunstwerks ist das, was er an dieser Stelle ist, nur dadurch, daß jeder andere das ist, was er ist, die Bedeutung eines jeden schließt gewissermaßen das ganze Kunstwerk ein.

Aber schließlich nähert sich auch dieses Gleichnis nun sehr unvollkommen und sozusagen nur dissolut dem, was die eigentümliche Form des Lebens prinzipiell restlos und in Einheit vollzieht: daß es wirklich in jeder jeweiligen Gegenwart *ganz* besteht. Daß diese Gegenwärtigkeiten einerseits als zeitlich getrennte »Stücke«, andererseits durch die Widersprüche ihrer Inhalte sich gegenseitig ausschließen, sich dagegen sträuben, jeweils das eine ganze Leben zu sein, geht nur auf die Wirksamkeit von Gesichtspunkten zurück, die an das Leben von außen herangebracht sind. In bezug auf die zeitliche Zerlegung zeigte ich dies schon. Zwischen 6 Uhr und 7 Uhr vergeht freilich »ein Stück« meines Lebens, dem sich ein anderes von 7 Uhr bis 8 Uhr anschließt, so daß jedes von ihnen mein Leben nur pro rata enthält, das ganze sich aus ihnen addiert. Allein vom Leben selbst her gesehen, ist diese Ausstückung durchaus nichts Objektives, nichts in seiner eigenen Struktur Vorgezeichnetes; man kann seine Kontinuität nur dadurch zum Ausdruck bringen, daß jeder etwa besonders betrachtete Moment das ganze Leben ist – weil es die Form dieses Ganzen, seine Einheit, ist, sich in etwas, was man unter dem äußerlich zeitlichen Aspekt Vielheit nennen muß, auszuleben. Dem Pantheismus, der die einheitliche Totalität des Seins in jedem seiner Stücke (einem hier ebenso inadäquaten Ausdruck) zu sehen meint, entspricht etwas, was man Panbiotismus nennen könnte.

Nicht anders verhält es sich mit Rücksicht auf die qualitative Unterschiedlichkeit der Lebensstücke. Daß ich mein Tun in ein jetzt geiziges oder verschwenderisches, jetzt tapferes oder feiges, jetzt kluges oder törichtes zerlege, geschieht von begrifflichen Kategorien aus, die dem Lebensprozeß in sachlicher Systematik und ganz unverbunden gegenüberstehen. Natürlich sind es inhaltliche Unterschiede innerhalb dieses Prozesses selbst, auf die hin er bald der einen, bald der anderen Kategorie Anwendung gewährt. Allein dieser Zustand bezieht seine wahre Wesenheit nicht von dem Begriffe des Geizes oder der Verschwendung, der Tapferkeit oder der Torheit her, sondern von der kontinuierlichen und kontinuierlich wechselnden Lebensströmung her.

Hier zeichnet sich noch einmal aufs schärfste der Unterschied zwischen der begrifflich-allgemeinen und der vital-individuellen Anschauungsweise. Für den platonisierenden Standpunkt (der hier auch die Voraussetzung für die Ethik des »allgemeinen Gesetzes« bildet) ist die tapfere Handlung eine exemplifizierende Verwirklichung des Begriffes Tapferkeit, nur indem sie von diesem oder einem andern Begriff gedeckt wird, ist sie sozusagen überhaupt eine Handlung, von dorther, nicht von dem Leben, dessen Pulsschlag sie bildet, kommt ihr ihr Wesen. Mag man auch die transzendent-substantialisierenden Ausdrücke Platos ablehnen, wonach der Mensch, indem er so handelt, teilhat an der Idee der Tapferkeit, so ist doch das Grundmotiv noch immer wirksam. Noch immer erscheint die Tat ihrem Sinn, ihrer Beurteilbarkeit, ihren Einordnungen nach nicht als das ganze, jetzt gerade *so* sich verwirklichende Leben des Individuums, sondern als eine Verwirklichung des Begriffes der Tapferkeit. Von diesen Umschriebenheiten der begrifflich ausdrückbaren Inhalte des Tuns herkommend, ist das Jeweilige des Lebens freilich innerhalb dieses ein bloßes Stück, das mit andern zusammen (also z. B. das Vernünftige mit dem Sinnlichen, das Praktische mit dem Theoretischen, das Individualistische mit dem Sozialen) erst das ganze Leben bildet. Diese Betrachtungsweise ist zweifellos nötig und nützlich, da uns das Leben sowohl für das Handeln wie für das Erkennen nur durch seine Beziehungen zu solchen realen und idealen Reihen und Werten und seinen nach diesen zu sich streckenden Ergebnissen von Wichtigkeit zu sein pflegt. Allein von dem Quellpunkt her gesehen, an dem die Tat sich wirklich bildet, ist sie nicht eine »Tat der Tapferkeit« (diese halb dichterische Sprechweise hat für den Rationalismus doch eine irgendwie real gemeinte Basis), sondern sie ist die jetzige Wirklichkeit dieses Totallebens und deshalb, sobald es sich um ethische Verantwortung handelt, nur aus dem zu beurteilen und zu werten, was das Gesamtsollen dieses Lebens an dieser Stelle zeigt – durchaus übrigens zu unterscheiden von dem bloßen »Verstehen« dieser Handlung, das nur ihre Wirklichkeit angeht; obgleich auch das Verstehen nun wieder in analoger Weise nicht aus dem »Wesen der Tapferkeit«, sondern aus der jetzt zu der Tat sich hebenden Gesamtheit dieses Lebens zu erfolgen hätte.

Eben darum ist das Sollen, auf den Verantwortungspunkt hin gerichtet, nicht nach einem allgemeinen Gesetz bestimmbar. Gewiß ist Tapferkeit als solche gut und Geiz als solcher übel, und als allgemeines Gesetz könnte man nur wollen, daß die eine sei, der andere nicht sei. Aber was die so benannten Handlungen in der Reihe eines individuellen Lebens bedeuten, genauer: was sie *als* dieses Leben bedeuten (da sie doch nur die momentanen Darstellungen seiner Totalität und deshalb nur aus dem Gesamt-Sollen dieses beurteilbar sind) – das ist damit noch nicht bestimmt. Damit tritt die ethische Bedeutung des so ausführlich Behandelten hervor: daß in jeder Handlung der ganze Mensch produktiv ist, nicht ein noch so verfeinertes »Seelenvermögen«, das schließlich doch immer auf den Zirkel führt, daß unser geiziges Verhalten aus unserem Geiz und unser tapferes aus unserer Tapferkeit hervorgeht.

Das allgemeine Gesetz, das, selbst als formales, sich für die Praxis doch immer in ein materiales umsetzen muß, bestimmt den *ganzen* Menschen von der transvitalen, transindividuellen Bedeutung eines rationalisierten Handlungsinhaltes her; es *kann*, wie sich erst jetzt recht ergibt, überhaupt nicht anders, aber es wendet dazu ein untaugliches Mittel an, weil es nicht aus der gelebten Totalität des Menschen, sondern aus der Begrifflichkeit eines isolierten Inhalts heraus seine Forderung stellt. Umgekehrt geht unser hier skizzierter Gedanke darauf, daß der Mensch, in der als einheitliche Kontinuität gedachten Ganzheit seines Lebens, etwas soll, ein mit diesem Leben gegebenes Ideal seiner selbst zu verwirklichen hat, dessen Wesen freilich, wie das des Lebens überhaupt, es ist, als unaufhörlich wechselnde, oft vielleicht einander logisch widersprechende Handlungen abzurollen. Diese Forderung geht nicht etwa auf die allgemeine »gute Gesinnung«, die zu ihrer individuell-praktischen Ausgestaltung immer noch weiterer Normen bedarf. Hier wird nun, eben aus dem Prinzip heraus, daß in jedem Tun der ganze Mensch produktiv ist, die einzelne Handlung durch den ganzen Menschen sittlich bestimmt – nicht durch den wirklichen, sondern durch den gesollten, der mit dem individuellen Leben ebenso wie der wirkliche gegeben ist. Aus ihm und nicht aus ihrer dem Leben transzendenten Verbegrifflichung ins Allgemeine muß die Handlung ihr Gesolltwerden schöpfen; sie muß es logisch, weil die ideale Lebenskontinuität (da sie *Leben* ist) ausschließlich an dem Sich-Heben ihrer Ganzheit zu, freilich singulär *benennbaren*, Handlungsinhalten ihre Existenz hat.

6. Sollen und Gesetz (kategorischer Imperativ)

Natürlich handelt es sich in jedem gegebenen Augenblick immer nur um irgendeine einzelne sittlich geforderte Tat. Allein eine sittlich geforderte ist sie nur um ihrer Zugehörigkeit zu einem ganzen, ideell vorgezeichneten Leben willen. Denn zum Sollen gehört die – wie auch immer gedeutete – Möglichkeit, daß wir ihm mit unserer Wirklichkeit entsprechen oder nicht entsprechen. Nun aber kann man wohl ein ganzes Leben, aus dem identischen Keimpunkte hervorbrechend, sich anders denken, als das wirkliche. Aber daß eine einzelne Tat »anders« sei, als sie geschehen ist, ist ganz sinnlos; dann ist es eben eine andere, und nicht dieselbe, die doch anders ist. Denn die einzelne Tat als einzelne ist aus dem totalen, organischen Lebenszusammenhang herausgehoben, für sie, die deshalb dem mechanischen Gesichtspunkt untersteht, gilt: est ut est aut non est. Nur das organische Wesen, zuhöchst die Seele, insoweit sie als ganze lebt, kann eine andere sein und doch »dieselbe«. Daher immer die Vorstellungen, daß wir zwar im ganzen des Lebens frei sind, das Einzelne aber determiniert ist. Das ist nur der Ausdruck dafür, daß auch das Sollen eine Totalität ist, aus der die einzelne Tat nicht zu zirkumskripter Selbstverantwortlichkeit herausgehoben werden kann.

Daraus ergibt sich nicht nur die Unmöglichkeit, irgendeinen einzelnen Zweck zum prinzipiellen höchsten Sollensinhalt aller Individuen zu machen, sondern das Wichtigere, dies Vermittelnde: daß das Sollen überhaupt nicht von einem Zweck herkommt. Nicht von einem solchen, sondern von uns aus sollen wir; das Sollen als solches ist kein teleologischer Prozeß. Dies betrifft natürlich nicht den *Inhalt* des Sollens, der vielmehr dauernd sich unter der Kategorie des Zweckes darstellt: unzählige Male sollen wir uns schlechthin zum Mittel für Zwecke machen, die über die minimale Einzelexistenz hinausgehen und denen gegenüber es auf uns als Selbstzwecke überhaupt nicht ankommt. Aber *daß* wir dies sollen, daß es uns unter der Kategorie der Pflicht auffordert – das ist nicht selbst wieder von dem Zwecke abhängig, dem wir mit der Tatsächlichkeit solchen Handelns dienen.

Freilich, von den äußeren, uns umgebenden Mächten her gesehen, ist auch dies kein autonomes, sondern ein teleologisches Ereignis: die Gesellschaft, die Kirche, der Berufs- oder Familienkreis erlegt uns jene Pflichten der hingebenden, selbstlosen Aktionen als Mittel für die Zwecke dieser Gebilde auf. Aber darum, weil es von uns *gefordert* wird, ist es noch lange nicht sittlich gesollt, denn als *Forderung* ist ja die sittlich anzuerkennende nicht von der ungerechtfertigten unterschieden. Die Entscheidung also, daß die eine uns als Pflicht gelten soll, die andere nicht, kann ohne circulus vitiosus nicht von den Zwecken kommen, denen ihr Inhalt dient, sondern kann nur als unmittelbare, aus dem Innern des Lebens selbst erwachsene, obgleich seine Wirklichkeit absolut überflügelnde, Tatsache gesetzt sein. Die Zweck-Mittel-Relation gehört der Wirklichkeit an – sei es innerhalb äußerer Zusammenhänge, sei es innerhalb des ebenso bloß realen Wollens – und hat von sich aus nicht das Cachet des Gesollten. Das Sittliche am Handeln kann als solches nicht Mittel sein – so sehr sein Inhalt uns zum bloßen »Mittel«glied sozialer, kultureller, geistiger, religiöser Reihen machen mag – ohne von seiner Wesenswurzel abgetrennt und in die Verknüpfung einzelner objektiver Geschehnisse aufgelöst zu werden.

Es bedarf dieser Entfernung der Teleologie aus dem Sollen, um den hier durchzuführenden Gedanken: daß das Sollen ein ideeller Lebensprozeß und keine Ausstrahlung von irgendwelchen Inhalten her ist, möglichst zu verdeutlichen. Kant hat das letztere, die Unmöglichkeit, das Sollen durch den Pflichtinhalt zu sanktionieren, sehr wohl durchschaut. Aber er ist doch so sehr in der Kategorie des Zwecks befangen, daß er nun die kühne Drehung versucht, die Sittlichkeit, Sollensmäßigkeit als ganze zum Endzweck des Lebens zu machen. Allein gerade daß er das Sollen an das »allgemeine Gesetz« heftet, macht die so erreichte Befreiung des Sittlichen von jedem Charakter als Mittel illusorisch. Indem Kant nämlich die Pflicht mit der allgemeinen, d. h. der logisch-begrifflichen Gültigkeit der Handlungsinhalte identifiziert, wird sie in eine rationalistische Weltanschauung eingestellt, und die Pflicht erscheint als ein Mittel, das Vernunftideal als eine Verfassung des Daseins zu verwirklichen. Dies Ideal der logisch-kosmischen Struktur, das die Kantische Geistigkeit dominiert, ist für die Erfahrungswirklichkeit nicht durchzuführen. Die allgemeinen Gesetze, die diese Struktur hier tragen, finden an den nur empirisch gegebenen, individuellen Spezifikationen ein Unauflösbares vor, das sie nur hinnehmen können. Innerhalb des Ethischen aber, das ganz und gar vom Geiste abhängt, bedarf es dieser Resignation des logischen Anspruchs nicht, sondern der hier souveräne Wille *kann* seine Welt diesem Anspruch gemäß gestalten. Das gerade verlangt Kant

von ihm, und die irrationale Tatsächlichkeit des bloß Gegebenen verschwindet vor der restlosen Bildsamkeit, die die Willensereignisse für die Vernunft mit ihren logischen Allgemeingültigkeiten besitzen. Diese letzteren sind es, die die Weltform abgeben sollen und es allein hier können, indem alles Sinnliche, Gegebene, Individuelle, das sich als Theoretisches der rationalen Durchleuchtung entzieht, in die absolute Allgemeinheit des praktischen Gesetzes übergeführt wird.
Hier also offenbart sich, daß auch der kategorische Imperativ von einer Teleologie umfaßt ist, daß auch so das Sollen, weil ihm die Allgemeingültigkeit seines Inhaltes vorgezeichnet ist, zum bloßen Mittel wird, mit dem Endzweck: einer logisierten, rational gesetzlichen Welt zum Dasein zu verhelfen. Von diesem letzten Motiv her gesehen, ist auch der kategorische Imperativ nicht wirklich kategorisch, sondern davon abhängig, ob wir eine logische Welt wollen oder sollen, denn erst als Mittel zu dieser ist er legitimiert – gerade wie der Wahrheitswert von Kants theoretischem Apriori dadurch bedingt ist, daß wir die Gültigkeit des Erfahrungswissens anerkennen, und in dem Augenblicke hinfällig wird, wo wir diesem aus irgendwelchen Gründen oder auch ohne Gründe die Anerkennung weigern. Auch hier hat die Tatsache, daß das Handeln seinem individuell-sittlichen *Inhalt* nach uns unzählige Male höheren, allgemeineren Zwecken beugt, dazu verführt, schon das Sollen als Sollen jenem weiteren idealen Zweck zu subordinieren und sein Wesen von dieser Subordination, d. h. von etwas ihm Transzendenten her zu begründen.
Also selbst der Kantische Versuch, der sich zweifellos noch am freiesten und größten über die Singularität der ethischen Prinzipien erhebt, dringt nicht zu der eigentlichen Autonomie des Sollens; diese zu erlangen, muß es seinen vorgeblichen Ursprung aus irgendwelchen, dem Leben gegenüberstehenden Inhalten und ihren logischen Verallgemeinerungen, selbst bis zum geläutertsten Formalismus hin, radikal abtun. Es nimmt zwar, indem es nun als eine Form jedes individuellen Lebens, dessen Wirklichkeitsform koordiniert, erkannt ist, alle möglichen, ihm äußeren Verkettungen auf; denn alle sozialen und schicksals-

mäßigen, alle vernunfthaften und religiösen, alle aus den tausend Bedingungen der Umwelt stammenden Bindungen, Aufforderungen, Impulse wirken ja auf dies Leben selbst ein, gemäß der Füllung und Formung, die das Leben von ihnen erfährt, bestimmt sich jeweils seine Pflicht. Aber darum bleibt es *seine* Pflicht doch nur, insofern sie der aktuelle Moment der einheitlichen Totalität des so bestimmten ideellen Lebens ist. Wie sich das wirkliche Leben zu der jeweiligen realen Gegenwart hebt, so das Sollen eines individuellen Lebens überhaupt zu der jeweiligen Pflicht.

7. Allgemeines und individuelles Sollen

Nichts also liegt diesem Versuche ferner als die Aufstellung eines neuen »Moralprinzips«. So wenig das bloße Denken uns zeigt, was wirklich ist, so wenig, was gesollt ist. Es wird nur für die vorgefundene Tatsache des Sollens eine Stellung innerhalb unseres »Weltbegriffs« gesucht, die seinem Inhalt gerechter wird als die Bemühungen, es aus der Materie oder den formalen Verhältnissen seiner Inhalte herauszugewinnen. Darin, daß diese unternommen wurden, drückt sich die Überzeugung aus: daß man, wenn es auf Forderung, Ideal, Erlösung ankäme, sozusagen aus dem *Leben* herausmüßte, in ein Anderes und Gegenüber vom Leben, und daß die Inhalte des Handelns dies zu gewähren schienen, wenn man sie zu selbständigen Gültigkeiten und Wertsystemen ausformte. Davon ganz abweichend wurde die Linie hier so geführt, daß nur Sollen und Wirklichkeit, beides aber als Formen des Lebens, die gegensätzliche Korrelation bildeten, nicht aber Sollen und Leben. Daraus wird begreiflich, wieso das gesollte Leben *prinzipiell* nur auf dieselbe Weise erkannt werden kann wie das wirkliche Leben (wobei für die Feststellung beider noch genug sozusagen technische und sekundäre Unterschiede und Schwierigkeiten bestehen bleiben), und weshalb alle Versuche gescheitert sind, das Sollen aus einem dem Leben gegenüber abstrakten Apriori abzuleiten. Da nun das Leben sich nur an Individuen vollzieht, ist die moralische Normierung, ihrem Begriffe und inneren Prinzip nach, eine individuelle. Hierhin also hat sich der Gedanke entwickelt, daß die Ineinssetzung von Gesetz und allgemeinem Gesetz, wie sie die Ethik beherrscht und in der Kantischen zu reiner Abstraktion entwickelt ist, doch vielleicht nicht die beanspruchte logische oder selbstverständliche Notwendigkeit besitzt.

Im Verfolg dieser Feststellung handelt es sich nun um weitere Differenzierungen sonst verschmolzener Begriffe, weitere Ergründungen eines »Dritten«, wo die bisherige ethische Begriffsbildung ausschließende Alternativen gezeigt hatte. Die sittliche Forderung scheint für ihre Sanktion an die Entscheidung gewiesen: entweder ist sie das, was sich im subjektiven Bewußtsein, in der persönlich gewissensmäßigen Entscheidung als gesollt darstellt; oder sie kommt vom Objektiven her, von einer überindividuellen, aus ihrem sachlich-begrifflichen Gefüge Gültigkeit ziehenden Satzung. Dieser Wahl gegenüber glaube ich, daß es ein Drittes gibt: das objektive Sollen eben dieses Individuums, die aus *seinem* Leben heraus an *sein* Leben gestellte Forderung, die prinzipiell unabhängig davon ist, ob es selbst sie richtig erkennt oder nicht.

Wiederum ist hier eine neue Scheidung und neue Synthese von Begriffen erforderlich: das Individuelle braucht nicht subjektiv zu sein, das Objektive nicht überindividuell. Der entscheidende Begriff ist vielmehr: die Objektivität des Individuellen. Besteht einmal ein bestimmt individualisiertes Leben, so ist auch sein ideales Sollen als ein objektiv gültiges da, derart, daß wahre und irrige Vorstellungen darüber sowohl von seinem Subjekte wie von anderen Subjekten gefaßt werden können. Die letzteren sind zwar dem ersteren gegenüber insofern in der ungünstigeren Lage, als sie das zugrunde liegende Leben nur aus seiner Erscheinung in der Form der Wirklichkeit kennen, während das eigene Subjekt es in einer unmittelbareren Weise kennt, so daß sich für sein Bewußtsein seine Sollensform eigentlich zugleich und in fortwährender Begleitung mit seiner Wirklichkeitsform entwickelt. Aber eine wirkliche Gewähr dafür, daß das subjektive Gewissen nicht irrte, ist nicht gegeben, obgleich sein Gegenstand aus dem individuellen Leben herausgeformt ist – denn eben damit ist er ein objektiver, ebenso, wie dieses ein objektives ist.

Ich belege mit der Analyse eines einfachen Beispiels, wie diese Begriffsbildung auf die ethische Problematik einwirkt. Man denke einen Antimilitaristen, der davon durchdrungen ist, daß Krieg und Kriegsdienst das schlechthin Verderbliche und Böse ist, und der sich der vaterländischen Waffenpflicht entzieht, nicht nur mit ruhigem Gewissen, sondern mit der heiligen Überzeugung, damit das sittlich Rechte, unbedingt Geforderte zu tun. Wenn nun sein Verhalten dennoch verurteilt wird, wenn die Erfüllung jenes vaterländischen Anspruchs gerade als sittliche verlangt wird, da es ganz gleichgültig sei, wie er darüber subjektiv denke – so weiß ich nicht, wie der Leugner des »irrenden Gewissens« sich mit dieser Situation abfinden könnte. Es genügt aber auch keineswegs, als Sanktion einfach die Staatsordnung und salus publica anzuführen. Denn daß diese als Macht besteht, der es nur auf Erfüllung ihrer Forderung, nicht aber auf die Innenseite des leistenden Subjekts ankommt – das bedeutet an und für sich noch nicht *sittliche* Forderung an dieses. Und wenn alle objektiven irdischen und überirdischen Ordnungen um den Menschen herumstünden und ihm ihre Ansprüche präsentierten – *er* hat sie zu erfüllen und, wenn es ein *sittliches* Tun sein soll, so müssen sie als Ansprüche aus ihm kommen, müssen das in *seinem* Sein gelegene Sollen darstellen; was von außen, von einem noch so idealen und wertvollen Außen, als Forderung an ihn herantritt, kann nur Material des eigentlich sittlichen Sollens sein, muß durch dieses erst als für diesen Menschen sittlich legitimiert werden.

Auf dieser Basis, die keinerlei Kompromiß oder Konzession verträgt, meine ich allerdings, daß jener Antimilitarist wirklich zum Waffendienst moralisch verpflichtet ist, obgleich sein subjektiv sittliches Bewußtsein ihn verwirft. Denn die Individualität, die sich als Sollen darstellt, ist doch keine unhistorische, materialfreie, nur etwa aus dem sogenannten »Charakter« bestehende. Sie ist vielmehr dadurch mitbestimmt oder schließt es als gar nicht zu eliminierendes Moment ein, daß dieser Mensch etwa Bürger eines bestimmten Staates ist. Alles, was ihn umgibt und was er von je erlebt hat, die stärksten Triebe seines Naturells wie die flüchtigsten Eindrücke – alles dies formt an jenem flutenden Leben der Persönlichkeit, und aus alledem wächst, wie eine Wirklichkeit, so ein Sollen. Aus dem schlechthin individuellen Leben dieses Menschen heraus (denn ein anderes als ein individuelles ist eben nicht denkbar), zu dem sein Staatsbürgertum gehört, erhebt sich deshalb seine Pflicht des Waffendienstes, als ein schlechthin objektiver Überbau oder Nebenbau zu seiner Wirklichkeit. Ob er nun diese Pflicht weiß, ob er sie anerkennt oder verkennt, ist dafür völlig gleichgültig, genau so gleichgültig, wie für die Wirklichkeit seines Wesens, ob er über sie richtig oder falsch urteilt. Für die abgekürzte Ausdrucksweise der gewöhnlichen Praxis genügt es natürlich, wenn man den Waffendienst für sittlich gesollt erklärt, »weil der Staat ihn verlangt«. Aber für die letzte ethische Frage, die aus dem eigentlichen Verantwortungspunkt des Menschen kommt, ist das nicht ausreichend. Hier wirkt jenes Verlangen des Staates nur, insoweit die Zugehörigkeit zum Staate sich in einer solchen Weise in das tatsächliche Sein oder Leben des Individuums verwebt, daß das Sollen, als welches dieses Leben sich ideal-ethisch vollzieht, die Erfüllung jenes Verlangens einschließt – dann aber ist die Forderung auch von allem Subjektiven absolut unabhängig[2].

2 Dies Beispiel macht auch klar, daß die Wendung von den allgemeinen Gesetzen zu individuellen Gesetzen nicht etwa die von jenen ausgesprochenen *Inhalte* prinzipiell dementieren will. Die begrifflich fixierbaren, dem Leben des Individuums vorbestehenden Inhalte werden eben doch unzählige Male zu Elementen und Relationen innerhalb dieses Lebens, werden ihm assimiliert wie dem Körper die ihm zugeführten Speisen, die ihn selbst aufbauen. Das so bestimmte Leben wird deshalb unzählige Male in seine aus ihm selbst erwachsenden idealen Forderungen alle diejenigen aufnehmen, die jene Inhalte aus ihrer rationalen und gesellschaftlichen, religiösen und staatlichen, karitativen und metaphysischen Verbegrifflichung heraus an uns stellen: die Logik des Lebens wird, inhaltlich und dem Resultate nach, mit

Das Entscheidende ist aber, daß das individuelle Leben nichts Subjektives ist, sondern, ohne irgendwie seine Beschränkung auf dies Individuum zu verlieren, als ethisches Sollen schlechthin objektiv ist. Die falsche Verwachsung zwischen Individualität und Subjektivität muß genauso gelöst werden, wie die zwischen Allgemeinheit und Gesetzlichkeit. Dadurch werden die Begriffe frei, die neue Synthese zwischen Individualität und Gesetzlichkeit zu bilden. Die sozusagen technische Schwierigkeit, dieses sich in der idealen Sphäre des Lebens vollziehende objektive Sollen auch als solches zu *erkennen*, wird niemand leugnen. Aber keine geringere droht, wenn man das Sollen unmittelbar aus dem Bestande extra-individueller Werte herleitet, die ihrerseits ganz ebenso der Deduktion bedürfen, oder wenn man sie kurzerhand damit abschneidet, daß das subjektive Gewissen nicht irre.

Ich habe früher ausgeführt, daß der eigentliche Sinn des für alle geltenden Gesetzes die *Sachlichkeit* in der Entwicklung seines Inhalts ist: weil der Wert eben dieses in rein logischer Konsequenz, an und für sich, in ideeller Sachlichkeit besteht, darum ist er für alle ein gültiges Sollen, gleichviel ob sie eigentlich Individuen sind und welche. Nun sehe ich aber nicht ein, weshalb dieselbe Objektivität nicht einem Gesetze zukommen soll, das aus dem eignen und totalen Leben dessen, für den es gilt, geboren ist. Die Gegebenheit dieses individuellen Lebens ist die Prämisse für eine genauso strenge und über alle subjektive Willkür erhabene Sollensfolgerung; nur daß der quantitative Ausdruck dieser Objektivität nicht in der Gültigkeit für beliebig viele, sondern gerade nur für dieses individuelle Leben besteht.

der Logik all dieser Gebiete zusammenfallen. Die ethischen Prinzipien scheiden sich nur an der Frage, ob das Sollen als ethisches aus dem Leben heraus- oder an das Leben herankommt – und das letztere wird, wie ich schon betonte, auch von der »Vernunftmoral« aufrechterhalten. Denn mit dem Begriff der »Autonomie« deckt sie doch nur ihre Voraussetzung, daß die Vernunft unseres Selbst die irgendwie in uns hinein transformierte, von uns repräsentierte Logik der Inhalte sei, die aber ideel oder metaphysisch *ihrerseits* autonom ist, d. h. außerhalb dieses Selbst besteht.

Freilich bleibt hier eine Frage offen, auf deren Tiefe ich gerade nur hinzeigen kann. Im wesentlichen kennen wir das Leben in diesen beiden Formen: wie es ist und wie es sein soll. Dies sind die apriorischen Kategorien, durch die gestaltet allein wir es ergreifen können, jenseits derer, in seiner reinen Unmittelbarkeit, uns ein Ergreifen seiner versagt ist. Ich lasse hier dahingestellt, ob wir von *diesem* Leben nur als von einer Abstraktion sprechen können, oder ob wir es vielleicht in einem tiefsten Vital- oder Ichgefühl dennoch haben, in jenem schlechthin dunkeln, wie freischwebenden Gefühl, das nicht mehr Gefühl von Etwas ist, d. h. in dem der Prozeß und sein Inhalt in keiner Weise mehr zu scheiden sind. Etwas deutlicher nun wird dies Problem, sobald der Akzent mehr auf die *Individualität* des Lebens gelegt wird. Denn hier spielt die Qualität die entscheidende Rolle, und Qualitäten können wir uns immer unabhängig von der Frage, ob sie sind und ob und wie sie sein sollen, denken. Von jenen beiden Kategorien ist die der Wirklichkeit die – mindestens scheinbar – näherliegende, und soweit wir überhaupt von einem individuellen Leben, das jenseits jener beiden stünde, reden, ist es durch eine Art Reduktion von seiner Wirklichkeitsform aus gewonnen. So ergreift die Kunst die Dinge, indem sie von ihrer Wirklichkeit absieht; aber sie bedarf dazu der treusten Beobachtung ihrer Wirklichkeit, weil diese allein die unmittelbar dargebotene Form ist, in der das Nicht-Wirkliche, das die Kunst sieht, sich uns gibt. Darum gibt die Kenntnis der Wirklichkeit zwar nun und nimmer mehr die Forderung, den Gegenstand der Ethik her; aber trotzdem bedarf es dieser Kenntnis durchaus, weil erst von ihr jenes Über- oder Unterwirkliche, die reine Individualität des Lebens, erschaubar wird oder wenigstens erschaubar zu werden pflegt, das sich auch, nach einer anderen Dimension hin, in der Form des Gesolltseins streckt.

Wie aber auch dieses uns vorstellbar oder fühlbar werde, es erhebt sich die Frage, ob eine allgemeine Formel von dort zu unseren ethischen Gefordertheiten führe, oder ob auch diese Entwicklung eine individuelle und deshalb möglicherweise bei jedem eine andere sei; das Resultat bliebe, da die eine Voraussetzung eine individuelle ist, in beiden Fällen ein individuelles. So formuliert erscheint das Problem bloß grüblerisch und spitzfindig. Tatsächlich aber drückt es einen fortwährend, wenn auch fragmentarisch in unserm sittlichen Bewußtsein lebendigen Unterschied aus. Auch wo wir überzeugt sind, daß sich unsere Verpflichtung nur aus der Basis *unseres* Lebens und nicht aus einer vorbestehenden Norm erheben kann, suchen wir doch unzählige Male nach einer durchgehenden Formel, nach der die Pflicht gleichsam als Funktion dieses Lebens ausrechenbar wäre und die bei jeder Variierung des letzteren die gleiche bliebe. Manchmal aber scheint es uns wieder, als wäre unser Sollen nicht nur seinem Material (und deshalb natürlich seinem schließlichen Inhalte) nach ein individuelles, sondern als wäre es auf jenem Umwege überhaupt nicht konstruierbar, nicht einmal rekonstruierbar; es scheint sich dann unmittelbar aus demselben, oder vielmehr als derselbe, nur jetzt ideal dirigierte, Anstoß zu erheben, der unser Leben überhaupt bedeutet und deshalb, so viel äußeres und allgemeines Material er sich auch assimilieren mag, keinen formbildenden Faktor, der seiner Individualität fremd sein könnte, in sich aufnimmt. Aber ich will wie gesagt auf dieses Problem, das nur durch eine Analyse der feinsten ethischen Strukturverhältnisse gelöst werden könnte, hier nur hinzeigen.

8. Individualität und Inhalt des Lebens

Dagegen bedarf es allerdings der entschiedensten Feststellung, daß der zunächst sich aufdrängende Sinn der Individualität: das Anders- und Besonderssein, die qualitative Unvergleichbarkeit des einzelnen – hier *nicht* in Frage steht. Nicht um die Einzigkeit, sondern um die Eigenheit, in deren Form jedes organische Leben und zuhöchst das seelische verläuft, handelt es sich, um das Wachsen aus eigener Wurzel. Daß sich an den Begriff des Individuums so viel Fehlerhaftes und Unzulängliches knüpft, liegt gerade daran, daß sein Inhalt vielfach nur in der spezifischen *Differenz* gesehen wird, durch die das Individuum sich von dem Allgemeinen, mit anderen Geteilten unterscheidet. Allein diese Scheidung geht das Individuum nach seiner Wesenswirklichkeit nichts an, diese ist vielmehr eine lebendige Einheit, zu und in der die vergleichbaren und die unvergleichbaren Elemente völlig koordiniert und insoweit ohne innere Rangunterschiede sich verweben und zusammenwirken. Das Individuum ist der *ganze* Mensch, nicht der Rest, der bleibt, wenn man von diesem das mit andern Geteilte abzieht.

Freilich ist in einem gewissen Sinn die qualitative Einzigkeit nicht abzuweisen und zwar gerade, weil wir festhalten, daß jedes einzelne Sollen die ganze Persönlichkeit repräsentiert und ein Gesamtleben, mag es noch so viel mit anderen gemein haben, doch eigentlich eine doppelte Unvergleichbarkeit an sich fühlt. Einmal in einer tiefsten Persönlichkeitsschicht, von der ein jeder, unbeweisbar, aber unwiderleglich empfindet, daß er sie mit niemandem teilen und niemandem mitteilen kann, die qualitative Einsamkeit des persönlichen Lebens, deren Brückenlosigkeit in dem Maße der Selbstbesinnung fühlbar wird. Und neben dieser sozusagen punktuellen, in das schlechthin Nicht-Extensive des Lebens zurückgezogenen Individualität gerade die des Gesamtumfanges unsrer Existenz: in vielen Einzelabschnitten dieser mögen Individuen übereinstimmen – die Totalität eines Lebenslaufes, mit wirklich *allen* äußeren und inneren Bestimmungen und Ereignissen, wiederholt sich sicher nicht ein zweites Mal. Die Bezirke der Vergleichbarkeit, deren Inhalte überhaupt allgemeinen Gesetzen der Wirklichkeit wie der Forderung Raum geben können, liegen gewissermaßen in den mittleren Schichten der Persönlichkeit; sowohl ihr Innerlich-Zentralstes, wie ihr Phänomenal-Totales hat das Cachet des Unvergleichbaren, des nur einmal Seienden.

Wie sich dies aber auch verhalte, die hier genannte Autonomie des Sollens berührt es nicht, weil die Ungleichheit mit anderen sie so wenig bedingen kann, wie – was Kant wollte – die Gleichheit mit anderen sie bedingen kann. Beides liegt insofern in der gleichen Ebene, da das über dem individuellen Leben oder vielmehr als dieses sich wölbende Sollen seinem inneren Sinne nach jenseits jeder Vergleichung steht, gleichviel zu welchem Resultat diese führe. Die qualitative Differenzierung des ethischen Verhaltens ist überhaupt dem Prinzip des allgemeinen Gesetzes gar nicht so entgegengesetzt, wie es scheint. Es ließe sich nämlich sogar als *allgemeines* Gesetz denken, daß ein jeder sich absolut anders verhalten solle als jeder andere. (Die Schleiermachersche Ethik, die der Romantik überhaupt, liegt in dieser Richtung.) Weil aber auch dieses Gesetz einen, wenn auch nur in abstracto, bestimmten und von außen herantretenden *Inhalt* des Handelns vorschriebe, wäre es eben ein prinzipiell anderes als das individuelle Gesetz, das, in bezug auf die Handlungsinhalte völlig unpräjudiziert, deren ganze Unermeßlichkeit in Gleichheit und Ungleichheit vor sich hat.

Der Schnitt muß eben anders, als man es gewohnt ist, geführt werden: nicht zwischen Gleichheit oder Allgemeinheit und Individualität im Sinne des Besondersseins, sondern zwischen Inhalt und Individualität im Sinne des Lebens. Denn die ganze Frage ist, ob die Norm von da her bestimmt sein soll, von wo das Handeln kommt, vom Leben, oder von da her, wohin das Handeln geht, von einem ideellen Außerhalb des Lebens, vom Inhalt. Und das ganze Tertium, um dessen Herausstellung es sich hier handelt, ist: daß die Bestimmung vom terminus a quo, vom Leben her, sie nicht in eine naturalistisch-reale Kausalität bannt, sondern daß dieses Leben selbst, außer als wirkliches, noch als ideales, als Sollen verläuft und daß es die ethische Forderung nicht von einem Außerhalb-seiner (und auch die »Vernunft« hat sich, der Lebenstotalität gegenüber, als ein solches Außerhalb gezeigt) zu beziehen braucht, sondern sie als seinen eigenen Entwicklungsprozeß, aber gegen den als Wirklichkeit verlaufenden gleichgültig, in sich schließt.

Darum ist dieses Prinzip sowohl bei einer solchen Gleichheit der Wesen, wie sie das allgemeine Gesetz bedingt, als auch bei einer solchen Ungleichheit ihrer, die dieses ganz unanwendbar machte, von gleichmäßiger Gültigkeit. Es schließt deshalb ganz das

Motiv aus, durch das sich das Individuum so oft, mit materialem Recht oder Unrecht, dem allgemeinen Gesetz zu entziehen liebt: man sei doch eben anders als die andern, man gehöre nicht in das allgemeine Schema, für diesen Fall passe nicht, was für alle andern passe usw. Dies kann nun nicht mehr gelten; wenn du anders bist als alle andern, so besteht darum für dich nicht weniger als für alle andern ein ideell vorgezeichnetes Sollen, denn es kommt aus deinem eigenen Leben, nicht aus einem Inhalt, der durch die Verallgemeinerungsmöglichkeit bedingt ist und deshalb vielleicht deinen Fall allerdings nicht einschließt. Wo sich Individualität und Gesetz gegeneinander spannen, kann das Individuum noch immer sagen: das Gesetz paßt nicht für mich, es ist nicht *mein* Gesetz.

Soweit überhaupt ein vom Handlungsinhalt ausgehendes Gesetz diese Schwierigkeit vermeiden kann, gelingt es dem kategorischen Imperativ, weil er sich wenigstens prinzipiell durch die Höhe seiner Abstraktion über alle apriorische *Einzel*festlegung des Ethos erhebt; nur weil er sich, wenn er konkret werden will, doch in solche spezialisieren muß und weil er sich der fließenden Form des Lebens, die er doch bestimmen will, widersetzt, ist er jenem Einwand nicht definitiv gewachsen. Erst dann verliert dieser alle Kraft, sobald der ethische Fundamentalgegensatz: zwischen Wirklichkeit und Sollen, nicht mehr mit dem andern: zwischen Individualität und Allgemeinheit zusammenfällt, sondern innerhalb der individuellen Existenz Platz findet; und sobald man sich klarmacht, daß Individualität nichts weniger als Subjektivität oder Willkür ist: wenn die Wirklichkeit – die eine Form, in der die Individualität lebt – Objektivität besitzt, so tut es die andere, das Sollen, nicht minder.

Auf das Subjekt selbst schlägt überhaupt das so bestimmte ethische Leben nicht zurück. Wenn von jeher behauptet worden ist, daß ein solches Leben nicht auf das eigene Glück ausgehen könne, so ist das zwar schon deshalb richtig, weil das Glück hier immer als *Zweck* des Tuns gedacht ist, und die fundamentale ethische Bewegtheit überhaupt nicht von einem Zweck, sondern von dem aus eigener Wurzel wachsenden Leben bestimmt ist (auch wenn ihre angebbaren *Inhalte* sich immer in der Zweckform darstellen sollten). Wenn es aber außerdem auch deshalb richtig ist, weil dies Glück einen Reflex des Tuns rückwärts in das Subjekt hinein darstellt, während das ethische Tun niemals in dieser umbiegenden, sondern in der vorwärtsstrebenden Richtung des Lebens als solchen läuft, so ist doch der Ausschluß des eudämonistischen Motivs nur ein Bruchteil dieser sehr viel prinzipielleren Bestimmung.

Um ihretwillen wäre es sogar schon mißverständlich, die dem individuellen Leben entwachsende, seine Wirklichkeit ideell, aber aus ihm selbst heraus überbauende Forderung, die sich als Gegensatz zu der »allgemeinen« Legitimierung ihres einzelnen, für sich betrachteten Inhaltes weiß – es wäre mißverständlich, sie etwa als »Vollendung der eigenen Persönlichkeit« zu bezeichnen. Denn so sicher auch diese ein objektiver Wert ist, so wäre nicht nur auch dies ein einzelner Sollensinhalt, neben dem, eben weil er ein einzelner, a priori angebbarer ist, andere auf gleicher Rechtsstufe stehen; sondern es läge darin gerade jene vorhin gerügte, naive Undifferenziertheit: daß die von dem individuellen Leben *ausgehende* Idealbildung auch mit ihrem Inhalt zu ihm *zurückkehren* müßte. Sie kann sich vielmehr, ohne ihre Quelle zu verleugnen, und durch sie gerade getrieben, in soziale, altruistische, geistige, künstlerische Gestaltungen ergießen und in diesen ihren jeweiligen Endzweck sehen; das Leben vollendet sein urtümlich eigenes, nur von seiner individuellen Wurzel genährtes Ideal seiner selbst unzählige Male, indem es sich von sich selbst entfernt, sich selbst aufgibt. Will man dies durchaus Vollendung der eigenen Persönlichkeit nennen, so kann das nur eine Titulatur, aber nicht der ethisch entscheidende Endzweck sein, da die hier erfragte Sanktion überhaupt nicht von einem terminus ad quem, sondern nur von einem terminus a quo, von dem mit dem Leben selbst vorschreitenden Ideal seiner selbst kommen kann.

Dies Vitalisieren und Individualisieren des Ethos ist allem Egoismus und Subjektivismus so fremd (was freilich allen Denkverschmelzungen, deren Recht ich gerade bestreite, und ihrem naiven Dogmatismus schnurstracks zuwiderläuft), daß es nicht nur keine Erleichterung des sittlichen Anspruchs mit sich bringt, sondern umgekehrt das Gebiet der »mildernden Umstände« eher einschränkt. Viele unserer Taten, isoliert betrachtet läßliche Sünden, gewinnen ihr ganzes Gewicht erst, wenn wir uns klarmachen, daß unser ganzes Dasein dazu gedrängt hat, und daß sie unser Dasein vielleicht für alle Zukunft bestimmen werden – ein Kriterium, das aber nur für dieses individuelle Leben gelten kann und in der Verallgemeinerung auf irgendwelche andere, die nicht mit dem meinen absolut identisch sind, ganz sinnlos wäre. Noch weitergehend: nun sind wir nicht nur dafür verantwortlich, daß wir einem bestehenden Gesetz gehorchen oder nicht, sondern schon dafür, daß dieses Gesetz für uns gilt; denn es gilt für uns nur, weil wir diese bestimmten sind, deren Sein sich durch jede geschehene Tat irgendwie modifiziert und damit das ihm stetig entfließende Sollensideal selbst in jedem Augenblick modifiziert.

Diese Entwicklung des Sollens verhält sich wie die der theoretischen Werte. Daß uns irgend etwas als Wahrheit gilt, hängt von dem ganzen Komplex der in diesem Augenblick von uns anerkannten Prinzipien, Methoden und Erfahrungsinhalte ab, deren Zusammenhang mit der neuen Erkenntnis diese legitimiert. Ist dies aber geschehen, so verändert das hinzugekommene Element jenen Bestand in irgendeiner Weise, die selten rein quantitativ bleiben wird; es wird vielmehr leicht irgendwelche Bestimmungen neben denjenigen, die zu seiner Akzeptierung durch jene Kriterien führten, enthalten, und auch diese werden, da es eben als ganzes akzeptiert ist, als Wahrheit gelten und damit die Totalität der Wahrheiten irgendwie weiterentwickeln oder modifizieren. Es findet also der nächste, seine Legitimation nachsuchende Satz ein abgeändertes Kriterienfeld vor. Das heißt also, in prinzipieller Formulierung: jede anerkannte Wahrheit verändert die Bedingungen, auf die hin sie selbst als Wahrheit anerkannt wurde.

Dies gilt nun ebenso für die Sollensentwicklung unseres Lebens. Indem irgend etwas als sittliche Forderung in der Strömung unseres Lebens, gestaltet nach deren bisherigem Lauf, Maßstäben, Inhalten sich erhebt, ist dieser Lauf weiterhin nicht mehr derselbe, sondern bietet nun dem nächsten Moment dieses ethischen Lebens andere Entstehungs- und Geltungsbedingungen, als diejenigen waren, unter denen das soeben modifizierende Moment zur Entstehung und Geltung gelangte. Natürlich macht dies Schwierigkeiten der ethischen Entscheidung sichtbar, denen gegenüber die Herrschaft eines allgemein gültigen, ein für allemal fest normierenden Gesetzes diese Entscheidung so leicht macht, wie es die Orientierung des Lebens unter einem patriarchalischen Despotismus gegenüber der unter der Autonomie des freien Menschen ist. Indem die fließende Gestaltung des Lebens als Sollen auftritt, indem das Absolute der Forderung in diesem Sinne ein absolut historisches wird, steigt die normierende Strenge tief unter die Schicht herunter, in der die Ethik bisher die Verantwortung des Menschen allein suchte: ob er nämlich dem bestehenden Sollen gemäß wirklich handle. Aber nun reicht dies nicht aus, weil schon das Sollen unser eigenes Leben (unter der Kategorie der Idealität) ist und, wie es entsprechend unter der Kategorie der Realität der Fall ist, an jedem aktuellen Sollen jedes Moment des bisher gelebten Lebens mitgeformt, mitbedingt hat. *Schon in dem Gesolltwerden jedes einzelnen Tuns liegt die Verantwortung für unsere ganze Geschichte.*

Damit schließt sich nun das Bild der Lebenskontinuität in ihren beiden, hier als koordiniert behaupteten Formen. Wenn, wie ich meinte, das Leben die Gestalt hat, jeweils als ganzes sein jeweiliger Moment zu sein und die unvergleichliche Art seiner Einheit eben darin besteht, daß die völlige inhaltliche Entgegengesetztheit dieser Momente sie nicht hindert, ein persönliches Leben in seiner Ganzheit darzustellen, daß jedes Verhalten »das Leben« ist – so ist das bedingende Enthaltensein der ganzen Vergangenheit in dem aktuellen Sollen nur ein anderer Ausdruck dafür. Und wiederum nur ein anderer, nach einer anderen Dimension sich streckender ist es, wenn wir an jedem einzelnen Gesollten, das uns als ein formulierbares Gesetz gegenübersteht, fühlen: so sollen wir uns in diesem einzelnen Falle verhalten, weil wir uns als ganze Menschen in einer bestimmten (wenn auch nicht ebenso formulierbaren) Weise verhalten sollen. Auch im Sollen bestimmt das Ganze den Teil, lebt das Ganze im Teil.

Wahrscheinlich ist dieses jeweilige individual-allgemeine Gesetz nicht begrifflich zu fixieren, sondern dies erreichen nur jene singuläreren Vorschriften, die sich bei seinem Zusammenschlage mit einzelnen Gegebenheiten und Situationen erheben. Aber darum ist dies Gesetz der individuellen ethischen Totalhaltung nicht weniger gültig und wirksam, wie sein Gegenstück im Gebiet der Wirklichkeit: jener unbeschreibliche Stil und Rhythmus einer Persönlichkeit, ihre Grundgeste, die jede ihrer, durch die Gegebenheitsfaktoren hervorgerufenen Äußerungen zu etwas unverwechselbar *ihr* Zugehörigem macht. Obgleich wir dies nie rein, sondern immer nur an einem material-einzelnen Verhalten als dessen Formungskraft ergreifen können, wissen wir doch, daß hiermit die tiefste Seinsbestimmtheit des Individuums sich darlebt. Daß nun, entsprechend, das Sollensganze der individuellen Persönlichkeit ohne Vorbehalt ihre jeweilige Sollung bestimmt, ist nur die ethische Ausformung davon, daß das Leben in jedem Augenblick seine Totalität ist. Auf diese Weise wird aller Mannigfaltigkeit der ethischen Situationen und Evolutionen Rechnung getragen und ebenso doch der Einheit, Stetigkeit, Konsequenz des sittlichen Anspruches, die die Ethik der allgemeinen Gesetze nur in der mechanischen, zeitlich durchhaltenden Beständigkeit irgendwelcher *Inhalte* des sittlichen Wertgebietes (und sogar die bloße *Form* des allgemeinen Gesetzes ist in diesem Sinne noch ein Inhalt und muß sich in solchen umsetzen) zu erreichen meinte.

Auf der Basis also, daß das »individuelle Gesetz« (gleichviel übrigens, ob man das hier Gemeinte mit diesem oder einem anderen Schlagwort bezeichne) die Richtung des Sollens überhaupt umkehrt, es statt von den Lebensinhalten vielmehr von dem Lebensprozeß herkommen läßt, verbreitert es die normative Forderung gleichsam nach zwei Dimensionen über den Bezirk hinaus, den ihr Kant und eigentlich die ganze Moralphilosophie zugewiesen hatte. All das Variierende, seinem Sinn nach Einmalige, in der Lebenskontinuität ohne angebbare Grenzen Gleitende, das sich jeder Unterordnung unter ein vorbestehendes Gesetz ebenso wie der begrifflichen Sublimierung zu einem allgemeinen Gesetz entzieht – alles das findet nun ein Sollen über sich, da dieses selbst ein Leben ist und dessen kontinuierliche Form bewahrt. Und eben darum, weil die Forderung nicht als ein starres Ein-für-allemal dem Leben gegenübersteht, ist alles, was wir je taten und was wir je sollten, die Bedingung, unter der unser ethisch-ideales Leben sich zu der Wellenhöhe des jeweilig Gesollten hebt. Wie jeder Pulsschlag eines lebendigen Wesens durch alle seine vergangenen Pulsschläge bedingt ist, so kann auch in diesem Prozeß nichts verlorengehen, der nicht nur die Tat, sondern auch das Sollen jedes Augenblicks zum Erben und Verantwortungsträger alles dessen macht, was wir je waren, taten und sollten. Damit vollendet sich erst die Differenzierung, gleichsam das In-Freiheit-Setzen der Elemente, von deren Verschmelzung in der Ethik Kants diese Seiten ausgingen: daß nur das *Wirkliche*, aber nicht das Ideal-Normative individuell sein kann und nur das *Allgemeine*, aber nicht das Individuelle gesetzhaft – das sind die Verbindungen, deren Lösung sich auf diesem langen Wege vollzogen hat, damit die Verbindung von Individualität und Gesetzlichkeit sich vollziehen könne.

Anhang

Aus: Die ästhetische Quantität

Man kann als die letzte Formel aller Kunst und ihrer Beglückungen vielleicht dies aussprechen, daß sie Forderungen an die Dinge stellt, deren jede unabhängig von der anderen entwickelt ist, so daß die Wirklichkeit oft nur gleichsam die Wahl hat, welcher sie gehorchen will, daß sie diesen mit einer Einheit und Gleichmäßigkeit zu genügen weiß, als gäbe es da nur eine einzige notwendige Bestimmtheit und Gesetzlichkeit der Dinge, wo die Wirklichkeit in reine Zufälligkeit, gleichgültige Fremdheit oder Widerstreit der Normen und Ansprüche auseinanderbricht. So verlangen wir vom Porträt, daß es den Sinn und Reiz der äußeren Erscheinung entwickele: in der Klarheit der Raumform, der ausgeglichenen Verteilung der Farbflecken, dem Spiele zwischen der Schwere und ihrer Aufhebung, zwischen Licht und Schatten, – und nun soll diese Deutung der Erscheinung nach rein artistisch-anschaulichen Forderungen zugleich die *Seele* der Persönlichkeit, ihr Unanschaulich-Innerliches restlos offenbaren! Was im Leben fremd auseinanderzuliegen pflegt: die bloß anschauliche Bedeutung der Erscheinung und ihre Rolle als Deuterin der Seele, zeigt das vollendete Kunstwerk in selbstverständlicher, ungebrochener Einheit, als umfaßte ein geheimes höheres Gesetz die Eigengesetzlichkeiten dieser Reihen – wie der klangliche Reiz des Verses und die Bedeutung seines Inhaltes jene Einheit eingehen, die der eigentliche Sinn und Geheimnis der Lyrik ist.

Und so haben der Reiz des Zufalls und der der Notwendigkeit, die Unvergleichbarkeit des Individuums und die Gattungsmäßigkeit des Typus ihren logischen Gegensatz und ihre reale Getrenntheit im Kunstwerk überwunden, nicht in einem nachträglichen Verschmelzen, sondern wie in einem Jenseits des Gegensatzes überhaupt, als lebte das Kunstwerk in jener ursprünglichen Einheit, die sich noch nicht zu den Widersprüchen und Fremdheiten der geschichtlichen Wirklichkeit entwickelt hat.

Und die gleiche Formel wird wohl auch das ästhetische Problem der Quantität des Kunstwerkes aussprechen. Aus den rein artistischen, der Anschaulichkeit der Dinge geltenden Bedingungen einerseits, aus unserer körperlich-seelischen Struktur andererseits entwickeln sich Anforderungen an die Quantität des Kunstwerkes; aus der inneren Bedeutung der Dinge, aus ihrem seelischen Sinn, aus nicht abzuweisenden Assoziationen ihres Inhaltes quellen andere, die aber mit jenen übereinzustimmen durch keine vorher bestimmte Harmonie gehalten sind. Wenn nun diese teils widersprechenden, teils nur zufällig zusammenstimmenden Ansprüche im Kunstwerk mit *einer* Lösung wie selbstverständlich und notwendig befriedigt sind, so ist auch dies ein Pulsschlag des Glückes der Kunst: daß sie uns wenigstens im *Bilde* des Daseins den einheitlichen Zusammenhang seiner Elemente gewährt, den die Wirklichkeit uns vorzuenthalten scheint, der aber ihrem tiefsten Grunde nun deshalb nicht fremd sein kann, weil schließlich das Bild des Daseins ein Stück des Daseins selbst ist.

Aus: Die Krisis der Kultur

Wer über Kultur spricht, muß für seine Zwecke die Vieldeutigkeit ihres Begriffes begrenzen. Ich verstehe sie als diejenige Vollendung der Seele, die sie nicht unmittelbar von sich selbst her erreicht, wie es in ihrer religiösen Vertiefung, sittlichen Reinheit, primärem Schöpfertum geschieht, sondern indem sie den Umweg über die Gebilde der geistig-geschichtlichen Gattungsarbeit nimmt: durch Wissenschaft und Lebensformen, Kunst und Staat, Beruf und Weltkenntnis geht der Kulturweg des subjektiven Geistes, auf dem er zu sich selbst, als einem nun Höheren und Vollendeteren zurückkehrt.

An die Form von *Zweck* und *Mittel* ist deshalb jedes Verhalten, das uns kultivieren soll, gebunden. Aber dieses Verhalten ist in unzählige Teilrichtungen zerspalten. Das Leben setzt sich aus Aktionen und Produktionen zusammen, für die eine Richtungsgemeinschaft nur zum kleinen Teil besteht oder erkennbar ist.

Die damit angelegten Zerrissenheiten und Fragwürdigkeiten erreichen aber ihre Höhe erst durch den Umstand, daß die Reihe der Mittel für unsere Endzwecke, die »Technik« im weitesten Sinne, unablässig verlängert und verdichtet wird. Diese schließliche Unabsehbarkeit der Zweck- und Mittelreihen erzeugt die unendlich wirkungsvolle Erscheinung, daß irgendwelche Mittelglieder in ihnen für unser Bewußtsein zu Endzwecken werden: Unzähliges erscheint uns, während wir es erstreben, und vieles sogar noch, wenn wir es erreicht haben, als ein befriedigendes Definitivum unseres Willens, was sachlich ein bloßer Durchgangspunkt und Mittel für unsere wirklichen Zwecke ist. Wir bedürfen dieser Akzentuierung innerhalb unserer Bestrebungen, weil uns bei ihrer Ausgedehntheit und Verwickeltheit Mut und Atem ausgehen würde, hätten wir nur das, Gott weiß wie weit entfernte, wirkliche Endziel als Antrieb vor uns. Das ungeheuere, intensive und extensive Wachstum unserer Technik, – die durchaus nicht nur die Technik materieller Gebiete ist –, verstrickt uns in ein Netzwerk von Mitteln und Mitteln der Mittel, das uns durch immer mehr Zwischeninstanzen von unsern eigentlichen und endgültigen Zielen abdrängt.

Hier liegt die ungeheuere innere Gefahr aller hochentwickelten Kulturen, das heißt der Epochen, in denen das ganze Lebensgebiet von einem Maximum übereinandergebauter Mittel bedeckt ist. Das Aufwachsen gewisser Mittel zu Endzwecken mag dieser Lage eine psychologische Erträglichkeit verschaffen, macht sie aber in Wirklichkeit immer sinnloser. –
Auf der gleichen Grundlage entwickelt sich ein zweiter Selbstwiderspruch der Kultur. Die objektiven Gebilde, in denen sich ein schöpferisches Leben niedergeschlagen hat und die dann wieder von Seelen aufgenommen werden, um diese zu kultivierten zu machen, gewinnen alsbald eine selbständige, jeweils durch ihre *sachlichen* Bedingungen bestimmte Entwicklung. In den Inhalt und das Entwicklungstempo von Industrien und Wissenschaften, Künsten und Organisationen werden nun die Subjekte hineingerissen, gleichgültig oder in Widerspruch gegen die Forderungen, die diese um ihrer eigenen Vollendung, d.h. Kultivierung, willen stellen müßten. Die Objekte, vom Kulturleben getragen und es tragend, folgen, gerade je verfeinerter und in ihrer Art vollkommener sie sind, einer immanenten Logik, die sich keineswegs immer jener in sich selbst zurückkehrenden Entwicklung der Subjekte so einfügt, wie es doch der Sinn aller Kulturgebilde als solcher ist. Unzählige Objektivationen des Geistes stehen uns gegenüber, Kunstwerke und Sozialformen, Institutionen und Erkenntnisse, wie nach eigenen Gesetzen verwaltete Reiche, die Inhalt und Norm unseres individuellen Daseins zu werden beanspruchen, das doch mit ihnen nichts Rechtes anzufangen weiß, ja, sie oft genug als Belastungen und Gegenkräfte empfindet.
Aber nicht nur diese qualitative Fremdheit steht zwischen dem Objektiven und dem Subjektiven höherer Kulturen; sondern wesentlich auch die quantitative Unbeschränktheit, mit der sich Buch an Buch, Erfindung an Erfindung, Kunstwerk an Kunstwerk reiht – eine sozusagen formlose Unendlichkeit, die mit dem Anspruch, aufgenommen zu werden, an den Einzelnen herantritt. Dieser aber, in seiner Form bestimmt, in seiner Aufnahmefähigkeit begrenzt, kann dem nur in ersichtlich immer unvollständiger werdendem Maße genügen, während ihn all dies doch schließlich irgendwie angeht.
So entsteht die typische und problematische Lage des modernen Menschen: das Gefühl, von dieser Unzahl von Kulturelementen wie erdrückt zu sein, weil er sie weder innerlich assimilieren, noch sie, die potentiell zu seiner Kultursphäre gehören, einfach ablehnen kann. Der Erfolg davon, daß das, was man die Kultur der *Dinge* nennen könnte, seinem Eigengang überlassen, eine unbegrenzte Entwicklungsweite vor sich hat, ist der, daß sich Interesse und Hoffnung in steigendem Maße eben diesem zuwenden, und die scheinbar viel engere, viel endlichere Aufgabe der Kultivierung der individuellen Subjekte dahinter zurückdrängen.

Dies also sind die beiden tiefsten Gefahren reifer und überreifer Kulturen: daß einerseits die Mittel des Lebens seine Ziele überwuchern und damit unvermeidlich soundso viele bloße Mittel in die psychologische Würde von Endzwecken aufrücken; und daß andererseits die objektiven Kulturgebilde ein selbständiges, rein sachlichen Normen gehorsames Wachstum erfahren und dadurch nicht nur eine tiefe Fremdheit gegen die subjektive Kultur erwerben, sondern ein von dieser gar nicht einzuholendes Tempo des Vorschreitens. –

Auf diese beiden Grundmotive und ihre Verzweigtheiten gehen, soweit ich sehe, alle Erscheinungen zurück, die uns schon seit einer Weile das Gefühl einer nahenden Krisis unserer Kultur gaben. Die ganze Hast, äußere Begehrlichkeit und Genußsucht der Zeit sind nur Folge und Reaktionserscheinung, weil die personalen Werte in einer Ebene gesucht werden, in der sie überhaupt nicht liegen: daß technische Fortschritte ohne weiteres als Kulturfortschritte geschätzt werden, daß auf geistigen Gebieten die Methoden vielfach als etwas Heiliges und wichtiger als die inhaltlichen Resultate gelten, daß der Wille zum Gelde den zu den Dingen, deren Erwerbsmittel es ist, weit hinter sich läßt: dies alles beweist das allmähliche Verdrängtwerden der Zwecke und Ziele durch die Mittel und Wege ...

Daß die erste Erscheinungsgruppe in dieser Pathologie der Kultur: das Zurückbleiben der Vervollkommnung der Personen hinter der der Dinge, – eine Aussicht auf Heilung gibt, wage ich nicht vorbehaltlos zu behaupten. Hier liegt wahrscheinlich eine Tragödie der Kultur vor, die von deren Wesen untrennbar ist; denn da sie nun einmal bedeutet, daß die Ausbildung der Subjekte ihren Weg über die Ausbildung der Objektwelt nimmt, da diese letztere einer unbegrenzten Verfeinerung, Beschleunigung und Ausdehnung fähig ist, während die Kapazität der einzelnen Subjekte unvermeidlich einseitig und beschränkt ist, so sehe ich nicht, wie dem Entstehen einer Zusammenhanglosigkeit, eines gleichzeitigen Ungenügens und Überfülltseins prinzipiell vorzubeugen wäre ...

Jene angedeuteten Gefahren laufen wie in einem gemeinsamen Symptom darin zusammen, daß alle angedeuteten Kulturgebiete sich in einer gegenseitigen Unabhängigkeit und Fremdheit entwickelt haben, bis sich freilich in den letzten Jahren wieder einheitlichere Gesamtströmungen zeigten. Hier liegt der Grund der vielbetonten *Stillosigkeit* unserer Zeit. Denn Stil ist immer eine allgemeine Formgebung, die einer Reihe inhaltlich verschiedener Einzelerzeugnisse einen gemeinsamen Charakter verschafft. Je mehr ein Volksgeist, – um der Kürze halber diesen problematischen Ausdruck zu gebrauchen –, in seiner charakteristischen Einheit alle Äußerungen eines Zeitabschnittes färbt, als desto stilvoller erscheint uns dieser. Darum haben frühere Jahrhunderte, die noch nicht mit einer solchen Fülle heterogener, nach den verschiedensten Seiten hin verführender Überlieferungen und Möglichkeiten beladen waren, soviel mehr Stil als die Gegenwart, in der unzählige Male die einzelne Betätigung wie in Abgeschnürtheit von jeder anderen verläuft. Darin hat freilich in den letzten Jahren, vielleicht seit *Nietzsche*, eine leise Wendung eingesetzt. Und zwar scheint es der Begriff des *Lebens* zu sein, der die mannigfaltigsten Gebiete durchdringt und gleichsam ihren Pulsschlag einheitlicher zu rhythmisieren begonnen hat...

Mehr aber können wir überhaupt den letzten Paradoxien des Kulturlebens gegenüber nicht erhoffen. Sie verlaufen tatsächlich so, als ob sie zu einer Krisis und mit ihr in unabsehliche Zerrissenheiten und Dunkelheiten führen sollten. Daß bloße Mittel als Endzwecke gelten, was die vernünftige Ordnung des inneren und praktischen Daseins völlig verschiebt; daß die objektive Kultur sich in einem Maße und Tempo entwickelt, mit dem sie die subjektive Kultur weit und weiter hinter sich läßt, in der doch allein alle Vervollkommnung der Objekte ihren Sinn hat; daß die einzelnen Zweige der Kultur zu einer Richtungsverschiedenheit und gegenseitigen Entfremdung auseinanderwachsen, daß sie als Gesamtheit eigentlich schon vom Schicksal des babylonischen Turmes ereilt und ihr tiefster Wert, der gerade in dem Zusammenhang ihrer Teile besteht, mit Vernichtung bedroht scheint: dies alles sind Widersprüche, die wohl von der Kulturentwicklung als solcher unabtrennlich sind. Sie würden in restloser Konsequenz diese Entwicklung an den Punkt des Untergangs führen, wenn nicht das Positive und Sinnvolle der Kultur immer wieder Gegenkräfte einzusetzen hätte, wenn nicht von ganz ungeahnten Seiten Aufrüttelungen kämen, die – oft um einen hohen Preis – das ins Nichtige verlaufende und auseinanderlaufende Kulturleben für eine Weile zur Besinnung brächten...

Man kann, wie gesagt, es als die prinzipiellste, alle Einzelinhalte übergreifende Schicksalsformel der hochgesteigerten Kultur bezeichnen, daß sie eine fortwährend aufgehaltene Krisis ist. Das heißt, daß sie das Leben, aus dem sie kommt, und zu dessen Dienst sie bestimmt ist, in das Sinnlose und Widerspruchsvolle auflösen will, wogegen die fundamentale, dynamische Einheit des Lebens sich immer wieder zur Wehr setzt, die lebensfremde, das Leben von sich abführende Objektivität wieder von der Quelle des Lebens selbst her zusammenzwingt. Und darum stehen wir in dieser Epoche an einem Höhepunkt der Geschichte, weil jene Auflösung und Abirrung der kulturellen Existenz ein gewisses *Maximum* erreicht hat, gegen das sich das Leben mit diesem Kriege und seiner vereinheitlichenden, vereinfachenden, auf einen Sinn konzentrierten Kraft empört. Mag dies auch nur eine Welle in der unabsehlichen Strömung des Menschenlebens sein, – zu solcher Höhe, solcher Breite hat die Reibung seiner Kräfte noch keine gehoben. Mit Erschütterung stehen wir vor solchen Dimensionen, die diese Krisis dem Überblick des einzelnen unabschätzlich weit entrückt, während sie uns zugleich tief vertraut und verständlich ist; denn in jedem von uns ist sie, bewußt oder nicht, die Krisis seiner eigenen Seele.

Zum Fall Schmoller

Im Anschluß an die Erörterungen über den Strafantrag des Professors Dr. Schmoller gegen einen Studenten, der einige Äußerungen aus einer Vorlesung in die Presse gebracht hatte, und die Verurteilung des Angeklagten zu 200 Mark Geldstrafe oder 40 Tagen Gefängnis wegen Verletzung des Herrn Schmoller zustehenden Urheberrechts erhalten wir von Professor Dr. Simmel folgende Zuschrift:
»Die Gegner des Schmollerschen Vorgehens verkennen die ganz besondere Art der ›Vertraulichkeit‹ akademischer Vorträge. Mit Recht würden sie sich gegen jede Pflicht der ›Geheimhaltung‹ wenden; allein diese erledigt sich von selbst, da an unserer Universität keine Kontrolle über die Besucher ausgeübt wird und jeder beliebige Student oder Nichtstudent unbehelligt in jede Vorlesung gehen kann. Allein dem Professor muß das Recht gewahrt bleiben, auf dem Katheder Dinge zu sagen, die er gerade nur an dieser Stelle sagen will, *weil sie gedruckt einen völlig anderen Charakter annehmen.* Nur ein Banause kann meinen, jede mündliche Äußerung bliebe dieselbe, wenn sie, selbst ganz wörtlich, gedruckt wird. Der Ton, die Geste, der allgemeine Zusammenhang, der Eindruck der Persönlichkeit, die Stimmung des Auditoriums machen Bedeutung und Wirkung des gesprochenen Wortes oft zu etwas absolut anderem, als das gleiche Wort in gedruckter Form ist. Der parlamentarische Redner *weiß,* daß seine Rede gedruckt wird und hat sie danach zu berechnen; der akademische weiß im Gegenteil, daß sie nicht gedruckt wird und kann deshalb in seine Rechnung die tausend Imponderabilien der mündlichen Rede einbeziehen, nach deren Abstreifung in der Reduktion auf das Druckbare an ihr oft nahezu das Gegenteil dessen übrig bleibt, was die *Zuhörer* ganz unzweideutig verstanden haben. Wir protestieren also gegen jede unlegitimierte Drucklegung unserer Vorträge, nicht, weil wir sie sekretieren wollen, sondern weil etwas, was wir gar nicht meinen, nicht als unsere Meinung publiziert werden soll – wovor uns unzählige Male selbst die wörtliche Genauigkeit des einzelnen Satzes nicht schützen würde. Dazu kommt, daß der Dozent oft Dinge vorträgt, die sich im Stadium der Bearbeitung befinden; im Unterschied von dem populären Vortrag gibt der akademische keineswegs immer die abschließenden Resultate: gerade an den Erwägungen vieler

Möglichkeiten, an dem Versuche dieser und jener Methode, an gelegentlichen Selbstkorrekturen des Lehrers lernt der Student am meisten, weil er damit in den wissenschaftlichen Schaffungsprozeß tiefer eindringt, als wenn dieser bereits zu den festen Erkenntnissen kristallisiert ist, die er auch aus den Büchern des Professors kennen lernen könnte. Der verstorbene Professor Dambach, einer der konservativsten und vorsichtigsten Männer, hat dem Schreiber dieser Zeilen einmal gesagt: »An dem, was wir auf dem Katheder sagen, könnte jeder von uns gehangen werden.« Das ist keine Unvollkommenheit des akademischen Unterrichts, sondern im Gegenteil das Risiko, das der Lehrer für seine Schüler auf sich nehmen muß, um sie in alle Intimitäten der intellektuellen Produktion hineinsehen zu lassen. Was sollte nun daraus werden, wenn all solches, was sich erst im Lauf des Semesters modifiziert oder richtig einordnet oder mindestens seine pädagogischen Dienste tut – sogleich aus dem Hörsaal in die Druckerei wanderte? Ob man wegen eines Vergehens gegen die so verstandene ›Vertraulichkeit‹ den Strafrichter oder den Universitätsrichter anruft, hängt davon ab, was man für das Wirkungsvollere hält. Das Wirkungsvollste aber muß geschehen, denn – darüber sind sich wohl alle Universitätslehrer aller Parteirichtungen einig – das unbeschränkte Publikationsrecht den Vorlesungen gegenüber würde den Sinn und den spezifischen Wert des akademischen Unterrichts rettungslos zerstören ...«

Simmels Briefe an den Grafen Hermann Keyserling

Westend, 20. 1. 06

Sehr geehrter Herr Graf,
schönen Dank für Ihre Zeilen. Ich freue mich, daß Sie die Grenze Ihrer Arbeit absehen. Dies ist immer eine psychologisch reizvolle Periode mit ihrer eigentümlichen Synthese von Beruhigtheit und Ungeduld. Hoffentlich finden Sie aber doch in absehbarer Zeit die Stimmung zu einer Plauderstunde; ich werde mir erlauben, Ihnen bald einmal einen Vorschlag darüber zu machen.
Das Religionsbuch ist *noch* nicht erschienen, und ich weiß mir keinen Rat, womit ich den Verleger zwingen könnte; alle Grobheit ist wirkungslos verpufft. – Daß der Schopenhauer und Nietzsche Ihnen zusagt, ist mir eine Freude; er ist freilich nicht so einheitlich und zusammengehalten wie der Kant, wenigstens nicht objektiv. Die subjektive Einheit durch die dahinterstehende Lebensstimmung ist aber vielleicht größer.

Mit schönsten Grüßen
Ihr Simmel

Westend, 30. 8. 07

Lieber Herr Graf,
ich danke Ihnen herzlich für Ihren Brief. Wenn die Stimmung, aus der er gekommen ist, lange genug beharrt, um aus einem regulativen Prinzip zu einem konstitutiven zu werden, – so wird dieser Aufenthalt Ihnen eine große Wendung, ja vielleicht die große Wendung bedeuten. Denn, wenn ich recht verstehe, was Sie andeuten, tritt allmählich neben und über die Werte des Handelns und Erkennens und Sich-Bewährens jetzt das andere: der Wert des Seins. Vielleicht bedurfte es dazu jenes Sich-Verflechtens in das naturhafte Dasein, von dem Sie schreiben, und daß die Stille um Sie groß genug ist, um Sie das leise Wechselgespräch der Seele mit den Bäumen, dem Acker und den Steinen hören zu lassen. Erst wenn wir uns so hineingeschmolzen fühlen in das, was eben nur Sein ist, pflegt in uns unruhigen, nur schaffenden, nur denkenden, immer bewegten Menschen die Forderung und Sehnsucht zu erwachen, nur auch zu *sein* – sei es ganz jenseits alles Werdens und Tuns, sei es als der eigentliche Grund und Zweck für alles dieses. Hat man dies erst einmal begriffen, daß es darauf ankommt, was wir *sind*, (nicht ganz unkantisch) – so werden alle einzelnen Akte und jeder Punkt der Lebenssymphonie sehr viel unwichtiger und zugleich sehr viel wichtiger; alles Begehren und alle Verflechtungen mit der Welt sind viel äußerlicher und zugleich viel innerlicher geworden, die Freiheitsfrage, die gegenüber dem Tun so wichtig erschien, ist jetzt in ihrer ganzen Nichtigkeit erkannt. Sie schreiben, Sie wären jetzt auf dem Wege zum *Bewußtsein* Ihrer selbst, – mir scheint, als ob die Wendung, die Sie fühlen, vielleicht Ihr Sein beträfe, nicht die ratio cognoscendi, sondern essendi.[1] –
Ich wollte Ihnen einen Aufsatz schicken, der im Septemberheft der Neuen Rundschau gedruckt ist, – aber ich vermute, daß dieses Ihnen sowieso zugeht. Andernfalls erwähnen Sie es vielleicht gelegentlich.
Ich hoffe sehr, daß wir uns im Oktober hier sehen. Es ist nicht besonders wahrscheinlich, daß ich verreise; die Arbeit hält mich fest. Sollten mich meine ziemlich mitgenommenen Nerven dennoch dazu zwingen, so würde ich doch jedenfalls um den 20. Oktober herum wieder zurückkehren. Aber wenn Sie nicht im Norden bleiben, denke ich doch, daß wir Sie den Winter über hier haben. Dr. Groethuysen ist auch im Winter hier und einige wundervolle Frauen.

Herzlich der Ihrige
Simmel

1 Vgl. Hermann Keyserling, Menschen als Sinnbilder, 1926, S. 49: Ein Wort Georg Simmels aus frühen Berliner Tagen beschäftigt erneut meinen Sinn: »Sie werden gewiß noch viele Bücher schreiben, sogar gute Bücher; aber das ist es nicht, dergleichen *können* Sie nur. Ihre eigentliche Aufgabe scheint mir doch die zu sein, irgend einmal ein ›Sein‹ darzustellen.

Westend, 31. 10. 08

Lieber Herr Graf,
ich danke ihnen für ihren Brief und freue mich, ihnen mein geldbuch schicken zu können. von der soziologie besitze ich leider kein exemplar mehr; nun könnte ich freilich eines vom buchhändler erstehen – allein das widerstrebt mir. ich empfinde es immer als etwas unziemliches, wenn man blumen, die man einer frau schenkt, vom gärtner kauft – so verschenkte blumen dürfen nur im eignen garten gewachsen und nicht erst durch händlerhände durchgegangen sein. so kann ich mich nicht recht entschließen, ihnen ein buch zu schenken, das nicht unmittelbar aus meinem eignen besitz kommt. auch werden sie ja eine weile an dem geldbuch zu kauen haben. ich möchte ihnen raten, das 2. kapitel zu überschlagen oder höchstens darin zu blättern, ob vielleicht die eine oder andere stelle nach dem sinnlichen eindruck der seite sie anzieht (übrigens eine sehr merkwürdige psychologische tatsache). dieses kapitel ist das am meisten technische des buches und wird sie als ganzes kaum interessieren, ich würde es sogar für gar nicht unzweckmäßig halten, daß sie überhaupt mit dem letzten kapitel anfingen und dann erst vom 1. kapitel weiterlesen.
auf Bergson bin ich von vielen seiten her aufmerksam gemacht worden. seine tournure d'esprit soll, wie man mir sagt, mit der meinigen verwandt sein. dies ist nun nicht gerade eine attraktion für mich, da ich mit dem täglich 24 stündigen ichselbstsein gerade genug von mir habe. allein abgesehen davon scheint Bergson wirklich etwas eminentes zu sein, und ich werde versuchen, ihn mir zuzuführen, umsomehr als ich jetzt wieder in erkenntnistheoretisch-metaphysischen fragen stecke – freilich wieder mit dem gefühl, daß wir uns in der ganzen auf den kantischen voraussetzungen stehenden erkenntnistheorie herumdrehen, wie das eichhörnchen im rade. was hat dieser mann der welt angetan, daß er sie für eine vorstellung erklärte! wann wird einmal der genius kommen, der uns vom bann des subjekts so befreit wie uns kant von dem des objekts befreit hat? und was wird das dritte sein?
ich bin in äußerstem maas begierig, zu welchen inneren entwicklungen ihnen die umstände ihres jetzigen lebens verhelfen werden und hoffe, daß es mir noch beschieden ist, es zu beobachten und die früchte davon zu genießen. daß ich unter »früchte« nicht nur bücher verstehe, werden sie wissen.

für heute mit den besten grüßen der ihrige
Simmel

Westend, 8. 5. 10
Königin Elisabethstr. 14

Lieber Herr Graf,
ich wünschte, daß das gleichzeitig abgesandte Bild Ihnen viel Gutes von mir sage. Mein Sohn hat es neulich aufgenommen, aber ich konnte es leider nicht mehr aufziehen lassen, weil ich jetzt gleich auf einige Zeit nach London fahre und die Erfüllung Ihres Wunsches nicht bis zu meiner Rückkehr aufschieben wollte. – Mein kleiner Logosaufsatz mit dem Dank für Ihren Schopenhauer ist hoffentlich in Ihre Hände gelangt. –
Ich beneide Sie oft um die Ruhe Ihrer Weltferne, die vielleicht mehr Weltnähe ist, als man sie hier in Berlin haben kann. Mit wachsendem Alter und Wirkungskreis steigern sich doch auch die Reaktionen dieses Berufes in einer Weise, die manchmal Zeit und Kraft in einem beängstigendem Maße vom Zentrum ableiten. Das sind die verhängnisvollen Ernten, die nur der Consumtion dienen, aber nicht zum Saatkorn geeignet sind.

Treulich der Ihrige
Simmel

Westend, 30. III. 11

Lieber Graf,
ich danke Ihnen für Ihren Brief und die Zusendung Ihres Vortrags, der mich allerdings sehr interessiert hat. Nur kommt es mir vor, als ob die Correlatsbegriffe: Erscheinung und Wirklichkeit von Ihnen in einem etwas ungewöhnlichen Sinn gebraucht werden (ganz abgesehen von den ihnen zugewiesenen *Erfüllungen*) und es wäre wohl wünschenswert, daß Sie sich darüber einmal eingehend äußerten, – daß ich mit jedem Punkt einverstanden bin, werden Sie nicht erwarten; es gibt aber ein »Einverständnis« unter Philosophen, das wichtiger ist, als eine Übereinstimmung in materialen Inhalten. Z. B. kann ich die Gleichsetzung des Unorganischen mit dem Begreiflichen (im Gegensatz zu Leben) nicht mitmachen. Wenn eine Billardkugel die andere anstößt, so kann ich zwar den weiteren Weg beider in einer Weise *berechnen*, die am Organischen versagt. Aber berechnen ist noch nicht Begreifen. In diesem Vorgang als einer Realität, einem Dynamischen, steckt etwas, was in die zeitlosen Formeln, mit denen ich sie berechne, nicht aufgeht, etwas, das sich dem Verstand ebenso – und vielleicht in viel dunklere Tiefen hinein – entzieht, als die Selbstheilung der Organismen. Daß die Begriffe von Materie und Kraft, mit denen man an diesem Grundgeheimnis des materiellen Geschehens herumtastete, aufgegeben werden müssen, kann nur im ersten Augenblick die Illusion erzeugen, als ob da kein Geheimnis weiter bestünde.

Es wird Sie interessieren, daß ich schon lange in meinen Vorlesungen ausspreche: jede große Geistesepoche habe einen Zentralbegriff gehabt, dessen Stellung wie durch Koordinaten dadurch festgelegt sei, daß er die höchste Wirklichkeit und zugleich den höchsten Wert bezeichnete: bei den Griechen das Sein, beim Christentum Gott, im 17. und 18. Jahrhundert die Natur, im 19. die Gesellschaft und jetzt scheine das »Leben« in diese Stelle einzurücken.
Beinahe hätten wir uns noch in Bologna gesehen. Ich bekam vorgestern flehentliche Aufforderungen, an Stelle des erkrankten Windelband die Repräsentationsrede in der ersten öffentlichen Sitzung zu halten. Allerhand »chauvinistische« Erwägungen machten mich einen Augenblick schwankend. Allein meine Kongreßscheu trug doch den Sieg davon, und ich telegraphierte ab.
Aller Wahrscheinlichkeit nach werden Sie mich bei Ihrer Rückreise zu Hause finden. Ich denke mir, vom 14.–22. April in München zu sein und vielleicht vom 1.–13. Juni in Holland. Im übrigen bleibe ich bis Anfang August, ev. sogar bis September hier. Es ist eine sehr entfernte Möglichkeit, daß ich im August auf kurze Zeit nach Petersburg gehe, um die Rembrandts in der Eremitage zu sehen.

Sehr herzlich grüßend und in Treuem
Ihr Simmel

29. 5. 11

Lieber Graf,
Berenson's Schriften kenne und verehre ich schon seit 10 Jahren. Immerhin war mir Ihre Nachricht über ihn wertvoll, weil mir zu Ohren gekommen war, er sei sehr krank oder sogar schon tot. Nun freue ich mich sehr, dies dementiert zu sehen. Ja, dieser Mann ist ein Genie des Bildersehens; freilich kann ich seine tactile values nicht für so erheblich halten wie er selbst, ja sie scheinen mir von den zentralen Werten des Kunstwerks abzuführen und in einen wunderlichen Naturalismus hinein. – Vielleicht suche ich in Florenz einmal Gelegenheit, ihn kennen zu lernen. – Die Correlation von Philosophie und Landwirtschaft, von der Sie schreiben, ist wahrer als ich mir – aus Selbsterhaltungstrieb – zugeben mag. –
Schönen Dank für Ihre Aufforderung, Sie zu besuchen. Ich denke, es kommt doch noch einmal dazu, wenn auch nicht in diesem Jahre.
Die Grüße Ihrer Fräulein Schwester erwidere ich bestens und bleibe in Treue

Ihr Simmel

Straßburg, 22. 4. 14
Sternwartstr. 17

Mein lieber Graf,
die obige Adresse zeigt Ihnen, daß Sie zutreffend berichtet sind. Warum ich diesen Sprung ins Dunkle gewagt habe, unter Verzicht auf meine Einwirkung auf die deutsche Kultur, die in ihrer Art einzig und unersetzlich war – das wird nicht so leicht jemand begreifen, und es ist auch vielleicht nicht zu begreifen. Aber gewisse Dinge tut man nicht aus einem angebbaren Grunde; sie geschehen eben, eine praktische causa dei. Jedenfalls möchte ich es nicht schriftlich erörtern – denn ich gebe um dieser Transferierung willen doch die Hoffnung nicht auf, daß wir uns von Zeit zu Zeit begegnen. Ich rechne dabei nicht nur auf Heidelberg, sondern auch auf Straßburg, das z. B. auf dem Wege nach Paris leicht zu erreichen ist. –
Auch bietet sich vielleicht dadurch eine Chance, daß ich zu ein paar Vorträgen in Petersburg für Oktober aufgefordert bin – freilich weiß ich noch nicht, ob es sich realisieren wird. Man hat mir zugleich nahegelegt, daß sich daran auch Vorträge in Riga schließen könnten, dann ließe sich doch vielleicht eine Begegnung verabreden. Übrigens habe ich vorläufig keine Kenntnis davon, welche Vereinigung in Riga derartige Unternehmungen inszeniert. –
Zu der Vollendung Ihres Buches gratuliere ich Ihnen von uns herzlich und sehr begierig bin ich von den Inhalten Ihres »innerlich Weitergekommenseins« zu erfahren. Ich setze mit Sicherheit voraus, daß das Psychologische hier zugleich ein Metaphysisches ist.
In kurzem sende ich Ihnen eine kleine Arbeit über Rembrandt, die noch einige Motive des Goethe weiterführt. Alles dies ist Anlauf und Atemschöpfen, bevor ich den großen Sprung wage. Aber ich selbst weiß nicht, ob ich ihn wirklich wagen werde – und ob er mich selbst in diesem Falle in das »andere Ufer« tragen wird.
Unser Sohn ist seit einiger Zeit wieder völlig wohl.
Meine Frau grüßt bestens und wir bitten, Gräfin Leonie von uns zu grüßen.

Wie immer
Ihr Simmel

Straßburg 25.–3–18

Mein lieber Graf,
Aus mehr als einem Grunde ist mir Ihr heute erhaltener Brief eine große Freude. Zunächst weil er mich Ihres Lebens und wie es scheint, Ihres Wohlseins versichert – worüber ich angesichts der Ereignisse der letzten Monate erheblich beunruhigt war. Dann aber noch um eines anderen willen, das ich gleich aussprechen will, in der Hoffnung, nie

wieder darauf zurückzukommen zu brauchen. Im ersten oder zweiten Kriegsjahr (das Datum ist mir entschwunden) brachten französische Zeitungen einen Bericht über einen von Ihnen in London gehaltenen Vortrag, in dem Sie über den Deutschen Geist, nicht nur über den politischen, Äußerungen taten, die mich dauernd von Ihnen geschieden hätten. Sie werden mir keinen Chauvinismus und keine nationalistische Borniertheit zutrauen; ich möchte mich auch nicht zum Richter über das objektive Recht oder Unrecht solcher Behauptungen machen. Allein ich *liebe* nun einmal Deutschland – die Idee Deutschland –, ich bin natürlich mit ihm verwachsen, und wer in jener Zeit, wo wir um Sein und Nichtsein des Deutschen Geistes (nicht nur der Deutschen Macht und Wirtschaft) in der Weltgeschichte zu kämpfen haben –, wer sich da zum Gegner dieses Geistes erklärt, wäre mein Feind und müßte es bleiben, über die politische Feindschaft dieses Krieges hin, für die es eine Versöhnung gibt. Ich gestehe, daß mir diese Erfahrung höchst schmerzlich war und keineswegs nur vorübergehend. Vor einigen Monaten hörte ich zu meiner großen Erleichterung, daß jener französische Bericht eine Fälschung gewesen wäre, und Sie seien während des Krieges gar nicht in London gewesen, und hätten also den angeblichen Vortrag nicht gehalten. Können Sie mir etwas über die Genesis dieser ganzen problematischen Angelegenheit sagen? Auch in Hinsicht auf sie war mir Ihr Brief erfreulich, denn ich kann mir nicht denken, daß Sie ihn geschrieben hätten, wenn jene nicht-politische Deklassierung des Deutschtums je Ihre Absicht oder Überzeugung gewesen wäre. –
Ich habe die ganze Kriegszeit in Straßburg verbracht, unterbrochen nur von kurzen Vortragsreisen innerhalb Deutschlands zu Wohltätigkeitszwecken, an die Westfront für die feldgrauen Studenten, kürzlich nach Holland auf Einladung der Amsterdamer Studenten. Wie schwer diese Jahre waren und noch sind, läßt sich nicht aussprechen; sie haben mich wohl um das Doppelte oder Dreifache der normalen Zeitwirkung gealtert (ich bin vor einigen Wochen 60 Jahre alt geworden). Das ganze äußere Leben ist sehr ruhig, fast monoton verlaufen; so fand die innere Erregtheit nicht die Abreaktion, die ihr äußere Schicksalsbewegtheiten gewähren können. Die Sorge um Deutschland und der Kummer um das verlorene Europa, eines immer um das andere gesteigert, ergaben zusammen eine Last, die vor 4 Jahren ebenso unausdenkbar war, wie daß die Tragkraft bisher noch für sie zugereicht hat. Die schlimmste aller Vorstellungen ist, daß dieser Selbstmord Europas zu Gunsten Amerikas den Akt der Weltgeschichte einleitet, in dem sie ihre Wanderung von Osten nach Westen fortsetzt: wie sie vor Jahrtausenden in Asien kulminierte, dann nach Europa rückte, so könnte sie nun weiter nach Amerika gehen – Europa wird dann sein, was Griechenland zur römischen

Kaiserzeit war, – ein interessantes Reiseziel für Amerikaner, voll von Ruinen und großen historischen Erinnerungen, noch immer der Lieferant von Künstlern, Gelehrten und Schwätzern. Jakob Burckhard hatte schon recht, als er vor 40 oder 50 Jahren schrieb, wir alle vertrauten viel zu sehr auf »die Sekurität unserer Verhältnisse«. Angesichts solcher Gedanken die Kraft nicht ermatten zu lassen, sondern gerade zu immer höheren Leistungen anzuspannen, das ist ja wohl das äußerste, was im Namen der Idee von einem gefordert werden kann.

Von den gemeinsamen Freunden ist eben nur zu melden, daß Max Weber nach Wien berufen ist, zunächst aber nur probeweise auf ein Semester hingeht und sich nach diesem definitiv entscheiden wird. Alfred Weber und Gundolf arbeiten in Berliner Ämtern.

Sobald verläßliche Postverbindung besteht, sende ich Ihnen ein 1916 erschienenes Buch über Rembrandt, das in kunstphilosophischer Hinsicht meines bißchen Weisheits letzten Schluß enthält. Jetzt bin ich in sehr schwierigen ethischen und metaphysischen Untersuchungen, die noch nach dieser Seite hin, wenn ich sie noch vollenden kann, mein Testament sein sollen. Ich bin nun in dem Alter, wo die Ernte eingebracht werden muß und kein Hinausschieben mehr erlaubt ist.

Nun leben Sie wohl und lassen Sie bald wieder von sich hören – hoffentlich auch Sie in der Hoffnung, daß uns in absehbarer Zeit ein Zusammenkommen beschieden sein wird und ein Uns-Zusammenfinden in dem Zeitlosen, das sich als eine Brücke, die nicht gesprengt werden kann, über allen Abgründen und Wildbächen des Geschehens spannt.

Treulich grüßend
Ihr Simmel

die aufgetragenen Benachrichtigungen
werde ich besorgen.

z. Zt. im Schwarzwald
18. 5. 18

Mein lieber Graf,

ich hätte Ihren Brief, der mich sehr bewegt hat, gleich beantwortet, wenn nicht die letzten Tage in Straßburg sehr unruhig gewesen wären; jetzt habe ich mich über Pfingsten in eine Waldeinsamkeit zurückgezogen und kann in Ruhe und ausführlich schreiben.

Daß das Weltschicksal Ihnen den Boden unter den Füßen zersplittert hat, da er aus Teilen zusammengesetzt war, die jetzt unhaltbar auseinander gerissen sind – dieses Leiden kann ich nicht nur begreifen, sondern ich teile es bis zu einem hohen Grade. Ich habe mich mein

Leben lang schwankungslos als ein guter Deutscher gefühlt, aber dies nie als einen Widerspruch dagegen empfunden, daß ich ein guter Europäer war. Für einen weiten Typus der Deutschen ist das sogar das ganz entscheidende ihres Wesens. Und daß Europa verloren ist, mindestens für meine Lebenszeit, ist ein Kummer, den ich nie überwinden werde. Nicht nur die Realität, sondern auch die *Idee* Europa ist verschwunden, denn es ist schließlich keine zeitlose Idee wie Menschheit oder Schönheit, sondern eine historische, die zwar auch im ὑπερουράνιος τόπος gewohnt hat, aber doch nur auf Kündigung, nur daß ich nicht daran gedacht habe, ich könnte diese erleben. Indes man könnte sich damit durch die Hoffnung abfinden, daß sie in vielen Jahrzehnten und vielleicht in anderer Gestalt wieder aufwächst. Und ich würde dies unter Absehen von meiner persönlichen Existenz auch tun, – wenn es kein Amerika gäbe. Denn ich bin überzeugt, daß dieser Krieg in letzter Instanz zu Gunsten von Amerika geführt wird, wie der zwischen Athen und Sparta zu Gunsten von Alexander und Rom; bin überzeugt, daß der Zeiger der Weltgeschichte sich nach Westen dreht, wie er schon einmal von Asien nach Europa gerückt ist; bin überzeugt, daß in irgend welcher Zeit Europa für Amerika sein wird, was Athen für die späteren Römer –, ein Reiseziel für kulturbedürftige Jünglinge, voll von interessanten Ruinen und großen Erinnerungen, Lieferant für Künstler, Gelehrte und Klugschwätzer. Es ist die Verblendung unserer Feinde nicht zu sehen, daß sie mit der Verlängerung des Krieges ja Amerika die Rolle des tertius gaudens geradezu aufdrängen, daß jeder Friedensschluß, günstig oder ungünstig für den Einzelnen, diese ungeheure Gefahr vermindern würde, daß jede Granate, die Amerika an England liefert, über kurz oder lang England selbst ins Herz treffen wird.

Dabei bin ich nicht einmal der Meinung, daß dieses Schicksal ganz unvermeidlich ist. Wenn nach dem Krieg Europa in sich zusammenhielte, wenn der Gedanke herrschend würde, daß dieser Krieg ein *gemeinsames* Schicksal aller Parteien ist, und seine Wunden zu heilen die *gemeinsame* Arbeit aller sein muß, bei der sie sich gegenseitig helfen – dann würde ich meinen, daß wenigstens für absehbare Zeit Europa es noch mit Amerika aufnehmen könnte. So aber – bei dem Haß und der für den Frieden noch immer weiter geplanten Selbstvernichtung Europas sehe ich keinen Ausweg.

Man könnte freilich in einem Grade übernational sein, daß man sich sagt: wenn einmal eine amerikanische Weltkultur entsteht, deren Formen wir so wenig ahnen können, wie die Ägypter des alten Reiches die eines modernen Staates – so liegt darin eigentlich gar kein Grund zur Klage. Warum sollte Europa die Kultur in unkündbarer Erbpacht haben? Wenn es sie abtreten muß, so hat es nichts besseres verdient. Es wäre groß, so über den eignen Kulturegoismus und unsere

schließlich doch historischen Wertungen hinauszudenken, ja hinaus zu fühlen. –
Es würde mich sehr interessieren, auf welche Symptome hin Sie »seit 10 Jahren« an den Verfall Europas geglaubt haben. Ich kann das von mir nicht sagen. Ich glaubte vielmehr, daß die entsetzliche Epoche des Maschinenzeitalters und der ausschließlich kapitalistischen Wertungen ihrem Ende zuginge und glaubte auch schon Anzeichen einer neuen Geistigkeit zu erblicken, schwach noch und ohne rechte Orientierung, aber für meine Augen ganz unzweideutig. Damit ist es nun freilich vorbei. Aber in engerem Maße, und wahrscheinlich ohne Weltbedeutung besteht doch noch etwas dieser Art, das Ihnen freilich bei Ihrer Abgeschnittenheit von dem jetzigen Deutschland entgangen sein wird. Es geht nämlich zweifellos durch unsere heutige Jugend eine leidenschaftliche revolutionäre Sehnsucht nach einer Vita-Nuova, ein Kämpfenwollen um eine geistige Lebensgestaltung, die nicht abstract, theoretisch oder ästhetisch ist, sondern praktisch zugreifend; kein idealistisches Sich-zurückziehen von der Welt, sondern ein Bearbeiten ihrer, aber in durchaus idealistischem Sinne; eine Todfeindschaft gegen alle Bürgerlichkeit, gegen alle Mechanisierung und Amerikanisierung, aber unter Benutzung der Kräfte, die diese Tendenzen immerhin aufgebracht haben. Es ist in diesen Bewegungen viel unklar Gärendes, viel unverschämt Aggressives, aber doch eine ungeheure Lebendigkeit, und ein höchst erfreuliches Sturmlaufen gegen die alten morschen Mauern, die uns noch von allen Seiten beengen —manchmal auf donysischer, manchmal auf asketischer Basis, immer aber auf das Geistige und Wesentliche gerichtet. Wie gesagt, die Randerscheinungen sind hier oft unerfreulich, und es bedarf eines guten Willens, sich durch sie nicht abschrecken zu lassen. Aber in ihrem Kern sehe ich das, was man noch die deutsche Hoffnung nennen könnte. Ich weiß nicht, ob es in Frankreich ein Seitenstück dazu gibt, da wir ja über unsere Feinde nichts erfahren, was nicht den Krieg angeht, – aber ich möchte es beinahe glauben. England ist wahrscheinlich noch nicht so weit, es ist zu fest in seinem bürgerlichen Konservatismus verankert.
Ihre Erfahrung mit Bergson wundert mich nicht, seit ich durch einen merkwürdigen Zufall den genauen Wortlaut seiner Akademierede vom Herbst 1914 kennen gelernt habe. Kein Mensch wird von ihm Unparteilichkeit verlangen oder ihm den leidenschaftlichen Patriotismus, ja den Haß gegen Deutschland verdenken, da Deutschland nun einmal zum Vollstrecker des weltgeschichtlichen Urteils über Frankreich geworden ist. Aber daß er unter der Maske der kühlen Wissenschaftlichkeit die albernsten Schauermärchen über deutsche Greuel vorbringt, daß er, der sehr wohl die deutsche Geistigkeit kennt, bei uns nichts als eine tote Mechanisierung des Lebens sehen will, wo-

gegen Frankreich das voll blühende Leben sei (das Land des Zweikindersystems und der unaufhaltbaren Entvölkerung!) – das ist doch einfach unwürdig und zeigt eine unverzeihliche Form von Psychose, die mir gerade bei ihm moralisch verdächtig ist.
Wenn Sie im Juni nach Deutschland kommen, könnten wir uns dann in Baden-Baden treffen? Daß Sie nach Straßburg hereinkommen ist ausgeschlossen, und ich meinerseits kann in den nächsten Monaten keine weitere Reise unternehmen; daß wir uns aber nicht sehen sollten, wäre gar zu widersinnig. Ich zweifle meinerseits nicht daran, daß es eines eigentlichen »Wiederverknüpfens« zwischen uns gar nicht bedarf. Ich glaube nicht, daß irgend etwas zerrissen ist, weder hinsichtlich der Überzeugungen, noch der gegenseitigen Gesinnungen. Ich bin in diesem Frühjahr 60 Jahre alt geworden, und glaube kein sehr langes Leben mehr vor mir zu haben; ich darf die Begegnungen mit den Menschen, auf die es mir objektiv und subjektiv ankommt, nicht lange hinausschieben.

In herzlicher Treue der Ihrige Simmel

Wollen Sie mich bitte Ihrer Frau Schwester empfehlen. Meine Frau erwidert herzlichst Ihrer beiden Grüße.

Straßburg Els. 22. 5. 18

Mein lieber Graf,
ich habe vor etwa 8 Tagen einen sehr ausführlichen Brief an Ihre Adresse in Estland gesandt. Für den Fall, daß Sie ihn nicht mehr erhalten haben, wiederhole ich meinen Vorschlag einer Begegnung in Baden-Baden, da mir die hiesigen Umstände im Juni keine weiteren Reisen gestatten. Ich würde dann am Nachmittag eintreffen und bis zum nächsten Nachmittag bleiben können. Angesichts der vielen Dinge über die wir uns zu unterreden haben, sollten wir eine knappere Zeit nicht ins Auge fassen. Voraussichtlich kann ich im Juni und Juli dafür jeden Freitag, Samstag, Sonntag zur Verfügung stellen. Indes wird gegen Ende Juni unser Sohn, der als Bataillonsarzt in der Ukraine steht, auf Urlaub kommen und seine Ankunft möchte ich freilich nicht versäumen. Indes denke ich doch, daß diese bedauerliche Coincidence sich vermeiden lassen wird.
Ich schreibe zugleich an Ihre Berliner Adresse, um Sie zu bitten, einer Nichte von mir, deren Schicksal in wunderlicher Weise in die baltischen Angelegenheiten verflochten ist, eine kurze Unterredung und Ihren Rat zu gewähren.
In der bestimmten und freudigen Hoffnung auf diese Begegnung

Ihr treulich ergebener S.

Straßburg, 21. 6. 18

Mein lieber Graf,
es ist mir eine große Freude, Sie in Deutschland zu wissen – selbst wenn es dieses Mal nichts aus dem Wiedersehen werden sollte.

Die beiden Gutachten sende ich sobald wie möglich ab, will aber diesen Brief unmittelbar schicken, damit Sie gleich ein Lebenszeichen haben. Die Papierfrage ist, wenn Ihr Buch umfänglich ist, allerdings bedenklich. Soviel ich höre, hat Diederichs noch größere Vorräte, aber unbedingt zuverlässig ist diese Nachricht nicht. Ich habe zwar für einige Neuauflagen und eine ganz kleine neue Publikation noch Papier bekommen. Aber für eines meiner Bücher, das seit Jahren vergriffen ist, und von dem ich einige 100 Exemplare anastatisch herstellen lassen wollte, muß ich auch verzichten. Vielleicht fragen Sie einmal bei Cotta an; in solchen Riesenbetrieben ist noch am ehesten eine Chance vorhanden. Vielleicht bei Ullstein, der freilich nicht sonderlich sympathisch ist, aber darauf kann man bei den gegebenen Umständen nicht in ausschlaggebendem Maße achten. Ich weiß nicht, ob Sie einer Einführung zu bedürfen glauben. Sollte es der Fall sein, so stelle ich Ihnen sowohl für die Anfrage bei Cotta wie bei Ullstein, aber auch bei Diederichs anheim zu sagen, daß sie auf meine Anregung hin geschieht. Ich habe mit all diesen Häusern gelegentlich zu tun gehabt.

Was nun meine Nichte betrifft, so danke ich Ihnen herzlich für die Bereitwilligkeit. Ich schreibe ihr noch heute, damit sie bei Ihnen eine Besuchszeit erfragen kann. Sie heißt Dr. Gertrud Jacobs. Von dem schweren Schicksal, mit dem sie der Krieg getroffen hat, wird sie Ihnen selbst erzählen. Wessen sie bedarf, ist eine Auskunft über gewisse baltische Verhältnisse und ev. eine Empfehlung an dortige Persönlichkeiten.

Von Persönlichkeiten, mit denen man reden kann, sind in Berlin im Augenblick unter den mir bekannten nicht viele. Gundolf ist dort und arbeitet in dem Bureau (ich glaube) des Auswärtigen Amtes, Unter den Linden 44; seine Privatadresse war, wenigstens bis vor kurzem, NW 21 Dortmunderstr 15 IV. Haben Sie Neigung zu einem politischen Gespräch, so empfehle ich Ihnen, Prof. Jastrow zu besuchen – einen ganz ungewöhnlich klugen, geistvollen und kenntnisreichen Mann, Nationalökonom und Historiker. Zur Einführung genügt es vollkommen, wenn Sie meinen Namen nennen. Wir sind seit 30 Jahren nahe befreundet. Er wohnt in Westend Nußbaumalle 24. Ich weiß nicht, ob Sie zu Prof. Lepsius gehen wollen, in dessen Haus Sie doch wohl früher kamen. Sie werden ihn wie seine Frau sehr verändert finden. Sie können den Verlust ihres einzigen Sohnes, der vor einem Jahr gefallen ist, nicht überwinden. Daß Troeltsch seit 3 Jahren in Berlin ist, wissen Sie vielleicht nicht. Westend, Reichskanzlerplatz 4.

Ich lege noch einen Brief bei, der nicht befördert wurde, weil er zu lang und zu undeutlich geschrieben war. Dies ist alles für heute außer vielen Grüßen, auch von meiner Frau

treulich Ihr Simmel.

Straßburg, 5.7.18

Mein lieber Graf,

Besten Dank für Ihre Nachrichten (die ich freilich nicht ganz entziffern kann). Ich begreife vollkommen, daß nach Ihrer langen Abgesperrtheit von jedem geistigen Milieu der Kreis von Persönlichkeiten, die Sie nennen, höchst anregend, ja bezaubernd auf Sie wirkt. Man wird wahrscheinlich im jetzigen Europa keinen an Geist und geistiger Beweglichkeit reicheren finden. Dennoch wird Ihre Menschenkenntnis, die ich sehr hoch einschätze, Ihnen wahrscheinlich in kurzem sagen, daß es all diesen Leuten (von Alfred Weber abgesehen) irgendwie an Substanzialität des Wesens fehlt. Im *letzten* Grund kommt es ihnen allen nicht auf die Sache an, sondern auf das Ich und das funkelnde Spiel freischwebender Geistreichheit. Wenn ich sage: man fühlt hier keinen festen Boden unter den Füßen, es fehlt an der Moral der Geistigkeit (und nicht nur der Geistigkeit), so werden Sie mir keine philiströs-moralistischen Vorurteile zutrauen; ich glaube man kann selbst den äußersten Extravaganzen des menschlichen Wesens nicht freier gegenüberstehen als ich es tue. Allein das hindert nicht, daß mir der Wert von Menschen und der echten Beziehung zu ihnen schließlich von einer gewissen Festigkeit und Zuverlässigkeit abhängt, die man eben nur moralisch nennen kann, obgleich ich gerne ein anderes nicht an Bürgerlichkeit anklingendes Wort dafür hätte. All jenen Persönlichkeiten (ich kenne sie alle seit ihrer Jugend und wie ich glaube, ganz gut) ist Festigkeit gleich Erstarrtheit, Festgenageltheit, Borniertheit. Ihr Wesen, das reine Fluktuation ist und widerstandslos dahin fließt, wo Eitelkeitsbefriedigung, Erregungsmaximum, intellektueller Glanz sie jeweils locken, fordert diese Wertgleichung. Von allen habe ich den Eindruck: *sie können alle auch anders* – es ist schließlich ein Zufall der Situation und nicht von innen her notwendig, ob sie reaktionär oder revolutionär, freigeistig oder katholisierend, autoritär oder anarchisch sind. Ich kenne und schätze sehr wohl das ungeheure Quantum von Geist und Leben, das sich in diesem Kreis entfaltet und durch die Gemeinsamkeit der jetzigen Schicksalsbasis eine gewisse Einheitlichkeit, ein gegenseitiges sich Tragen zeigt, das den trügenden Schein einer substanziellen Gesamtkraft erzeugen könnte. Wenn aber diese Menschen oder ihresgleichen die Führer des künftigen Deutschland würden, so wäre mir dies nicht viel anderes als ein Mene Tekel.

Dies habe ich eigentlich nur geschrieben, um es einmal vom Herzen zu haben. Sie werden es wohl als eine Warnung auffassen, zu der gar keine Veranlassung vorläge.
Für heute nur noch herzliche Grüße und Dank für Ihr praktisches Interesse in der Angelegenheit meiner Nichte.

Ihr Simmel

Straßburg, 19.7.18

Mein lieber Graf,
Ihre Mitteilung über die verlängerte Aufenthaltserlaubnis war mir eine herzliche Freude. Es wäre gar zu grausam gewesen, wenn Sie mit den notwendigerweise ungeklärten, problematischen Eindrücken von ein paar Berliner Wochen wieder in die Isolierung zurückgemußt hätten. Das jetzige Deutschland zu verstehen, ist eine geradezu ungeheuerliche Aufgabe.
Im übrigen hat mich Ihr Brief, soweit er unser Wiedersehen angeht, traurig gestimmt, – weil dies Wiedersehen aus einem Grund wohl so gut wie ausgeschlossen ist, über den ich Ihr *absolutes* Stillschweigen *jeder* lebenden Seele gegenüber erbitte; ich verlasse mich darauf wie auf ein gegebenes Wort. Ich bin seit einiger Zeit recht krank, an einem inneren Leiden, das endlose Geduld und absolute Schonung fordert. Sie begreifen, daß ich Gerüchtebildung über meinen Zustand vermeiden möchte, und da ich nicht bettlägerig bin und geistig wohl auch noch unvermindert, so kann das auch gelingen, wenn die 3 Menschen, denen ich davon sprechen muß, sich jeder Äußerung darüber enthalten. Es ist durch diese Lage der Dinge ausgeschlossen, daß ich Ihnen entgegenreise. – Ich könnte es nicht bis zur nächsten Bahnstation. Und selbst, wenn Sie das Opfer bringen wollten, nach Straßburg zu kommen, so würde die Zureiseerlaubnis hierher unüberwindlichen Schwierigkeiten begegnen. Immerhin will ich noch eines sagen: Ich möchte doch um jeden Preis versuchen, ein paar Augustwochen außerhalb der entsetzlichen Luft von Straßburg zu verbringen. Wir haben zum 1. August Quartier in Oppenau im Schwarzwald bestellt, und ich hoffe, daß mir die ganz kurze Reise möglich sein wird. Für dort ist keine besondere Zutrittserlaubnis erforderlich. Ich brauche nicht zu sagen, welche Freude es mir wäre, Sie dort zu sehen, da der Verzicht auf unsere Begegnung die erste große Entsagung ist, die die Krankheit mir auferlegt. Allein es ist zunächst zweifelhaft, ob im August dort auch nur die bescheidenste Unterkunft noch zu finden ist und dann könnte ich Ihnen bei meiner jetzigen Angegriffenheit nur einen quantitativ kümmerlichen Teil meines Ich anbieten. Es wird mir nicht leicht, das zu schreiben, allein, da ich Ihnen gegenüber keine Ausreden machen kann und will, so mußte es eben sein.

Mit herzlichen Grüßen und vielen Empfehlungen an Ihre Frau Schwester, über deren Ergehen wir gern einmal ein Wort hörten

Ihr treulich ergebener Simmel

z. Zt. Oppenau im Renchtal, Baden
Gasthaus Traube, 6. VIII. 18

Mein lieber Graf,

Wollen Sie bitte, wenn Sie Duncker und Humblot mit der Sendung Ihres Buches an mich beauftragen, zugleich bemerken, es solle erst geschickt werden, wenn ich darum ersuche, denn da es ungefähr zur Zeit meiner Rückkehr nach Straßburg herauskommen wird, so könnten sich unnütze Hin- und Herschickereien ergeben, die man jetzt noch mehr als früher vermeiden sollte.

Daß ich das Buch in der Art lesen werde, die es von sich aus fordern kann, darauf können Sie rechnen; es wäre zu schlimm, wenn ich seinen inneren Rhythmus nicht bald fühlen würde. Freilich, ob das sofort möglich sein wird, kann ich heute nicht voraussehen. Es geht mir gesundheitlich sehr schlecht; meine geistige Energie ist infolgedessen auch erheblich herabgesetzt, und das Wenige davon, über das ich augenblicklich verfüge, muß ich zusammenhalten, um ein Buch abzuschließen, an dem mir sehr viel liegt, da es meines bißchen Weisheit letzten Schluß darstellt. Ehe dies nicht unter Dach ist, darf nichts anderes für mich existieren. Doch hoffe ich, wenn nicht erneute Verschlimmerungen eintreten, daß ein paar Wochen ausreichen werden, und dann wird Ihr Buch das erste sein, wozu ich greife.

Für Sie wie für Deutschland ist mir Ihre Nachricht, daß Sie dauernd bei uns bleiben werden, eine Freude und ein Trost.

Herzlich wie immer
Ihr Simmel

Straßburg, 6. 9. 18

Mein lieber Graf!

Ihre Aufforderungen zu Arbeiten und Reisen kommen wie aus einer anderen Welt. Es hat keinen Sinn länger zu verheimlichen, daß ich ein totkranker Mann bin und daß meine körperlichen und geistigen Kräfte vielleicht noch einige Monate, hoffentlich aber nur noch einige Wochen vorhalten werden. Aber ich gehe mit dem Bewußtsein, daß mein Leben, nach mittleren Maaßen gemessen, gerundet und gut abgeschlossen ist; ich gehe ohne Hader mit dem Geschick und ohne Abschiedswehmut, sondern mit dem Bewußtsein, daß es so gut und der richtige Augenblick ist. Nehmen Sie Dank für Ihre freundliche Gesinnung für mich. Sie wird in reichem Maaße von mir bis zum

Ende erwidert bleiben. Ich bitte Sie, den Inhalt dieses Briefes ganz für sich zu behalten.

Ihr Simmel

(diktiert, und geschrieben von Gertrud Simmel, gezeichnet von G. Simmel)

(ohne Datum, mit Bleistift geschrieben)

Mein lieber, lieber Graf,
Sie werden nicht erwarten, daß ich auf Ihren Brief anders als mit einem Händedruck antworte – solch letzte Dinge kann man einmal aussprechen, hin und her, aber sie können nicht Gegenstand einer »Correspondenz« sein, ohne ihre Weihe und Feierlichkeit zu verlieren.
Nur dies: Sie gehören zu dem Kreis der Menschen, deren seelischer Hauch die Atmosphäre bildet, in der ich jetzt noch lebe und bis zu meinem letzten Bewußtsein leben werde. Es sind die, die ich noch jenseits aller objektiven Wertung liebe –
Ich kann Ihrem Wunsche nach einer Photographie nur mit dieser aus einem Paß herausgeschnittenen genügen – alle anderen, die ich besitze, sind *noch* schlechter.
Bitte, schreiben Sie mir weiter – jedes Wort, das so voll von Leben und Kraft ist, tröstet mich in meinen Sorgen um die deutsche Zukunft – das einzig Irdische, dessen Schatten noch über meinen Weg fallen.

Mehr kann ich heute nicht
Immer Ihr Simmel

Straßburg, 13.9.18

Verehrter Graf,
wir erfuhren Ende Juni vom Arzt, daß mein Mann an einem Lebercarcinom leide und daß sein Zustand hoffnungslos sei. Nur erst seit dem Frühjahr hat er sich angegriffen gefühlt, hatte aber – wie es ihm selbst scheint seltsamerweise – dem Arzt bei der ersten Anfrage und Bitte um Untersuchung sogleich gesagt: »Antworten Sie mir, ob ich noch heilbar bin.« Die Krankheit nimmt eine überaus rasche Entwicklung, die Schwäche ist furchtbar. Aber die Einigkeit mit dem Schicksal, die friedliche Abgeschlossenheit des Lebens – so fühlt er es – ist eine vollständige. Er ist beschäftigt, von seinen Freunden schriftlichen Abschied zu nehmen – vor allem aber mit der Korrektur seines letzten Buches, das ihm sehr am Herzen liegt und das er wohl für sein gereiftestes Werk hält. Er hat soeben die letzten Fahnen bekommen – und das ist gut so, denn die Arbeit geht weit über seine schwachen Kräfte, die ihm kaum erlauben, im Bett aufzusitzen.

Er hat keine Schmerzen, aber Schwäche und Elend quälen. Ich kann hier alles für die Pflege erforderliche leicht beschaffen. Wenn diese Korrektur gelesen sein wird, so wird er sich, denke ich entschließen, auch seine Tage durch Morphium zu erleichtern, wie es seit einiger Zeit für die Nächte geschieht.
Nehmen Sie vielen Dank für Ihren Anteil. Ich schicke Ihnen und Ihrer Frau Schwester freundliche Grüße

Ihre Gertrud Simmel, geb. Kinel

Mein Sohn steht in der Ukraine an ruhiger Stelle. Er war im Juli 3 Wochen bei uns.
Mein Mann wollte Ihnen schreiben, kam aber heute nicht dazu. – Ich bitte Sie, seinen Brief abzuwarten, bevor Sie wieder schreiben und schicke inzwischen den meinigen.

21.9.18

Verehrter Graf,
Ich kann Ihren Brief meinem Mann nicht mehr abgeben – er ist so schwach, daß er sich nicht mehr ohne Hilfe im Bett aufrichten kann – er erträgt Briefe nicht mehr.
Ich hoffe dieser Tage auf die Herkunft meines Sohnes, der Arzt hat ihn gerufen

Ihre ergebene
Gertrud Simmel

7.10.18

Verehrter, lieber Graf Keyserling,
Mein Sohn und ich danken Ihnen vielmals für Ihr Mitfühlen. Er hat den Vater nicht mehr lebend gefunden – durch den Irrtum eines Telegraphisten, der die Reg.Nummer verschrieb, kam mein erstes Telegramm nach 5 Tagen zurück.
Meines Mannes Buch ist fertig gedruckt, er hat noch selbst die Fahnen korrigiert – ich erwarte nächstens die Aushängebogen – es kommt wohl sehr bald. Er nannte es seiner Weisheit letzten Schluß. – Ich denke es gießt noch einmal ein Füllhorn aus über alle, die ihn zu nehmen verstehen – obwohl das meiste davon in knapperer Form in Logosaufsätzen schon einmal erschienen ist.
Ich schicke den Brief zurück, den ich nicht mehr übergeben konnte. Sie wissen wohl, daß die hiesigen Zensurverhältnisse es mit sich bringen, daß ich ihn aufmachen mußte.

In freundlicher Ergebenheit die Ihrige
Gertrud Simmel

Nachweise

Das »individuelle Gesetz« ist ein Schlüsselbegriff von Simmels Philosophie, der bei ihm schon zu Beginn des Jahrhunderts auftaucht. So schien er geeignet, für diese neue Sammlung den Titel zu geben. – Die Auswahl stand vor der doppelten Aufgabe, ein paar klassisch gewordene Stücke und zugleich von den zahlreichen Zeitschriftenaufsätzen, die nicht in Simmels Bücher eingegangen sind, einige repräsentative neu zugänglich zu machen. – Simmel ermüdet bei der Lektüre ungemein dadurch, daß er seitenlang keinen Absatz macht. Die editorische Freiheit, ohne Änderung eines einzigen Wortes Absätze zu markieren, mögen dem Herausgeber diejenigen anlasten, die sklavische Authentizität über Lesbarkeit und Wirksamkeit stellen.

Die Probleme der Geschichtsphilosophie. Vorwort zur 3. Auflage, 1907.
Beiträge zur Philosophie der Geschichte. In: Scientia (Rivista di Scienza), Vol. VI, anno III, Bologna 1909, N. XII–4.
Das Problem der Soziologie. In: Jahrbuch für Gesetzgebung, Verwaltung und Volkswirtschaft XVIII, 1894, 3–4. Der Aufsatz, der zugleich als Specimen für den frühen Simmel dienen kann, bildet eine Vorstufe des späteren Einleitungskapitels der »Soziologie«.
Religion und Gesellschaft. Vierter Essay aus »Die Religion«, 1. Auflage, 1906. Die Überschrift stammt nicht von Simmel, rechtfertigt sich aber dadurch, daß das Buch, eine der Gründungsurkunden der Religionssoziologie, in der von Martin Buber herausgegebenen Reihe »Die Gesellschaft« erschienen ist.
Der Fremde. Exkurs aus der »Soziologie«. Aufgenommen, weil selten so deutlich wie hier hervortritt, daß hinter Simmels Reflexionen und Beobachtungen eigenste Erfahrungen stehen (vgl. auch den vorhergehenden Exkurs über die soziale Begrenzung). Kritik übte Werner Sombart: Simmel zeichne nur eine besondere Art des Fremden.
Soziologische Ästhetik. In: Die Zukunft, 31. 10. 1896. Erster von drei Essays (Anfang gekürzt). Der zweite wiederabgedruckt in »Brücke und Tür«.
Zur Philosophie des Schauspielers. Aus »Fragmente und Aufsätze«. Eine »Zwischenerörterung über die Versinnlichung des Dramas« wurde hier weggelassen. Die Striche am Schluß stammen von der Herausgeberin dieses Nachlaßfragments, Gertrud Kantorowicz, und bezeichnen Lücken des Manuskripts. Aufgenommen auch deshalb, weil Simmel hier wie die moderne Soziologie das »Spielen einer Rolle« auch unabhängig von der Schauspielkunst behandelt.

Der Henkel. Aus »Philosophische Kultur«. Dieser Essay hat immer als besonders charakteristisch für Simmel gegolten. Polemik bei Theodor W. Adorno (s. Bibliographie).
Bruchstücke aus einer Philosophie der Kunst. In: Festschrift für Vitalis Norström, Göteborg 1916. Die Zwischentitel stammen vom Herausgeber.
Der Begriff und die Tragödie der Kultur. Aus: »Philosophische Kultur«.
Der Konflikt der modernen Kultur. Vortrag, der 1918 als eigenes kleines Buch erschien. Dieser und der vorhergehende Aufsatz führen das Simmelsche Motiv des Konfliktes lebens- und kulturphilosophisch durch. Die soziologische Durchführung ist das Kapitel »Der Streit« in der »Soziologie«, das hier, weil dort allgemein zugänglich, nicht aufgenommen wurde.
Das individuelle Gesetz. In: Logos IV, 1913. Das gleichnamige Kapitel in »Lebensanschauung« ist dieser früheren Fassung gegenüber wesentlich erweitert. Polemik bei Harald Delius (s. Bibliographie).

Anhang

Aus: Die ästhetische Quantität (Schluß-Seiten). In: Der Zeitgeist (Beiblatt zum Berliner Tageblatt), 30. 3. 1903. Wiedergegeben als Ergänzung zu »Der Henkel«.
Aus: Die Krisis der Kultur. In: »Der Krieg und die geistigen Entscheidungen«. Weglassungen sind durch ... gekennzeichnet. Wiedergegeben als Ergänzung zum »Konflikt der modernen Kultur«.
Zum Fall Schmoller. In: Vossische Zeitung, 26. 5. 1902. Diese Zeitungsnotiz, die ihm beim Durchgehen des von ihm aufgebauten Simmel-Archivs in die Hand fiel, schien dem Herausgeber in einer Zeit, in der um »Vorlesungsrezensionen« gekämpft wird, noch einmal druckenswert.
Simmels Briefe an den Grafen Hermann Keyserling. Unveröffentlicht.

Simmel ohne Landmann?

Nachwort zur Neuausgabe 1987 von Klaus Christian Köhnke

Am 25. Januar 1984 verstarb im Alter von siebzig Jahren der langjährige Berliner Ordinarius für Philosophie, der Kulturanthropologe und Nestor der Simmel-Forschung Michael Landmann. Seit den Nachkriegsjahren[1] hat er sich um Simmels Erbe und Andenken, die wissenschaftliche Erschließung und Verbreitung von dessen Schriften bemüht und in zahlreichen Aufsätzen, Forschungsbeiträgen und Editionen wesentliche Grundlagen der heutigen Simmel-Forschung und damit auch der gegenwärtigen ›Simmel-Renaissance‹[2] geschaffen. Simmel ohne Landmann? – scheint allein von daher, und weit über den deutschsprachigen Raum hinaus, eine bloß rhetorische Frage.

Wichtiger noch als sein Eintreten für Simmel dürften Landmanns Deutungen sein: nicht, weil sie in jedem Punkte zutreffen müssen oder gar kanonische Bedeutung erlangt hätten, sondern weil sie aufgrund unübertroffener Kennerschaft des Gesamtwerkes, der Biographie und des geistesgeschichtlichen Umfeldes in jedem Falle den Gesichtspunkt des Ganzen, der Einheit von Werk, Person und Kontext wählten. In höherem Maße sogar als Simmels direkten Schülern, Freunden und Zeitgenossen gelang es ihm, die Vielschichtigkeit von dessen Denken und geistiger Entwicklung transparent zu machen, wodurch er eine entscheidende Voraussetzung wohl *aller* neueren Simmel-Forschung schuf. Auch dort, wo dies vielleicht nicht immer – oder nicht mehr – bewußt ist: Die Überwindung linearer Simmel-Bilder und klischeehafter Zuordnungen[3], die das neu erwachte Simmel-Interesse überhaupt erst möglich machte, ist zum größten Teil Michael Landmanns Verdienst. Ein Verdienst freilich, das er selber wohl kaum bemerkt hätte, da es ihm durch sein eigenes Verhältnis zu Simmel gleichsam wie selbstverständlich zugefallen ist: indem er es in der ständigen Spannung zwischen Vergegenwärtigung *und* Historisierung hielt, so daß er schließlich – trotz über vierzigjähriger Beschäftigung – kein in sich abgeschlossenes Simmel-Bild hinterließ.

Stattdessen behandelte er Teilaspekte, lieferte ›Bausteine‹ zur Biographie[4], skizzierte ›Konturen‹ von dessen Denken[5], sammelte Briefe und persönliche Erinnerungen, besuchte und befragte Zeitzeugen[6] und unterstützte mit seinen Kenntnissen viele Mitforschende; zuletzt noch die Vorarbeiten für die Simmel-Gesamtausgabe[7], an deren Konzeption er mitwirkte und zu deren Herausgeberkreis er gezählt hätte: »Durch eine Gesamtausgabe«, schrieb Landmann schon 1948, »würde nicht nur sein Werk wieder zugänglich, sondern auch seine geistige Gestalt erst in ihren wahren Umrissen sichtbar. ... und es würde verhindert, daß, so wie bisher, die bekannter gewordenen Werke Simmels von einzelnen Verlagen neu aufgelegt werden, während die weniger wirksam gebliebenen auch für den Interessierten nicht erhältlich sind.«[8]– Ein Vorhaben, das damals scheiterte, ebenso wie der Versuch von Simmels Frau zu Anfang der 1920er Jahre, was Landmann aber aufgrund seiner vielseitigen Interessen an Simmel nicht entmutigen konnte. Er blieb dem Phänomen auf der Spur: weder Simmel dem Helden, noch dem bloß biographisch-psychologischen Subjekt, sondern eher schon dem, was dieser Sammlung den Titel gab: dem ›individuellen Gesetz‹ – diesmal demjenigen Simmels[9].

Daß seine Beschäftigung mit Simmel nicht schon von Anfang an – und auch später keineswegs ausschließlich – philosophiehistorischer Natur war, wurde bereits an einer Adaption genau dieses Begriffes schon in seiner Basler Dissertation von 1939, ›Der Sokratismus als Wertethik‹[10], deutlich, in der er, von Nicolai Hartmanns ›Wertantinomien‹ herkommend, phänomenologisch-materiale und sokratisch-platonische Ethik konfrontierte und an einer Stelle auch den »Namen des ›individuellen Gesetzes‹« im Anschluß an Simmel heranzog: »Selbst in den difficilsten, noch nie dagewesenen Situationen, für die es scheinbar kein Gesetz gibt, für die wir jedenfalls keines kennen, wissen wir dennoch, wie wir uns zu verhalten haben, befolgen wir ein Gesetz, das von uns nicht beliebig so oder anders geschaffen, sondern nur entdeckt werden kann.«[11]

Damit war eine *erste* Dimension dieses Theorems erschlossen, wenn freilich auch noch nicht die *zentrale*. Denn, daß ein außerhalb des Bekannten und Allverbindlichen der Ethik stehendes individuelles Plus u. a. auch völlig neue und unbekannte Situationen zu meistern instandsetze, war hier noch nicht als Ursprung des aporetischen Charakters ethischer Konflikte erkannt worden: aufgrund einer echten Pluralität gleichstufiger Werte, die absolut unverträglich untereinander und definitiv nicht mehr hierarchisierbar seien[12], so daß ›Konflikttheorie‹[13] oder ›aporetische Ethik‹[14] die Nachfolge der Simmelschen Thematik des Pflichtenkonfliktes *und* der Hartmannschen Wertantinomienproblematik anzutreten habe, wie Landmann in späteren Veröffentlichungen ausführte[15].

Auf die von Simmel nahegelegte ›Dialektik ohne Versöhnung‹[16] wurde Landmann zuerst in seiner Habilitationsschrift ›Problematik. Nichtwissen und Wissensverlangen im philosophischen Bewußtsein‹ von 1949[17] aufmerksam, und dies sollte sein Interesse an Simmel dahingehend bestärken, diesen auch als eine Art Vorläufer Hartmanns in bezug auf die ›Aporetik‹ anzusehen[18]. Unter der Fragestellung nach Prävalenzen von Problemoffenheit oder systematisch-architektonischen Bedürfnissen in der Geschichte der Philosophie[19] stößt er auf Simmel, der unmittelbar fasziniert durch das »unterscheidend Moderne«, das »eine neue Definition der Philosophie« ermögliche: »Da nicht nur keine philosophische Wahrheit Billigung findet, sondern selbst ihr Inhalt immer verschieden angegeben wird, so liegt es ... nahe, ihr Wesentliches ins rein Funktionale zu setzen. Nicht mehr, daß es diese oder jene Gegenstände angeht, macht ... nach Simmel das *Erkennen*, sondern ›eine bestimmte geistige Attitüde zu Welt und Leben‹, eine ›gleichsam formale Bewegtheit des philosophischen Geistes‹ macht die angegangenen *Gegenstände* philosophisch. ... Nicht nur also, daß die Probleme bei ihm ... letztlich stehenbleiben; auch quantitativ sprudeln sie überall, wo man mit der philosophischen Zaubergerte hinrührt, hervor; die Welt ist voll von Problemen ...«[20] –

Letzteres war nun freilich durch die Hartmannsche Brille gesehener Simmel; aber es war doch eben *auch* echter Simmel, der – vor allem als Ethiker – nun sogar als ›Lehrer‹ Hartmanns in Frage zu kommen schien: In einem Aufsatz über »Nicolai Hartmanns ›Wertantinomien‹ und ihre Vorgeschichte«[21] ist Landmann drei Jahrzehnte später diesem Zusammenhang ausführlicher nachgegangen, ohne daß allerdings eine direkte Simmel-Rezeption Hartmanns im Detail zu belegen war (weil Hartmann Zeitgenossen kaum je namentlich zitierte), so daß Michael Landmann seinen Befund lakonisch zusammenfaßte: »Georg Simmel und Nicolai Hartmann sahen sich in Marburg.«[22]

Die Vorgeschichte der Wertantinomien Hartmanns fiel ein Stück weit mit der Vorgeschichte des Simmel-Interesses Landmanns zusammen, woran sein Doktorvater, der Simmel-Schüler Hermann Schmalenbach[23], bei dem er auch von 1946-48 Assistent war, allerdings einigen Anteil gehabt haben mochte. Vielleicht sogar ganz ohne einen direkten Hinweis, denn in der Dissertation wie in der Habilitationsschrift werden beidemale bereits von *Hartmann* her bekannte Probleme und Phänomene behandelt, um gewissermaßen erst *nachträglich* mit deren Erstbearbeiter, resp. dem problemgeschichtlichen Vorgänger *Simmel* in Verbindung gebracht zu werden. Für Landmann jedenfalls erschloß sich durch die intensive Beschäftigung mit Nicolai Hartmann die Philosophie Georg Simmels[24], und es ist – übers Biographische hinaus – auch von theoriegeschichtlicher Bedeutung, daß auch im Werk Simmels ein enger Zusammenhang zwischen der ursprünglich in der ›Einleitung in die Moralwissenschaft‹ (1892/93) grundgelegten These unlösbarer Widersprüche zwischen Pflichten, Zwecken und verschiedensten Sollensforderungen[25] einerseits und der Entwicklung seines Verständnisses von Individualität[26] bis hin zum ›individuellen Gesetz‹ andererseits besteht. Ein Zusammenhang freilich, den Simmel selber *so* nicht herstellte und nicht herstellen *konnte*, weil genau diese Theoreme einander ablösten und im Spätwerk letzteres sogar ganz in die Stelle des früheren trat[27]. Dennoch ist dieser Zusammenhang evident: Ist der zunächst nur in ethischer Hinsicht analysierte ›Widerstreit‹ und ›Konflikt‹ – als Form von Vergesellschaftung: der Streit[28] – ›Schule für das Ich‹[29] und Anlaß von Individualisierung, dient er zugleich auch als Prüfstein und Argument gegen kantisch-neukantianische Ethiken und wendet sich gegen deren Formalität ebenso wie gegen eine von aller Individualität absehende materiale Bestimmung von Sollensforderungen[30]. Weil Individualität im Prozeß der Evolution durch fortschreitende Differenzierung geprägt wird, kann auch philosophische Ethik weder deren *Historizität* (quantitativer und qualitativer Individualismus[31]), noch deren *Kulturalität* – die Mehrdimensionalität der Partizipationen (Zwecke, Rollen) der Einzelnen – unberücksichtigt lassen. Damit zugleich wird aber andererseits, indem der Einzelne unablässig an Möglichkeiten der Individualisierung gewinnt, das ethische Problem zu einem des individuellen Lebens, während ihrerseits alle Individualität zunehmend kulturell bestimmt erscheint: ›Individuelles Gesetz‹ und ›Tragödie der Kultur‹, Individualitäts*steigerung* und *-bedrohung* bedingen einander und werden von Simmel parallel zueinander in Lebens- und Kulturphilosophie behandelt, die im Spätwerk an die Stelle disziplinärer Behandlung in Ethik und Soziologie treten[32].

Durch seine Lebensphilosophie steht – nach Nietzsche und Dilthey – auch Simmel in einer Vorläuferschaft zu der in den 1920er Jahren aufkommenden philosophischen Anthropologie[33], die jedoch selten direkt und argumentativ auf ihn zurückgreift. Anders ist dies in der Kulturanthropologie Michael Landmanns, die das »Wechselspiel von Modellierbarkeit und Originalität« des Menschen[34] ins Zentrum stellt, ihn zwischen Tradition und Innovation[35] gleichsam oszillieren läßt, was *ohne* Simmel überhaupt nicht verständlich würde. Hier ist es insbesondere die polare Anordnung von objektivem Geist und Individualität, von Traditions- resp. Kulturgeprägtheit *und* gleichzeitig unhintergehbarer spontaner Kreativität des Menschen, die Landmann Simmel verdankt: ›Der Mensch als Schöpfer und Geschöpf der Kultur‹[36] lautet deshalb der Titel eines seiner Bücher, und nicht nur darin greift Landmanns Anthropologie auf Simmel zurück: auch auf die Unterscheidung und Theorie von subjektiver und objektiver Kultur (resp. Geist) im Hinblick auf Aneignung und Innovation[37] – ebenso auf Simmels Philosophie der Individualität[38], die Landmann im Sinne und im Interesse des Erweises eines nichtvergesellschafteten Teiles des Individuums[39] heranzieht. Letzteres wesentlich begünstigt durch eine im Prinzip *analoge* Situation der wissenschaftlichen Deutungen von Individualität, ging es doch schon Simmel um die Abwehr der zeitgenössischen Reduktionismen im Naturalismus, Biologismus, der Milieutheorie ebenso wie des Historismus[40], und hatte doch auch Kulturanthropologie – in der Konkurrenz der Wissenschaften vom Menschen – sich gegen diese, aber auch gegen Positivismus, Soziologismus und metaphysische Deutungen zu erwehren[41].

An dieser Stelle wird nicht nur ein sehr spezifisches Simmel-Interesse Michael Landmanns deutlicher – und eine noch heute aktuelle Fragestellung berührt[42] –, sondern auch die Genese des Theorems vom ›Individuellen Gesetz‹, das sich als Antwort auf die Infragestellungen von Individualität erweist, ganz gleich welcher Provenienz sie zugehören mögen. In seinem Goethebuch von 1913 umriß Simmel diese Problematik wie folgt: »Für gewisse theologische Denkarten strömen dem Individuum seine Energien, nach Maß und Richtung, von einer transzendenten Macht zu, die Inhalte seiner Existenz sind ihm ebenso wie diese Existenz selbst als bloße Teile eines eigentlich außerhalb seiner gelegenen Weltplanes verliehen. Der extreme Soziologismus ferner macht das Individuum zum bloßen Schnittpunkt von Fäden, die die Gesellschaft vor ihm und neben ihm gesponnen hat, zum Gefäß sozialer Einflüsse, aus deren wechselnden Mischungen die Inhalte und die Färbung seiner Existenz restlos herzuleiten sind. Die naturalistische Weltanschauung endlich setzt an die Stelle des sozialen Ursprungs des Individuums den kosmisch-kausalen. Auch hier ist das Individuum sozusagen eine Illusion, seine vielleicht unvergleichbare Form entsteht nur in einem Zusammenströmen eben derselben Stoffe und Energien, die auch das Gestirn und das Sandkorn bauen, ohne daß diese Form ein eigener Ursprung von Inhalten und Betätigungen seines Lebens wäre. In all diesen Fällen kann der Mensch nicht ›von innen heraus leben‹, weil sein ›Inneres‹ als solches eben keine Produktivkräfte entfaltet; was er ›zutage fördert‹ ist nicht sein ›Individuum‹, weil dieses überhaupt keine Substanz ist, sondern irgend etwas andres, Metaphysisches, Soziales, Naturhaftes, das nur die zufällige Form seiner Individualität passiert hat; diese selbst kann nichts Produktives sein, und also nichts urtümlich Eigenes, sozusagen nicht sich selbst hervorbringen. Die Kardinalfrage der Lebensanschauung: ist das Individuum ein letzter Quellpunkt des Weltgeschehens, ist es seinem Wesen als Individuum nach schöpferisch; oder ist es ein Durchgangspunkt für Mächte und Strömungen überindividueller Provenienz; ist es die Substanz, aus der die Formungen des geistigen Daseins quellen oder die Formung, die andere Substanzen dieses Daseins annehmen – .«[43]

Der vorderhand schwer faßbare Begriff ›Individualität‹ (und damit auch das ›individuelle Gesetz‹) gewinnt durch das, wovon er sich *absetzt*, zwar erheblich an Kontur – nach Meinung Landmanns auch an aktueller Bedeutung[44] –, aber solch positive Formulierungen und neu gebildete Begriffe höchster Abstraktion drohen zugleich das Ausgangsproblem, wenn dieses nicht bewußt gehalten wird, sogleich wieder zu verschütten: in Eigentlichkeiten und Metaphoriken. Immerhin eine Gefahr, der m. E. auch Simmel in seinen Spätschriften – zumal seinem ›Goethe‹ und in seiner ›Lebensanschauung‹ – nicht immer entgangen ist[45], wohingegen Michael Landmann noch in seinem letzten Aufsatz ›Simmel und George‹ die Ansicht aussprach: »Das nicht mehr in geschichtliche Universalia einbezogene Individuum Simmels steht bei ihm trotz aller Isolation noch immer in Bezugsrahmen dieser Universalia. Es bildet den Kontrapunkt der sozialen Verbände und der geistigen Strömungen, die er nicht aus dem Auge verliert. Noch als Philosoph des Individuums bleibt Simmel Soziologe.«[46]

–

Ob auch Simmels Spätwerk als Soziologie zu lesen ist, vielleicht als Soziologie ohne Soziologismus, oder auch als deren kulturphilosophische Transzendierung gelesen werden kann, bleibe hier dahingestellt. Ebenso die damit angesprochene Frage, ob von Einzelwissenschaften oder von umfassenden Theoriekonzepten her Individualität prinzipiell theoretischer Reduzierung ausgesetzt sein muß, so daß sie – wie der Begriff des ›Lebens‹ – oft nur im Irrationalen zu retten zu sein scheint, während vielleicht – als Tertium – dieser Begriff immer nur Bezeichnung eines Problemes bleiben kann. – In jedem Falle aber hat Landmann mit jener These – und seinem Aufsatz insgesamt – *Simmels* Problem auch zu *unserem* im Umgang mit *ihm* gemacht: »historisch und doch nicht *nur* historisch, kategorialisierend und zugleich konkret zu denken«,[47] wofür Michael Landmann selber ein gutes, vielleicht das beste Beispiel gegeben hat.

Bereits durch seine Biographie[48] war er dazu gewissermaßen disponiert: als Philosoph und Anthropologe, dessen Mutter Edith Landmann (geb. Kalischer)[49] schon Georg Simmel zur Promotion gratulierte [50] und dessen ganzes Leben von Simmel-Schülern und -Freunden begleitet wurde: von Margarete Susman[51], der Schülerin und Freundin Simmels, mit der er die Sammlung ›Brücke und Tür‹ 1957 herausgab[52], – Kurt Gassen[53], mit dem in Zusammenarbeit das ›Buch des Dankes an Georg Simmel‹ (1958)[54] entstand, sozusagen die Gründungsakte der Simmel-Forschung. Weiterhin von Hermann Schmalenbach, Karl Jaspers[55] und von Ernst Bloch, mit dem Landmann seit 1964 befreundet war[56]. Auch ihre Erinnerungen an Simmel hat er überliefert, ebenso wie diejenigen von Kurt Breysig[57], Arthur Stein[58] und Martin Buber[59]. Und im Nachwort zu Gertrud Kantorowicz' Nachlaßwerk ›Vom Wesen der griechischen Kunst‹, das er 1961 herausgab, hat er ein einfühlsames Bild von Simmels engster Freundin und späterer Herausgeberin gezeichnet[60].

Der *Verfasser* Michael Landmann tritt in all diesen Berichten und Erinnerungen – außer vielleicht in denen an George[61] – zumeist kaum aus der Zurückhaltung des Fragenden heraus. Eine kurze Vita sei deshalb nachgetragen: Am 16. 12. 1913 in Basel geboren, wo die Familie bis 1927 lebte, kam er durch eine Berufung seines Vaters (Julius Landmann, Prof. für Nationalökonomie,

1877–1931)[62] nach Kiel, machte 1933 sein Abitur, übersiedelte wenige Wochen später nach Basel, wo er Philosophie, Psychologie, Deutsch und Griechisch (1934–35 in Besançon und Paris) studierte, vor allem aber bei Schmalenbach[63].
Immer jedoch hat er bedauert, daß es für ihn unmöglich war, in Deutschland zu studieren – bei Nicolai Hartmann[64], dem sein erster Besuch im Nachkriegsdeutschland galt[65]. Zu dieser Zeit (1946–51) war er Assistent in Basel, zuerst bei Schmalenbach, seit 1948 bei Jaspers, und habilitierte sich 1949 bei O. F. Bollnow in Mainz. Seit seiner Berufung nach Berlin 1950 (seit 1957 pers., 59 volles Ordinariat) lehrte er bis 1978 an der Freien Universität, denn Rufe nach Tübingen und Mainz lehnte er ab. Einem größeren Publikum wurde er bekannt durch seine inzwischen in 5. Auflage erschienene ›Philosophische Anthropologie‹ (zuerst 1955)[66], der er 1979 die ›Fundamental-Anthropologie‹ (^{2}1984)[67] an die Seite stellte, sowie durch eine Einführung in die Philosophie[68]. In seinem – wie der Verfasser dieser Zeilen meint – schönsten und wohl auch persönlichsten Buch ›Das Ende des Individuums‹ (1971)[69] bekennt sich Michael Landmann letztlich als Einzelgänger und zieht ein Fazit seiner Stellung innerhalb der Philosophie – im Dialog mit Simmel: »Es sei erstaunlich, sagte Simmel, wie wenig von den Schmerzen der Menschheit in ihre Philosophie eingegangen ist« –, um seinerseits hinzuzusetzen, daß es wohl noch erstaunlicher bleibe, »wie wenig von ihren Gedanken in sie ein(gehe)«[70], denn seine Interessen überschritten weit die Grenzen des Faches Philosophie.
Gleich nach seiner Emiritierung siedelte er im Herbst 1978 nach Haifa/Israel über, wo er schon 1975/76 während einer Gastprofessur (weitere: Haifa 1972/73, New York 1982–1983) am Aufbau eines Unter-Departments für die geistige Überlieferung[71] mitgewirkt hatte. Als er im Herbst 1983 schwer erkrankte, arbeitete er an einer Philosophie des Eros[72] – seiner zweiten Buchidee überhaupt, wie er mir auf einer Wanderung zum Morteratsch-Gletscher erzählte, ohne die Analogie zum späten Simmel zu übergehen, die er schmunzelnd konzedierte. –
Michael Landmanns Interesse galt vor allem Simmels Spätwerk,

wenn man so will: dem philosophischen statt soziologischen. Daß dieses Spätwerk »uns heute noch am nächsten« stehe (hier S. 8), wird man 1987 nicht mehr uneingeschränkt aufrecht erhalten können. Im Gegenteil: Was auch Simmel ›für seiner Weisheit letzten Schluß‹ ansah[73] – die ›Lebensanschauung‹ (1918), scheint heute mindestens die Kenntnis der sie vorbereitenden Entwicklung vorauszusetzen, und genau diesem Zweck wollte die vorliegende Auswahl Landmanns dienen: nicht im Sinne einer Dokumentation, sondern als Hinführung und Einleitung in die letzte Entwicklungsstufe, datiert etwa seit der ›Philosophischen Kultur‹ (1911)[74].

Gerade aber zum damaligen Zeitpunkt – 1968 – schien Behutsamkeit geboten, war doch kürzlich erst von H.-J. Lieber das Lukácssche Verdikt gegen die Lebensphilosophie erneuert worden[75], sie trage auf dem Wege des deutschen Irrationalismus – von Schelling zu Hitler – eine Hauptschuld. Obwohl – oder vielmehr gerade weil – keinerlei philosophiehistorische Erforschung der Epoche von 1933 bis 45 stattgefunden hatte (bis heute nicht!)[76], stellte man u. a. Nietzsche, Dilthey und Simmel kurzerhand unter geistesgeschichtliches Standrecht: wie schon der Romantiker Stahl, der Kant, Fichte und Hegel für »1848«, und der Neukantianer Windelband, der den Positivismus für die Attentate auf Wilhelm I. verantwortlich machte[77]. Teils wohl aus völliger *Unbekanntschaft* mit dem Verhältnis von Philosophie und Geschichte, teils aber auch, weil es ganz einfach innerhalb der Logik der Überzeugung von der historisch-politischen *All*verantwortlichkeit des Intellektuellen, zumal des Philosophen, liegt, wurde wieder einmal eine geschichtlich (nachfolgende) Situation als Beurteilungskriterium und *Argument* gegen die voraufgegangenen ›Geistesgrößen‹ mißbraucht, so daß ein ebenso griffiger wie bequemer Geschichtsmythos entstand, der jedweder historischer Forschung enthob. Stattdessen kehrten im gegen Simmel erhobenen Irrationalismus-, Ästhetizismus- oder auch Dezisionsvorwurf – diesmal von ›links‹ (Lukács, Lieber, Adorno) – die zuvor von ›rechts‹ gegen ihn erhobenen Vorwürfe[78] des Relativismus und Zersetzenden wieder: zweimal vielleicht gut gemeint, aber zweimal in völliger Verfehlung der wissenschaftlichen *Substanz* seines Werkes, die freilich hinter der *unterstellten* politisch-historischen *Funktion* gar nicht erst sichtbar werden konnte: ›Georg Simmel als Prügelknabe‹[79] – lautete damals Landmanns Befund.

Als jedenfalls Paul Tillich und Theodor Wiesengrund (Adorno) noch im Wintersemester 1932/33 gemeinsam ein Seminar über Simmels ›Hauptprobleme der Philosophie‹ (1910) ankündigten[80], war dieser offenbar noch Philosoph. Die folgenden Semester gebot der faschistische Staat in unüberbietbarem Zynismus Schriften von Juden allenfalls als Übersetzungen aus dem Hebräischen anzusehen und heranzuziehen[81] oder wahlweise auch zu verbrennen, bis nach dem Krieg dann der zwischenzeitlich stalinistische Simmel-Schüler Georg Lukács den Unsinn vom präfaschistischen Simmel kreierte, der lange Zeit jedoch durchaus Karriere machte.[82]

Wenn dennoch 1968 die vorliegende Sammlung erschien, so gewissermaßen wiederum in letzter Stunde, denn schon die darauffolgenden Jahre (bis zur Wiederentdeckung des ›subjektiven Faktors‹) hätten eine solche Ausgabe – und speziell unter *dieser* Schwerpunktsetzung – vielleicht noch unwahrscheinlicher gemacht, da nunmehr Staat und Gesellschaft statt Kultur und Individuum zu zentralen Themen werden sollten: »Wir leben heute«, schrieb Landmann damals in einem Aufsatz, »in einer nüchternen Zeit, und nach Auschwitz und vor der Atombombe verliert das Persönliche an Gewicht. Das Denken kreist um die Vermeidung von Hunger, Krieg und Genozid. Nur schwer versetzen wir uns zurück in eine Welt, die noch darauf bedacht war, das Leben des Einzelnen von der Kunst her zu veredeln, zu steigern, zu vertiefen. ... Wenn die Verhältnisse überhaupt noch bewegt werden können, dann, so scheint es heute, nicht mehr durch weltanschauliche Parolen, sondern anonymer, durch Entwicklungen der Wirtschaft, des Technischen, des Sozialen.«[83]

Die Thematik des ›Endes des Individuums‹ ging als Motiv und Absicht, dem doch zumindest gegenzusteuern, auch in diese Sammlung ein. Wessen es heute nicht in gleichem Maße und in gleicher Form bedürfte, und dies nicht nur, weil der ›Fall Schmoller‹ seine Aktualität inzwischen eingebüßt[84] und das Oberthema ›Individualität‹ sie unter verschiedensten Namen gewonnen hat. Sogar diejenige im ganz spezifischen Sinne Simmels, der Individualität nicht politisch aus der Entgegensetzung zu Staat und Gesellschaft, sondern lebens- resp. kulturphilosophisch im Zusammenhang von Kreativität im umfassenden Sinne von Kultur begreift: Dies denn nun in der Tat in der Nachfolge der desillusionierten nachmärzlichen Theoriekonstitution des Sozialen vom *Paradigma Kultur* her, wie in der ›Volkskunde‹, der Kulturgeschichte und eben auch der ›Völker‹- resp. Sozialpsychologie Moritz Lazarus'[85], als dessen Schüler Georg Simmel mit Beginn der Ära Stumm (1895) sich vom Konzept der *Gesellschaftsveränderung* ab – und der Kulturphilosophie zuwendete[86]. Eine Neuorientierung, die außer im Nachmärz, in der Vorkriegszeit (1895 ff.), den 1920er Jahren und vielleicht auch heute zeitgemäß erscheint, *weil* und *insoweit* kritische Intelligenz, künstlerische und wissenschaftliche Eliten ein vorwiegend angespannt-abwehrendes oder auch gleichgültiges Verhältnis zu Staat und Politik einnehmen und *an deren Stelle* Kultur und Kunst als Bezugspunkte ihrer Aktivitäten präferieren.

Vielleicht ist es nur so zu verstehen, daß es gerade jetzt zu völlig unmotivierten, zusammenhangslosen Neuauflagen Simmels, etwa unter dem bemerkenswert vagen Etikett ›Simmel als Zeitdiagnostiker‹ (Habermas)[87] oder auch von Landmanns gemeinsam mit Margarete Susman herausgegebener Sammlung ›Brücke und Tür‹ unter neuem und durchaus irreführenden Titel kommt, die – ohne Landmann auch nur zu fragen – jetzt auch ein ehemals ›linker‹ Verlag vermarkten kann[88]: »Der vorliegenden Band« – ›Das Individuum und die Freiheit‹, heißt es da nunmehr, von *anonymer* Feder verfaßt – »sammelt die wichtigsten Essais des Philosophen und Soziologen Georg Simmel ... zur Freiheit des Individuums«[89], so daß nicht nur Landmanns Leistung, die Sammlung, *anonymisiert* wäre, sondern man läßt aus postmodernen Geschäftserwägungen gleich noch die unersetzliche Einleitung[90] weg und versieht das Ganze mit einem möglichst eindeutig-vieldeutigen Schlagworttitel, einem, der über einem von Landmann erstmals veröffentlichten Fragment steht und von dem keineswegs sicher ist, ob er überhaupt von Simmel stammt: Ein echter Simmel-Titel (›Brücke und Tür‹) wird durch einen ganz provisorischen ersetzt, und in Ermangelung jener Einleitung und jeder Kenntnis plagiiert der Wagenbach-Band dann eine ›Bibliographie‹ und eine ›Notiz über den Autor‹ – allerdings nicht etwa aus jener Edition, sondern aus der ersten Ausgabe des vorliegenden Suhrkamp-Bandes von 1968[91], die selbstverständlich beide auch von Landmann verfaßt worden sind. Simmel ohne Landmann? – das gelingt offenbar nichtmal, wenn man Simmel zum marktgängigen Zeitgeistpropheten herunterkürzt.

Anmerkungen

1 Für alle Schriften Landmanns über Simmel und dessen Umfeld siehe die Literaturliste im Anschluß. Hier ist der Aufruf (Landmann 1949a) anläßlich des Mainzer Philosophen-Kongresses von 1948 gemeint. Eine Bibliographie der Schriften Landmanns (im folgenden: M. L.) in: Der Mensch als geschichtliches Wesen. Anthropologie und Historie. Mit einem Geleitwort von Heinz Heimsoeth, hg. v. Klaus-Jürgen Grundner, Peter Krausser, Heinrich Weiss, Stuttgart 1974 (= Landmann-Festschrift), S. 279–294 (Stand 16. 12. 1973). Eine Fortsetzung der Bibliographie bereitet K.-J. Grundner vor.

2 Vgl. Dahme, Heinz-Jürgen/Otthein Rammstedt, Die zeitlose Modernität der soziologischen Klassiker. Überlegungen zur Theoriekonstruktion von Emile Durkheim, Ferdinand Tönnies, Max Weber und besonders Georg Simmel, in: Georg Simmel und die Moderne. Neue Interpretationen und Materialien, hg. v. dens., Frankfurt/M. 1984, S. 449–478.

3 Vgl. ausführlich: Schnabel, Peter-Ernst, Die soziologische Gesamtkonzeption Georg Simmels, Stuttgart 1974; Levine, Donald N. u. a., Simmels Einfluß auf die amerikanische Soziologie, in: Geschichte der Soziologie. Studien zur kognitiven, sozialen und historischen Identität einer Disziplin, hg. v. Wolf Lepenies, Frankfurt/M. 1981, Bd. 4, S. 32–81 (zuerst 1975/76); Dahme, Heinz-Jürgen, Soziologie als exakte Wissenschaft. Georg Simmels Ansatz und seine Bedeutung in der gegenwärtigen Soziologie, 2 Bde., Stuttgart 1981.

4 Vgl. Landmann 1958.
5 Vgl. Landmann 1976.
6 Landmanns Sammlungen zu Georg Simmel verwahrt heute: Staatsbibliothek Preußischer Kulturbesitz Berlin, Handschriftenabteilung.
7 Erscheint ab 1988 im Suhrkamp-Verlag, hg. v. Otthein Rammstedt und Niklas Luhmann.
8 Vgl. Landmann 1949a, S. 205.
9 Hierüber: Kurt H. Wolff, Ein Zugang zu Simmel, in: Georg Simmel und die Moderne (wie Anm. 2), S. 174–177, und: Landmann 1984.
10 ... Der hohen Philosophisch-Historischen Fakultät der Universität Basel zur Erlangung der Doktorwürde als Dissertation vorgelegt von ..., Dornach 1943 (genehmigt: 5. Juli 1939).
11 A. a. O., S. 28.
12 M. L.: Pluralität und Antinomie. Kulturelle Grundlagen seelischer Konflikte, Basel 1963, vgl. S. 48 f.
13 Vgl. im vorl. Band S. 19 ff.; Landmann 1976, S. 9.
14 Vgl. wie Anm. 12; M. L.: Phänomenologische Ethik, in: Jb. der Schweizerischen Philosophischen Gesellschaft 3/1943.
15 Vgl. Landmann 1951/52 und 1982a.
16 In diesem Band S. 16.
17 Göttingen 1949.
18 In diesem Band S. 25; Vgl. Anm. 12.
19 Vgl. M. L.: Das Ende des Individuums. Anthropologische Skizzen, Stuttgart 1971, S. 169 ff.; ders., Materialien zur Selbstdarstellung ... (wie Anm. 48), S. 269.
20 Wie Anm. 17, S. 379 f.
21 D. i.: Landmann 1982.
22 A.a.O., S. 177. – An Heinz Heimsoeth schrieb Nicolai Hartmann am 21. 3. 1911: »Haben Sie Ihr Wort wahrgemacht, daß Simmels Ethik das erste Buch sein sollte, das Sie nach dem Dr. lesen würden?« (Nicolai Hartmann und Heinz Heimsoeth im Briefwechsel, herausgegeben von Frida Hartmann und Renate Heimsoeth, Bonn 1978, S. 53.) Die Antwort ist unbekannt, aber die ›Einleitung in die Moralwissenschaft‹ galt bei den beiden abtrünnigen Marburgern offenbar etwas.
23 Vgl. Buch des Dankes ..., S. 213; siehe Anm. 63.
24 Dem Verfasser schrieb M. L. am 4. 4. 1979: »Ich selbst kam zu Simmel, weil mein Lehrer Hermann Schmalenbach sein Schüler war, und durch den George-Kreis und Margarete Susman, auch Ernst Bloch war übrigens sein Schüler. Ich studierte 1933-39 in Basel, Deutschland war ja damals für mich verschlossen, was sich nicht gut auf mein Studium auswirkte.«
25 A.a.O., 2. Bd., 7. Kap.: Einheit und Widerstreit der Zwecke.
26 Vgl. a.a.O., S. 63 f.

27 Über Simmels spätere Ablehnung seiner ›Moralwissenschaft‹ vgl. Kurt Gassen, in: Buch des Dankes…, S. 314.
28 Vgl. das Kap. 4 der ›Soziologie‹.
29 Vgl. wie Anm. 21, S. 176 und Simmels ›Hauptprobleme der Philosophie‹ (1910), 5. Aufl. 1920, S. 156.
30 In diesem Band S. 211, 212 ff.
31 Vgl. Simmels ›Kant. Sechzehn Vorlesungen…, (1904), 16. Vorl., weiterhin: ders., Individuum und Gesellschaft in Lebensanschauungen des 18. und 19. Jahrhunderts (Beispiel der Philosophischen Soziologie), in: ders., Grundfragen der Soziologie (1917) (= 4. Kap.).
32 ›An die Stelle treten‹ meint hier ›beerben‹: Eine Ersetzung, die einer Polarität von Subjekt- oder Objektbezogenheit gehorcht und die sich an der Präferenz entweder subjekttheoretischer oder historisch-sozialer (soziologischer) Kategorien kenntlich macht. Vgl. daraufhin nur die Differenz zwischen ›Das individuelle Gesetz‹ und ›Tragödie der Kultur‹ – analog dazu früher die ›Moralwissenschaft‹ und die ›Philosophie des Geldes‹.
33 Vgl. Fundamental-Anthropologie, 2. Aufl. Bonn 1984, S. 35, 323.
34 Wie Anm. 67, S. 268.
35 Vgl.: M. L.: Tradition und Innovation. Anthropologie des Bewahrens und Erneuerns, in: Kindlers Enzyklopädie ›Der Mensch‹…; auch in: ders., Fundamental-Anthropologie, 2. erw. Aufl. 1984, S. 342–350.
36 München/Basel 1961 (Untertitel: Geschichts- und Sozialanthropologie); vgl. schon: ders., Von der Individualanthropologie zur Kulturanthropologie, in: Zeitschr. f. philos. Forschung IX/2, 1955, S. 324–336 (S. 329).
37 Vgl. wie Anm. 33, insbes. Teil 2 u. 3.
38 Vgl. insbes. in: M. L.: Anklage gegen die Vernunft, Stuttgart 1976, das Kapitel: Die Zukunft des Einzelnen im Regnum Rationis (S. 119–169).
39 Das sog. ›zweite soziologische Apriori‹ (vgl. Dahme 1981 (wie Anm. 3), Bd. 2, S. 452 ff.) aus Simmels ›Soziologie‹ im Exkurs ›Wie ist Gesellschaft möglich?; vgl. dazu M. L.: Anklage gegen die Vernunft, Stuttgart 1976, S. 150 ff.
40 Vgl. z. B. in diesem Band S. 30 ff.
41 Vgl. M. L.: Anklage…, S. 119 ff.; insbes. S. 132 ff.
42 Vgl. Otthein Rammstedt: Subjektivität und Sozialwissenschaften, in: Schülein u. a., Politische Psychologie, Frankfurt 1981, S. 39–75.
43 ›Goethe‹ (1913), 4. Aufl. 1921, S. 144 f.
44 Wie Anm. 38, S. 143 und ff.
45 Teilweise von Simmel problematisiert in seiner ›Lebensanschauung‹, 2. Kap.
46 Landmann 1984, S. 171.
47 A.a.O., S. 168.
48 Zur Biographie (außer der Vita, in: wie Anm. 10) vgl. insbes.: M. L.:

Materialien zur Selbstdarstellung ..., in: Landmann-Festschrift (wie Anm. 1); ders., Berliner Rückblenden, in: Neue Deutsche Hefte 25/1978, S. 675–706; ders., Jüdische Miniaturen, 2. Bd., Bonn 1982, 3. Teil, sowie in den angeführten ›Erinnerungen an ...‹.

49 Vgl.: M. L.: Edith Landmann 1877–1951, in: ders., Erinnerungen an Stefan George. Seine Freundschaft mit Julius und Edith Landmann, Amsterdam 1980, S. 107–141; ferner das E. L. gewidmete 25. Heft der Zeitschrift ›Castrum Peregrini‹ (1955); mit Bibliographie.

50 Als Transkription dem Verfasser mitgeteilt. Brief vom 27. 7. 1901: Glückwunsch; Trost wegen Schellings und Herbarts Religionsphilosophie, ›über die er wohl auch gestolpert wäre‹; Zusammentreffen in Siena nicht möglich, braucht Ruhe; bedauert ihre Zersplitterung; kündigt Sendung eines Textes an.

51 M. L.: Margarete Susman 1874–1966, in: ders., Figuren um Stefan George. Zehn Porträts, Amsterdam 1982, S. 29–35.

52 Georg Simmel, Brücke und Tür. Essays des Philosophen zur Geschichte, Religion, Kunst und Gesellschaft, im Verein mit Margarete Susman hg. v. M. L., Stuttgart 1957.

53 Vgl. im: Buch des Dankes ... dessen Erinnerungen an Simmel, S. 298–308 und die Bibliographie der Schriften Simmels. Im Nachlaß Landmanns (wie Anm. 6) finden sich zahlreiche Briefe Gassens.

54 Vgl. das anschließende Verzeichnis.

55 M. L.: Erinnerungen an Karl Jaspers (1970), in: Erinnerungen an Karl Jaspers, hg. v. Klaus Piper und Hans Saner, München 1974, S. 195–205.

56 Vgl. M. L.: Jüdische Miniaturen ..., 2. Bd., S. 217; Landmann 1965 (u. 1976 = Auszug aus 1965).

57 Kurt Breysig: Aus meinen Tagen und Träumen. Memoiren, Aufzeichnungen, Briefe, Gespräche. Aus dem Nachlaß hg. v. Gertrud Breysig u. M. L., Berlin 1962; vgl. auch: Gertrud Breysig: Kurt Breysig. Ein Bild des Menschen, Heidelberg 1967, S. 92 f.

58 Vgl. Landmann 1976.

59 Vgl. Landmann 1958.

60 Gertrud Kantorowicz: Vom Wesen der griechischen Kunst, hg. u. mit einem Nachwort versehen v. M. L., Heidelberg/Darmstadt 1961, S. 93–106; vgl. auch die 2. Fassung: Gertrud Kantorowicz. 1876–1945, in: M. L.: Figuren ... (wie Anm. 51), S. 38–51.

61 Vgl. M. L.: Stefan George, in: ders., Erinnerungen ... (wie Anm. 49), S. 5–56 u. passim; vgl. auch Anm. 83.

62 M. L.: Julius Landmann 1877–1931, in: wie Anm. 49, S. 70–99.

63 Vgl. die Vita (wie Anm. 10) sowie: M. L.: Hermann Schmalenbach 1885–1950, in: Studia Philosophica. Jb. der Schweizerischen Philosophischen Gesellschaft 10/1950, S. 1–4; ders., Hermann Schmalenbach ..., in ders., Figuren ... (wie Anm. 51), S. 80–87; vgl. auch Anm. 23.

64 Vgl. Anm. 24 (nach mündlichen Mitteilungen).

65 M. L.: Berliner Rückblenden... (wie Anm. 48), S. 701.

66 Philosophische Anthropologie. Menschliche Selbstdeutung in Geschichte und Gegenwart, 5. durchges. Aufl. Berlin/New York 1982.

67 Fundamental-Anthropologie, 2. erw. Aufl. Bonn 1984.

68 Was ist Philosophie?, Bonn 1985 (= 4. Aufl.), (zuerst u. d. T.: Philosophie – Ihr Auftrag und ihre Gebiete, Darmstadt 1972).

69 Das Ende des Individuums. Anthropologische Skizzen, Stuttgart 1971.

70 A.a.O., S. 172.

71 Vgl. ders., Jüdische Miniaturen..., 2. Bd., S. 134.

72 Manuskript jetzt im Nachlaß Landmann, Staatsbibliothek Preußischer Kulturbesitz, Berlin.

73 In diesem Band S. 253

74 So erklären sich Auswahl, gelegentliche Kürzungen von Texten und die angehängten Bibliographien und die Zeittafel. Wegen letzterer sei verwiesen auf: Georg Simmel, Schriften zur Soziologie (1983).

75 Georg Lukács: Die Zerstörung der Vernunft, Bd. 2: Irrationalismus und Imperialismus, Darmstadt/Neuwied 1974 (zuerst 1954), 4. Kap., 3. Abschnitt (S. 123–138); anknüpfend: Lieber, Hans-Joachim, Die deutsche Lebensphilosophie und ihre Folgen, in: Nationalsozialismus und die deutsche Universität, Berlin 1966, S. 92–108; K. Lenk, Das tragische Bewußtsein in der deutschen Soziologie, in: Kölner Zeitschrift für Soziologie... 16/1964, S. 257–287; Kon, I. S., Die Geschichtsphilosophie des 20. Jahrhunderts, 1. Bd., Berlin 1964; Adorno, Theodor W., Henkel, Krug und frühe Erfahrung, in: Ernst Bloch zu ehren, Frankfurt/M. 1965, S. 9–20 (jetzt in: ders., Gesammelte Schriften Bd. 11); Hübner-Funk, Sibylle, Georg Simmels Konzeption von Gesellschaft. Ein Beitrag zum Verhältnis von Soziologie, Ästhetik und Politik, Köln 1982 (zuerst 1962); vgl. Anm. 82.

76 Den ›besten‹ Überblick bietet noch immer Gerhard Lehmann: Die deutsche Philosophie der Gegenwart, Stuttgart 1943 (freilich vom »rassisch-völkisch (), nationalsozialistischen« Standpunkt, vgl. S. 318); sonst Partikulares: über Heideggers Rolle, Memoirenliteratur. Wertvoll diejenigen Gadamers und besonders neuerdings Karl Löwiths (wie Anm. 81).

77 Köhnke, Klaus Christian, Entstehung und Aufstieg des Neukantianismus. Die deutsche Universitätsphilosophie zwischen Idealismus und Positivismus, Frankfurt/M. 1986, S. 140 ff., 424 ff.

78 Vgl. im Buch des Dankes..., S. 26 f.

79 Veröffentlicht in: Philosophische Rundschau 14/1967, S. 258–274 (= Landmann 1967); in diesem Band S. 12 ff.

80 Vgl. Kalender der deutschen Universitäten und Hochschulen 112/1932 (= Wintersemester 1932/33), S. 67 f.

81 Vgl. M. L.: Berliner Rückblenden... (wie Anm. 48), S. 685; vgl. dazu auch: Karl Löwith: Mein Leben in Deutschland vor und nach 1933. Ein Bericht, Stuttgart 1986, S. 75.

82 Vgl. Anm. 75; H.-J. Lieber hält auch 1986 (Die Aktualität Georg Simmels, in: Soziologische Revue 9/1986, S. 33–37) noch am Zusammenhang zwischen Faschismus und Lebensphilosophie fest, bezeichnet ihn nun jedoch als »frag-würdig im strengen Sinne des Wortes« (S. 35). An eine *Erforschung* dieser Frage scheint jedoch noch nicht gedacht worden zu sein.

83 M. L.: Stefan George. Erinnerungen und Interpretationen, in: Neue Deutsche Hefte 15/1968, S. 1–32 (S. 22).

84 Vgl. in diesem Band S. 225.

85 Vgl. Moritz Lazarus: Über Gespräche, hg. u. mit einem Nachwort v. K. C. Köhnke, Berlin 1986, in dem Lazarus eine erste wissenschaftliche Bearbeitung von Alltagsgesprächen versucht; vgl. auch Anm. 86.

86 Vgl. Dahme/Köhnke/Rammstedt: Über die Institutionalisierung der Soziologie in Deutschland (Manuskript, in Vorbereitung).

87 Gemeint ist die bei Wagenbach erschienene Neuausgabe von Simmels ›Philosophische Kultur‹ (1911), Westberlin 1983, mit einem Nachwort von Jürgen Habermas (S. 243–253), wo dieser die Aktualität Simmels zu erklären sucht aus »einer Konstellation, in der der lebensphilosophische Funke auf eine eher ansteckende denn erhellende Weise überspringen könnte« (S. 251), ohne allerdings zu bemerken, daß gerade *er* diesem Vorschub leistet: indem er kein ernsthaftes wissenschaftliches Motiv anzugeben weiß, warum man sich denn mit Simmel befassen solle.

88 Gemeint ist der Verlag Klaus Wagenbach, Berlin, insbesondere das Buch: Georg Simmel, Das Individuum und die Freiheit. Essais, Berlin 1984, in welchem – gegenüber der von M. L. herausgegebenen Originalausgabe – die kurzen Simmel-Texte ›Goethe und die Jugend‹ (7 Seiten) und bezeichnenderweise – trotz des neuen Titels! – der Text ›Individualismus‹ (9 Seiten) weggelassen wurden. Der in letzterem durchgeführte Vergleich sog. ›germanischer‹ und ›klassisch-romanischer‹ Individualität soll dem ahnungslosen Leser offenbar vorenthalten werden, weil hier Assoziationen an Simmels chauvinistische Weltkriegspublizistik wachgerufen werden könnten.

89 Zitiert nach der Rückseite des Umschlages.

90 Die Ansicht, daß diese ›Einleitung‹ sogar mit zum Wertvollsten der ganzen Simmel-Literatur zähle, vertrat jüngst Kurt H. Wolff (1984, wie Anm. 9, S. 176).

91 Vergleiche im Wagenbach-Band die Seiten 222–224 mit dem Suhrkamp-Band von 1968, S. 256 f. u. 261, wo sich die Ignoranz jener Neuherausgeber schon darin zeigt, daß sie nichtmal ein drucktechnisches Versehen (Simmels Schrift ›Über sociale Differenzierung, Leip-

zig 1890, fehlt hier wie dort!) zu korrigieren imstande sind. Ihnen gelang nur eine Photokopie.

Michael Landmann über Georg Simmel

1949a – (M. L.): Georg Simmel. Vorbereitung eines Archivs und einer Ausgabe, in: Philosophische Vorträge und Diskussionen. Bericht über den Mainzer Philosophen-Kongreß 1948 (= Zeitschrift für philosophische Forschung, Sonderheft 1, 1949), S. 204 f.

1949b – Problematik. Nichtwissen und Wissensverlangen im philosophischen Bewußtsein, Göttingen 1949 (Kap. XIX).

1951–52 – Konflikt und Tragödie. Zur Philosophie Georg Simmels, in: Zeitschrift für philosophische Forschung 6/1951–52, S. 115–133; aufgenommen in: ders., Pluralität und Antinomie. Kulturelle Grundlagen seelischer Konflikte, München/Basel 1963, S. 224–243 (Untertitel jetzt: Zur Kulturphilosophie Georg Simmels).

1957 – als Mitherausgeber: Georg Simmel, Brücke und Tür. Essays des Philosophen zur Geschichte, Religion, Kunst und Gesellschaft. Im Verein mit Margarete Susman herausgegeben von ..., Stuttgart 1957 (K. F. Koehler Verlag),
darin: – Einleitung, S. V–XXIII, Nachbericht des Herausgebers; Quellen; Bibliographie, S. 271–281.

1958 – als Mitherausgeber: Buch des Dankes an Georg Simmel. Briefe, Erinnerungen, Bibliographie. Zu seinem 100. Geburtstag am 1. März 1958, hg. v. Kurt Gassen u. ..., Berlin 1958,
darin: – Vorwort (gem. mit K. Gassen), S. 5–6,
– Bausteine zur Biographie, S. 11–33,
– Hermann Schmalenbach. Aufzeichnungen von M. L., 1948, S. 213,
– Martin Buber (Erinnerungen an Simmel, nach mündlicher Mitteilung an M. L., 1951), S. 222 bis 223,

1961 – Gertrud Kantorowicz (9. 10. 1876–19. 4. 1945), in: Kantorowicz, Gertrud, Vom Wesen der griechischen Kunst, hg. u. mit einem Nachwort v. ..., Heidelberg/Darmstadt 1961, S. 93 bis 106.

1965 – Ernst Bloch im Gespräch, in: Ernst Bloch zu ehren, hg. v. Siegfried Unseld, Frankfurt/M. 1965, S. 345–371.

1967 – Georg Simmel als Prügelknabe, in: Philosophische Rundschau, 14/1967, S. 258–274.

1967–68 – Zu Georg Simmels Denken, in: Conceptus. Zeitschrift der Innsbrucker Philosophiestudenten Heft I,3 u. II,1 1967/68.

1968 – als Herausgeber: Georg Simmel, Das individuelle Gesetz. Philosophische Exkurse, hg. v. ..., Frankfurt/M. 1968,
darin: – Einleitung des Herausgebers, S. 7–29,
– Nachweise, Bibliographie, Zeittafel, S. 254–261,

1972 – Rezension von: Liebeschütz, Hans, Von Georg Simmel zu Franz Rosenzweig (1970), in: ders., Jüdische Miniaturen Bd. 1: Messianische Metaphysik, Bonn 1982, 194–197 (zuerst 1972).

1976 – Georg Simmel: Konturen seines Denkens, in: Böhringer, H./K. Gründer (Hg.), Ästhetik und Soziologie um die Jahrhundertwende: Georg Simmel, Frankfurt/M. 1976, S. 3–11 (S. 12–17 Diskussion).

– Ernst Bloch über Simmel, in: ebd., S. 269–271 (= Auszug aus 1965).

– Arthur Steins Erinnerungen an Georg Simmel, in: ebd., S. 272–276.

1982a – Nicolai Hartmanns ›Wertantinomien‹ und ihre Vorgeschichte, in: Nicolai Hartmann 1882–1982, hg. v. Alois Joh. Buch, Bonn 1982, S. 170–183.

1982b – Margarete Susman 1874–1966, in: ders., Figuren um Stefan George. Zehn Porträts, Amsterdam 1982, S. 29–35.

1982c – Gertrud Kantorowicz 1876–1945, in: ebd., S. 38–51.

1984 – Georg Simmel und Stefan George, in: Georg Simmel und die Moderne. Neue Interpretationen und Materialien, hg. v. H.-J. Dahme u. O. Rammstedt, Frankfurt/M. 1984, S. 147 bis 173.

– Briefe Georg Simmels an Stefan George und Friedrich Gundolf. Zusammengestellt v. ..., in: ebd., S. 430–448.

Suhrkamp Verlag GmbH
Torstraße 44, 10119 Berlin
info@suhrkamp.de
www.suhrkamp.de